XINJISHU ZAI
KEPU CHUBAN ZHONG DE
YINGYONG

新技术在科普出版中的应用

科普出版中的应用

何 龙 编著

时代出版传媒股份有限公司
安徽科学技术出版社

图书在版编目(CIP)数据

新技术在科普出版中的应用 / 何龙编著. --合肥:安徽科学技术出版社,2022.3
ISBN 978-7-5337-8602-1

Ⅰ.①新… Ⅱ.①何… Ⅲ.①新技术应用-科学普及-图书出版-研究 Ⅳ.①G23-39

中国版本图书馆 CIP 数据核字(2022)第 041635 号

新技术在科普出版中的应用   何 龙 编著

出 版 人:丁凌云   选题策划:陈芳芳 程羽君 责任编辑:付 莉 程羽君
责任校对:李 茜 岑红宇 程 苗 责任印制:廖小青 装帧设计:冯 劲
出版发行:安徽科学技术出版社   http://www.ahstp.net
　　　　　(合肥市政务文化新区翡翠路 1118 号出版传媒广场,邮编:230071)
　　　　　电话:(0551)63533330
印　　制:合肥创新印务有限公司   电话:(0551)64321190
(如发现印装质量问题,影响阅读,请与印刷厂商联系调换)

开本:787×1092 1/16   印张:12.5   字数:252 千
版次:2022 年 3 月第 1 版   2022 年 3 月第 1 次印刷

ISBN 978-7-5337-8602-1   定价:56.00 元

序一 新技术赋能科普出版

出版业在实现了以"光与电"取代"铅与火"的技术革命后,随着当代以数字技术为代表的新技术的飞速发展,正在数字化的道路上不断前行。最先迎来新技术浪潮的挑战和洗礼的是担负着科学与技术普及的科普出版行业。

湖北省科普作家协会理事长何龙先生,从事科普出版工作 32 年,具有文理交叉的视野,以其积累的理论功底和学术敏感,早在 2012 年其刚担任湖北科学技术出版社社长时,就开始思考新技术重构出版产业的问题,尤其是出版数字化转型、科普出版如何融合发展以及如何将科普出版的发展与新技术有机结合在一起。经过近几年的出版实践和理论探索,编著了《新技术在科普出版中的应用》一书。

《新技术在科普出版中的应用》选题新颖,既注重理论资源的挖掘,也注重现实问题的分析。通读全书,多有闪光之处,其显著特点可以归结如下:

一、该书的研究视角新颖。其将科普出版置于中国由出版大国迈向出版强国、中国出版产业转型和以数字技术为代表的新技术不断涌现的时代背景之下,指出科普出版拥抱新技术是出版产业发展的大势所趋,不可逆转。科普出版产业只有融入新技术的浪潮中,才能冲破相对固化、僵化的业态樊篱,突出重围,获得新生。对新技术在科普出版中的应用进行了一定的创新思考和前沿理论探索。

二、该书的分析框架独到。作者在梳理近百年来国内、国外科普发展概况的基础上,聚焦分析了科普出版的技术演变及出版创新,继而分章节具体探讨了二维码、AR/VR、音视频、数据库等新技术在科普出版中的应用,最后对物联网、人工智能、区块链、5G 通信等新技术的发展与科普出版的未来进行了展望。既有实践,又有一定的理论深度。

三、该书还具有较强的实用性。提供了可供参考的实操案例,这些案例都是国内外在科普出版中应用新技术的一些成功典型,国内的案例选择的大多是被列入省级和国家级且实施了的项目,书中对这些项目都做了相对完整的描述和分析。通过阅读本书,相信读者,尤其是科普出版工作者能从中找到一些答案或有一些新的思考。

《新技术在科普出版中的应用》成书多得益于何龙先生长期从事科普编辑和出版管理工作的背景,看问题的视野比较开阔,对新技术发展趋势比较敏感,探索新技术条件下科普出版创新发展问题有一定的独到之处。相信《新技术在科普出版中的应用》一书的出版会对科普和科普出版产生积极的推动作用。

随着新技术日新月异的发展,新技术对科普出版产业发展的影响正日益深入,对具体问题的深入探讨需求越来越迫切,面临的问题会越来越多且复杂。相信本书的出版只是一个开端,对探讨新技术在整个出版产业中的应用能起到引玉之砖的作用。

当然,我更希望能涌现出更多像《新技术在科普出版中的应用》这样的作品,为贯彻习近平新时代中国特色社会主义思想,深入实施全民科学素质行动,打造高质量的科普服务体系。

是为序。

中 国 科 学 院 院 士
中国科普作家协会理事长

序二　高度关注新技术对出版的影响

在全国政协十三届五次会议期间,收到湖北长江少年儿童出版社(集团)党委书记、董事长兼总经理何龙同志发的微信信息,自称写了一本"小书",想请我写序,随即把书的PDF版发给我。会议期间未及细看,便一口答应了。

之前我对何龙同志的了解,主要是从他就职的出版社以及他的编辑出版工作开始的。我知道他作为一个知名的编辑,曾经策划、编辑了许多高质量的图书,不仅获得了多项国家级奖项,而且畅销二十余年不衰,可以说是双效俱佳的范例;我知道他作为两个出版社(集团)的主要负责人,坚持正确出版导向,一手抓主题出版、抓重点图书,一手抓改革创新、抓融合发展,促进了出版社(集团)的全面发展,提高了企业的综合实力、市场竞争力,使其成为有全国影响力的地方出版社。

全国政协会议结束以后,我抽时间通读了全书,在受益匪浅的同时,也对何龙同志有了全面的了解,特别是对他的科普作家身份的了解。由此我知道,他不仅是编辑出版工作的实践者,还是出版事业的研究者,他不仅是为人作嫁衣的编辑,也是一位学术功底深厚的科普作家。

何龙同志的著作,敏锐地抓住了新技术给出版业应用带来新变化这一大的时代背景,以科普图书出版中新技术的应用为主题,对中外科普图书出版历史做了简要的回顾与总结,系统地梳理了新技术在科普图书出版过程中的应用情况,通过大量的案例,重点介绍了二维码技术、动画新技术、音视频技术、数据库技术和其他前沿技术在科普出版中的应用,不仅有助于我们全面认识与了解技术在出版发展过程中的推动作用,也为出版从业人员提供了运用新技术的指南与手册。我以为,书中介绍的这些技术不仅可以用于科普出版,同样也可以用于童书出版、科技出版、学术出版、教育出版、大众出版等领域,技术的应用对于出版来说具有普遍意义。

本书不仅介绍了许多可以应用于科普出版的新技术,也提出了许多对科技与出版融合发展具有创新性的观点,比如新技术的应用给科普出版带来了新的生机与活力、创造了新的出版增长点的论断。我觉得这一论断是符合出版发展规律的。

回望出版历史,我们可以清晰地看到,每一次新技术在出版领域的应用,都会极大地提高出版生产力、扩大图书的生产与传播能力,从而带动知识与信息的普及化、大众化。纸张的发明如此,印刷术的发明如此,当代新技术在出版业的应用仍然如此。

新中国成立以来,新技术(特别是信息技术)在出版领域的应用越来越广泛、越来越迅速、越来越深入,正在全面重塑出版业的流程、出版业的形象和出版业的边界。

20世纪50年代以来,音频技术的应用,产生了盒式录音带、密纹唱片等新型内容载体。视频技术的应用,出现了录像带等新型出版物。

20世纪70年代以来,随着信息技术、数字技术的快速发展,其在出版领域的应用更是带来了革命性的变化。

第一次革命性的变化从20世纪80年代开始,标志性的事件是汉字激光照排技术在排版印刷领域的应用。从20世纪70年代中期开始,王选教授等开始研究汉字信息处理技术,即"748工程"。1987年,汉字激光照排技术首先在《光明日报》排版中采用,并逐渐普及到所有排版印刷领域。汉字激光照排技术的采用,"革"了铅字的命,"革"了笔和墨的命,纸张的地位也受到了严重的威胁。人们写稿开始普遍使用计算机,几乎不再使用笔墨、纸张,印刷彻底抛弃了铅字排版和印刷。不仅在生产端,在出版物的形态上,也出现了以磁盘、光盘为介质的电子书,进而发展出CD、VCD、DVD等激光唱片、激光视盘,CD-ROM、CD-I等电子出版物。

第二次革命性变化从20世纪90年代开始,标志性事件是互联网接入中国并逐渐普及。出版业与互联网的融合,诞生了互联网出版这种新业态。与互联网的融合,诞生了网络书店,虽然不能说革了书店的命,但是给传统书店带来了巨大的冲击;出现了网络文学,虽然不能说"革"了文学的命,但是极大地丰富了文学的类型,圆了许多人的作家梦,为IP提供了更为广阔的内容资源;出现了互联网报刊、互联网新闻、新闻门户网站,虽然不能说"革"了纸质报刊的命,但是人们读纸质报刊的兴趣大大下降;出现了互联网教育、网络内容服务等,虽然不能说"革"了教育的命,但是人们学习知识的渠道与平台无疑更加多种多样、更加便捷。互联网与出版业的融合,不仅带来了内容创作、生产的革命,也给传播渠道、阅读终端带来了巨大的变化,电脑、平板电脑、电子书阅读器、手机成为人们的新宠,成为新的阅读介质,形成了纸与屏共存的局面。

第三次革命性的变化始于21世纪初,特别是2010年以来,越来越多的新技术综合应用于出版业,出版业从产品形态到服务方式正在发生着重大的改变,比如,纸质出版物通过技术加载,可以与相关数字资源关联,可以与VR/AR等技术关联,成为新的融媒体出版物;数字内容通过知识管理等技术,生成知识服务产品,提供更加精准的出版服务;数字内容平台也朝着文字、音频、视频、图画等深度融合的方向深度迈进。

技术在出版领域的应用还会带来哪些革命性的变化,现在还难以预测,或者说,技术对出版业的影响,未知多于已知。我们应密切关注新技术在出版业领域的应用,关注由此带来的新变化,以及可能存在的风险。

第十三届全国政协委员
中国新闻出版研究院院长　　**魏玉山**
2022 年 3 月 14 日

目　录

第一章
科普出版发展概述

　　科学普及,简称"科普",又叫大众科学,是指采用各种媒介,以通俗易懂的方式,向公众普及自然科学和社会科学知识、推广科学技术应用、倡导科学方法、传播科学思想、弘扬科学精神的活动。形式多样,兼具持续性、群众性和社会性是科普的主要特点。科普主要的实现方式有学校课堂、社会活动、图书资料、报纸杂志、广播电视以及网络媒体等。其中,科普图书、科普报刊的出版是最重要的手段和方式之一。随着数字新媒介技术的应用,科普出版的形式、理念和方式也发生了显著的变化。本章主要介绍国内外科普出版的发展概况,探讨新技术对科普出版的影响及网络新媒体时代科普出版的特点。

第一节　国内科普出版发展概述

一、我国科普出版发展的历程

1. 20 世纪 10 年代至 20 世纪 40 年代

　　中国的科普出版起步于 20 世纪初,其中,科普书刊出版对民众科学素养的提高具有不可忽视的积极作用。据《中国近代现代丛书目录》(上海图书馆编)和《民国时期总书目》(北京图书馆编)统计,涉及文学、交通运输、工业技术、农业科学、医药卫生、自然科学等领域的科学普及类图书有 643 种,1933—1936 年是 1949 年以前我国科普图书出版最多、各类学校数量最多、图书馆最多的时期。从领域上看,医药卫生类的科普图书最多,农业科学、地质学、数学、物理学、工业技术、科学文艺、地球物理学、化学、气象学、交通运输、天文学、生物科学等领域也有不少著作。当时 40 多个城市的 190 多所出版机构先后出版过科普图书,上海出版的科普图书达到 447 种,占当时科普图书出版总数的 70%。

在报纸杂志的科普出版方面,开明书店创刊于 1930 年的《中学生》刊登了大量科普文章,比如,以连载形式发表顾均正的《化学奇谈》和刘薰宇的《马生生谈算学》。革命根据地和解放区的出版发行机构也出版了很多科普书刊,比如,光华书店出版的《生物奇谈》和《科学与日常生活》、山东新华书店出版的《科学知识》、华北新华书店出版的《先有天？先有地?》、保定新华书店出版的《自然常识问题解答》、东北书店出版的《天空的秘密》、冀中新华书店出版的《大众科学常识》等。

除专门的出版机构外,各地民众教育馆也出版一些科普图书,如天津市立民众教育馆出版的《生活常识》、云南省立昆华民众教育馆出版的《天文》、江苏省立镇江民众教育馆出版的《日常事物的奇妙》、山东省立民众教育馆出版的《雪》、河北省立实验乡村民众教育馆出版的《人是怎样来的》等。20 世纪 30 年代,我国的民众教育馆已有 900 余所,有的民众教育馆兼有图书出版发行的功能,在提高民众科学文化素质方面取得了一定的成效。

当时的科普作者主要是专业科普作家、出版机构编辑和出版人、教育工作者、职业科学家、科学团体组织者,以及实业家等。当时的专业科普作家多数有编辑职业的经历。比如,陈望道主编《太白》杂志的"科学小品"栏目,周建人主编《自然界》,开设"趣味科学"栏目,专载内容比较生动的生物方面的文章。由此,形成了一批科普作家群,如以贾祖璋、顾均正、周建人等人为代表的后太白作家群;以《科学趣味》《开明少年》为阵地的新生代科学小品作家群;以高士其、董纯才、艾思奇为代表的"红色"作家群,以及实业家中的科普图书作家,如吴羹梅、苏祖圭、苏祖国、曹仲渊等人。

"五四"新文化运动后,上海出现多个出版机构,胡愈之、邹韬奋等编辑名家汇集上海,出版了一批优秀科普图书,比如,郑贞文主编的《少年自然科学丛书》、俞子夷主编的《儿童科学丛书》等。《少年自然科学丛书》于 1927 年初版,共 12 编,1943 年重新编排出版,共收 32 编,内容涉及气象学、植物学、动物学、地理学、物理学、数学、化学等多种学科和领域,体裁新颖、叙述生动、内容丰富、文笔流畅,是当时较流行和畅销的青少年科普系列读物。任鸿隽和杨孝述创建的中国科学社先后出版《科学杂志》《科学画报》,以及《电工技术丛书》《土木工程丛书》《科学画报丛书》等科技书刊。

2. 20 世纪 50 年代至 20 世纪 70 年代

新中国成立,为我国的科普事业发展营造了良好的氛围,也为科普事业指明了新的方向。科学普及局、中华全国自然科学专门学会联合会(简称"全国科联")、中华全国科学技术普及协会(简称"全国科普")等相继成立。著名科学家李四光和梁希分别担任全国科联主席和全国科普主席。1953 年,新中国第一个关于科普工作的文件《关于加强对科学技术普及协会工作领导的指示》发布。当时的科普工作主要采取讲座、展览、幻灯放映等现场交流的方式,也出版了多种科普图书,如《为啥劝咱用阳历》《太阳和太阳系》《地球靠什么维系着》等。

1956 年,党中央发出了"向科学进军"的号召,制定了《1956—1967 年科学技术发展远景规划纲要》,我国的科普工作也大大加快了步伐。1958 年 6 月,我国 11 个省、市统计显示,共建立基层组织 4.6 万多个,会员、宣传员 102.7 万多人,形成了初具规模的科普大军。1950 年 4 月,人民科学馆(国家自然博物馆的前身)在北京开建,后更名为北京自然博物馆。1957 年 9 月,北京天文馆落成,对天文知识的传播和普及意义重大。

新中国的科普出版事业也是在这一时期开始兴办的。1954 年,原上海民本出版公司创办,后将商务印书馆出版的《科学大众》杂志移交科普协会接管。1956 年夏,全国科普协会建立科学普及出版社,各地方科普协会的出版机构如雨后春笋般相继建立。从 1961 年起,少儿出版社出版《十万个为什么》(共 8 册),收入科学小品 1 000 多篇。1970 年,"文革"版《十万个为什么》由上海人民出版社出版。"文革"后,《十万个为什么》得到修订再版,成为中国科普出版史上一套具有深远影响的科普书。与此同时,科教电影也得到了一定的发展。1964 年元旦,有"科学家之家"称号的北京科学会堂正式对外开放。

1958 年 9 月,全国科普和全国科联合并,成立了中国科学技术协会(简称"中国科协"),形成了以中国科协为主的科普管理体系新模式。随着 1961 年"调整、巩固、充实、提高"八字方针的提出,以及次年周总理"一手抓学术活动,一手抓科学普及"的重要指导,我国的科普工作发展态势良好。

"文革"期间,我国科普事业受到严重破坏,科普出版机构被撤销,科普工作被迫停滞。1971 年 3 月,全国出版工作座谈会在北京举行,出版社逐步恢复出书,科普事业逐步重新步入正轨。

3. 20 世纪 80 年代至 21 世纪 10 年代

1978 年改革开放以来,我国科普的研究、创作、出版事业呈现出勃勃生机,取得了巨大的新发展。1978 年,科普出版社重建,先后创办、恢复和出版了多种科普期刊,比如,《气象知识》《中国科技史料》《现代化》等。同时,全国各出版社出版了大量科普读物,如科学幻想小说、科学童话、科学电影剧本、科学小品集等,有的发行量达几百万册,科教影视片也纷纷问世。全国科协和学会系统主办的科普期刊有 70 多种,加上其他部门和单位所办的科普报刊、科学副刊、专栏等总数不下几百种。1984 年,我国十大畅销书中就有两种是科普图书,一本是《迎接新的技术革命——新技术革命知识讲座》,另一本是《养鸡

500 天》。

与此同时,科普机构和科普活动增多。1979—1980 年,中国科普创作协会、中国科普创作研究所相继成立。1995 年 10 月,第四届公众理解科学国际会议成功举办。1995 年和 1996 年连续两年,中国两院院士评出的当年十大科技新闻(重大科技事件)均有我国科普工作方面的事件。同时,许多德高望重的科学家积极投身于科学普及宣传活动中。1997 年 11 月,《高技术知识丛书》和《简明科学技术史话》荣获"国家科技进步奖"三等奖,这是该奖项首次在科普图书领域颁发。《图说灾难逃生自救丛书——地震灾难救援分册》《拥抱群星——与青少年一同走进天文学》《征程:从鱼到人的生命之旅》等科普出版物获得了不同的科普奖,具体如下表所示。

1992—2019 年出版的部分优秀科普出版物一览

序号	书名/丛书名	年份	出版社	作者	获得的奖励
1	高技术知识丛书	1992 年	江苏科学技术出版社	朱大奎、丁树荣等	"国家科技进步奖"三等奖
2	简明科学技术史话	1981 年	中国青年出版社	申漳	"国家科技进步奖"三等奖
3	征程:从鱼到人的生命之旅	2015 年	科学普及出版社	舒柯文(著)王原、楚步澜(译)	新华网 2015 年度最美图书
4	拥抱群星——与青少年一同走进天文学	2016 年	上海科学普及出版社	卞毓麟	入选新闻出版广电总局 2017 年向全国青少年推荐百种优秀出版物
5	月球旅店	2019 年	科学出版社	吴季	2020 年中国科普作家协会优秀科普作品奖

随着互联网的普及,网络科普工作被纳入国家科技发展战略。2006 年,中国颁布了《全民科学素质行动计划纲要》,提出利用互联网向社会和公众提供公共科普服务。2007 年至 2009 年陆续出台了与科普相关的"规划"和"指导意见",建立了中国数字科技馆、中国公众科技网等综合性科普网站,还有许多如化石网、中国国家地理网等专业(专题)科普网站,还有科协、学会、科技馆等自发建设的门户网站。2010 年,浙江省科学技术协会主持召开国际数字科技博物馆学术论坛暨第二届数字科技馆技术与应用研讨会。2016 年,科普出版社的科普云平台正式上线。

20 世纪 80 年代至 90 年代,有关科普创作的理论著述出版较多,比如,谢昭光的《科学文艺写作技巧》(1991)。此外,还有引进的原苏联的马·伊林著,余士雄、余俊雄编译的《科学与文学》(1983)。中国科普作协编写了《科普创作十三讲》,四川科普作协编写了

《科技知识文章创作与编辑》。

到了 21 世纪,漫画在我国医学科普图书的出版上发挥了重要作用。人民卫生出版社出版的《一分钟医学速记:协和医学博士的漫画笔记》(2013)和《漫画脑卒中》(2015)等图书以漫画形式对医学知识点进行解析,让医学出版界耳目一新。图书兼具趣味性和实用性,吸引了刚入门的医学生和对医学感兴趣的大众读者,市场反响好。此外,"崔玉涛图解家庭育儿"系列图书图文并茂,用生动的漫画为家长们详细解读了国际最前沿的育儿知识,获得好评。

二、20 世纪以来我国主要科普出版物简介

1. 20 世纪 10 年代至 20 世纪 40 年代我国主要科普出版物

1915—1949 年,我国的科普出版不仅从萌芽阶段逐步发展成初具规模和体系的阶段,形成了一批科普作者群,还出版了不少优秀科普图书(如《大众科学常识》《科学画报丛书》《儿童科学丛书》等)、科普栏目(如《自然界》的《趣味科学》栏目、《太白》杂志的《科学小品》栏目等)和科普杂志(如《科学杂志》《科学画报》《中学生》《太白》等),《科学》《科学画报》等一直到现在还具有相当的影响力。

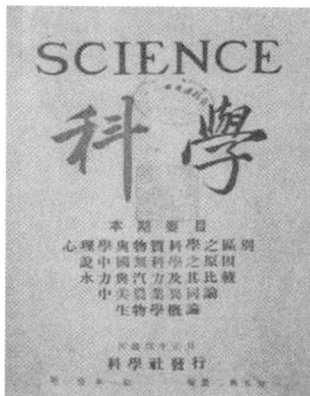

1915 年 4 月《科学杂志》封面

《科学》杂志自 1915 年创刊至 1950 年,共刊出 32 卷,成为当时传播广、影响大、读者多的综合性科学期刊。《科学》杂志由一群中国留学青年于 1915 年 1 月在上海创办,发扬"从整个根本入手""求真致用并重"的办刊传统,注意"理工结合""文理结合"和"科(学)艺(术)结合",以"隔行能看懂,本行受启发"的高级科普风格吸引读者。如今,《科学》常被推荐并列入学生阅读书目,或将其刊载的文章选为有关课程的内容或参考资料。

1934 年,《太白》杂志首次刊载散文形式的科普文章。科学散文简短、生动、活泼的风格深受读者欢迎。科学小品文将科学与文学相互渗透结合,将文学通俗化、大众化、科学化,赋予小品文以新的内容和新的形式,作为中国现代文学

1935 年《太白》杂志封面

史上第一个倡导科学小品的杂志,《太白》为科普文艺的发展提供了历史借鉴。

同时期的《通信自然科学》《科学画报》《科学的中国》《科学大众》对大众科普业产生了推动作用。20 世纪 30 年代初,教育家陶行知倡导"科学下嫁运动",创办了自然科学园,这是一个向儿童普及科学知识的组织。这一时期的竺可桢、高士其、顾均正、温济泽、董纯才、贾祖璋等均创作了大量的科普作品,在他们的影响和带动下,中国各阶层的知识分子及其学术组织、社会团体都纷纷加入到普及科学的行列,为 20 世纪上半叶中国科学普及事业启动了较好的开端。

2. 20 世纪 50 年代至 20 世纪 70 年代我国主要科普出版机构及出版物

科学普及出版社(暨中国科学技术出版社),创建于 1956 年,隶属于中国科学技术协会,是中央级综合性科技出版社,出版发行《知识就是力量》《科学大观园》《家用电脑与游戏》等科普期刊。在 21 世纪,科学普及出版社出版了《中学生丛书》《中国公民科学素质系列读本》《21 世纪科学教育书系》等科普图书、科普挂图以及科技著作 3 万余种。

中国科学社,原名科学社,是近现代中国历史上第一个民间综合性科学团体,由一群中国留学生(任鸿隽、秉志等)1915 年在美国创办,旨在提倡科学、鼓吹实业、审定名词、传播知识。中国科学社出版了《科学季刊》《科学画报》《科学》等杂志及《科学丛书》《科学史丛书》《论文专刊》等。

《知识就是力量》封面

《科学画报》由中国科学社于 1933 年 8 月创刊,现由上海科学技术出版社有限公司出版。在 80 多年的出版历程中,《科学画报》形成了通俗生动地介绍最新科技知识、以多种形式普及科技的特色,启发和影响了几代中国人的成长和发展。

少年儿童出版社成立于 1952 年 12 月,是中国首个以少年儿童为读者对象的大型综合性专业少儿读物出版社,于 1990 年被授予上海市白玉兰奖。自成立至今,少年儿童出版社出版各类儿童文学读物、电子音像制品以及中小学生使用的学习辅导用书和各类学生辞典15 000 余种。此外,少年儿

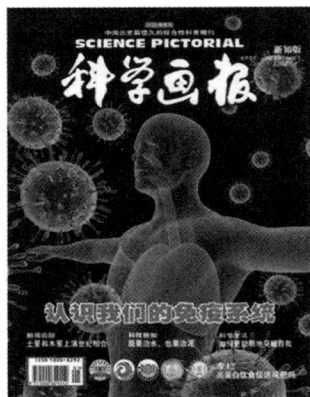

《科学画报》封面

童出版社还按照儿童的年龄层次出版 8 个期刊和 2 种报纸:《少年文艺》《卡通先锋》《故事大王》《作文世界》《少年科学》《娃娃画报》《活力派》《小朋友》和《小青蛙报》《青少年科技报》。少年儿童出版社出版发行的《十万个为什么》是中国传统经典科普的代表作。

1998 年,《十万个为什么》荣获国家科技进步二等奖;1999 年重新修订出版的《十万个为什么》(新世纪版)以其内容新、质量好、装帧美,再次引起社会的良好反响。

北京天文馆、人民出版社、商务印书馆、中国青年出版社等单位在天文科普出版方面做了很多探索。1949 年 10 月,中国天文学会成立大众天文社。1957 年 9 月,我国第一座天文馆——北京天文馆正式开放。北京天文馆主持发行的《天文爱好者》期刊在相当长的一段时间里是我国唯一的天文科普杂志。据统计,我国 1949—1966 年共出版天文科普图书 272 种。其中,引进苏联科普图书的种数为 76 种,如《太阳》《天体上有生命吗?》《世界有无起源与末日》等,中国青年出版社出版的《地球和行星》《宇宙的构造》等,商务印书馆出版的《宇宙是什么构成的》《宇宙间的小物体》《宇宙到底有没有开端》等,人民出版社出版的《宇宙》《地球》《天文学·天体照相学》等。

3. 20 世纪 80 年代以来我国部分重点科普出版物

1978 年以来,我国出版了大量的科普出版物,现介绍其中的一部分。

(1)"图说灾难逃生自救"丛书(人民卫生出版社 2014 年出版)

丛书包括地震、海啸、火灾、交通事故、煤气中毒、极端高温等 15 本分册。丛书共有 1 034 幅漫画,每本分册的文字量为 2 000～3 000 字,适合"读图时代"的人们轻松阅读。该丛书获得 2018 年度国家科学技术进步二等奖(科普组)。

(2)中国科学院 21 世纪科普丛书(福建少年儿童出版社 2014 年出版)

这套书以讲故事的方式并采取图文并茂的形式和浅显易懂、生动精辟的语言,通过深入浅出地讲述生动有趣的科学故事、奥妙无穷的科学现象来剖析自然现象、揭示自然的奥秘、探索科技发展新趋势。该丛书有《真的有外星人吗?》《我也可以上天吗?》《我们的宇宙有多大?》《稀土为什么神奇?》《大气为什么会闹脾气?》等分册。

(3)《这就是二十四节气》(海豚出版社 2015 年出版)

出版后一年多的时间里累计发行近百万册,打破了近年来国内科普童书市场中"引进版图书一统天下"的局面,成为中国原创科普的典型代表。这套书将"身边的科学和云端的艺术"结合起来,尝试以图画书形式讲述有中国地域特色的科学故事,给人耳目一新之感。图画为小读者预留了体验和想象的空间,使他们能以轻松自然的方式去感知身边的世界。

(4)"妙趣科学立体书"系列丛书(北京科学技术出版社出版)

这套书选取儿童读者喜闻乐见的知识题材,以适当的方式让孩子了解科技动态,了解科普知识。该丛书每本 16 页,每页含有大量小翻页,具有超强的互动性和娱乐性,特别是小翻页设计巧妙、独具匠心。从 1998 年第一本面世至今,该丛书已出版近 70 本。"妙趣科学立体书"系列丛书的成功说明儿童科普读物一定要符合儿童的阅读水平和认知能力水平,以"童趣化"来调动儿童阅读科普书籍的积极性,将科学的严谨与童趣化的奇妙创意相结合。

(5)农家书屋重点出版物推荐目录

该项目由新闻出版总署、科技部等7部委组织,很多农业科普图书被列入。比如,中国劳动社会保障出版社策划出版的农业生产安全类科普丛书,由农业部奶业管理办公室组织编撰的首部大众奶业科普读物《奶业科普百问》(中国农业出版社2017年出版)等。

(6)《少年科学画报》

该杂志创刊于1979年,由北京出版集团主管主办,是我国第一本图文并茂的少儿科普刊物。《少年科学画报》一直坚持将科学与人文相结合,让科学思想和理念激发孩子们探求未知世界的好奇心和创造力。

1986年《少年科学画报》封面及内文

(7)"少儿科普名人名著"书系

这是一套科学童话、科学小品、科幻故事精品丛书,由长江少年儿童出版社(集团)有限公司(原名为湖北少年儿童出版社)出版。作品以生动的文学语言、巧妙的艺术构思、栩栩如生的拟人形象,向广大少年儿童普及了基础科学知识,包括《叶永烈讲述科学家故事100个》等多种科普图书。"少儿科普名人名著"书系被列入第二届"三个一百"原创图书出版工程、2009年"湖北省社会公益出版专项资金奖励项目",荣获2009年冰心儿童图

"少儿科普名人名著"书系

书奖、第二届中国出版政府奖正式奖、第二届湖北出版政府奖荣誉奖,成为中国原创科普出版标志性工程。

三、我国的主要科普政策法规与奖励

1. 主要科普政策法规

改革开放以来,为支持和促进我国的科普事业,中央先后出台了多项与科普相关的文件和法规。1994 年 12 月,中共中央和国务院下发《关于加强科学技术普及的若干意见》。2002 年,国家颁布了《中华人民共和国科学技术普及法》。2006 年,国务院颁布了《全民科学素质行动计划纲要》。《中华人民共和国科学技术进步法》于 1993 年 7 月 2 日第八届全国人民代表大会常务委员会第二次会议通过,于 2021 年 12 月 24 日第十三届全国人民代表大会常务委员会第三十二次会议修订。各省、自治区和直辖市以及市、县区也先后颁布了促进当地科普工作的法规。比如,1998 年,北京市颁布《北京市科学技术普及条例》;2009 年,南京市颁布《南京市科学技术普及条例》;2019 年,上海颁布和实施的《上海市科学技术奖励规定》增设了"科学技术普及奖"奖项,鼓励通过多种形式对获奖的个人、组织及其科学技术成果开展宣传,对科普的发展带来了积极的导向。

2. 主要科普奖励

改革开放以来,《中华人民共和国科学技术普及法》《国家科学技术进步条例》《国家科学技术奖励实施办法》等相继颁布和修订。《中华人民共和国科学技术普及法》规定:"各级人民政府、科学技术协会和有关单位,都应当支持科普工作者开展科普工作,对在科普工作中做出重要贡献的组织和个人,予以表彰和奖励。"不少地方制定了科普奖励的法规,设立科普奖励项目,细化奖项设置的规则,明确科普奖励的相关内容。

(1)国家科学技术进步奖

国家科学技术进步奖的奖励范围涉及国民经济的各个行业。2017 年国家科学技术进步奖二等奖中,有 5 件科普作品:《数学传奇——那些难以企及的人物》、"科学家带你去探险"系列丛书、《阿优》《湿地北京》《肾脏病科普丛书》。

(2)中国出版政府奖

中国出版政府奖是我国新闻出版领域的最高奖,由国家新闻出版署主办,每三年评选一次。科学普及出版社出版的《流感病毒:躲也躲不过的敌人》获得第五届中国出版政府奖提名奖,湖南科学技术出版社出版的《超级杂交水稻育种栽培学》、华中科技大学出版社出版的《机器人学:建模、控制与视觉》获得第五届中国出版政府奖图书奖。

（3）中国科普作家协会优秀科普作品奖

中国科普作家协会优秀科普作品奖（每两年评选一次）是为贯彻实施《中华人民共和国科学技术普及法》和《全民科学素质行动计划纲要》，经国家科学技术奖励工作办公室批准，由中国科普作家协会所设立的国内科普创作领域的最高荣誉奖，用于表彰奖励国内公开出版发行的中文优秀科普作品的作者和出版机构。中国妇女出版社出版的《10天，让你避开宫颈癌》、浙江人民出版社出版的《人类起源的故事》、浙江教育出版社出版的《飞蝗物语》等获得第六届中国科普作家协会优秀科普作品奖"科普图书类金奖"。

（4）吴大猷科学普及著作奖

作为海峡两岸重要的科学普及奖项，吴大猷科学普及著作奖由吴大猷学术基金会主办，中国科学报社与我国台湾地区中国时报开卷周报合办。吴大猷科学普及奖每两年举办一次，在出版的科普华文著作中遴选出优秀图书给予奖励。2018年第九届吴大猷科学普及著作奖在台北揭晓，《上帝的手术刀》获创作类金签奖、《最好的告别》获翻译类金签奖，《演化》获创作类银签奖，另有《数学简史》等7本获创作类及翻译类佳作奖。

（5）世界华人科普奖

"世界华人科普奖"由世界华人科普作家协会设立，是全球华语科普创作的最高奖，每两年评选一次。《〈三体〉中的物理学》《科普写作要讲五性》《中国国家地理》《都市昆虫记》分别荣获世界华人科普作家协会第三届"世界华人科普奖"图书类、短篇类、期刊类、新秀类金奖。

第二节　国外科普出版发展概述

一、国外科普发展概述

国外的科普发展大致经历了前科普阶段、传统科普阶段和现代科普阶段。前科普阶段（近代科技革命—19世纪中叶），由于文艺复兴和启蒙运动的发展，人类科学活动摆脱神学"婢女"的地位，科普借助于知识传播和技术传授活动来进行。传统科普阶段（19世纪中叶—20世纪上半叶），随着经典力学、电磁学的成熟与完善，三大定律（细胞学说、能量转化与守恒定律、生物进化学说）的相继发现，近代科学各门类理论体系逐步建立，科普活动也活跃起来，涌现出大量热衷科普的科学家。他们通过撰写文章、发表演说等方式向公众传播科学。科普出版的形式主要以科普招贴、小册子为主，但由于当时社会环境和受众知识水平的限制，科普出版的影响力十分有限。现代科普阶段（20世纪上半叶—现在），以二战后一些发达国家出现的"公众理解科学"活动为标志，将科普事业带入了全新的阶段,科普出版也由此进入繁荣时期。

20 世纪以来,各主要发达国家政府部门非常重视科普。20 世纪 80 年代,美国科学促进协会提出针对公民科学素养提升的"2061 计划",《面向全体美国人的科学》(1989)和《科学素养的基准》(1993)等政策的颁布掀起了全美科学普及的热潮。2009 年,奥巴马在美国国家科学院第 146 届年会上提出,通过加强数学和科学教育等政策措施,实现提高研发投入占 GDP 的比例。2007 年,美国启动"美国国家竞争力计划",将科学普及列为重要政策内容。同一时期,欧盟委员会发起"欧盟科研第 7 框架"计划,将科学普及作为欧洲研究和创新的重要组成部分,计划的经费投入比例在逐年上升。各国都在积极推进科学普及。英国政府授权贸工部科技办公室科普小组负责管理和实施。2004 年 7 月,英国发布《科学与创新投资框架(2004—2014 年)》,进一步提出促进科学普及的具体措施。在2008 年 9 月到 2010 年 11 月期间,英国科学预算总额的 1% 将用于科普和国际合作预算。2010 年 2 月,英国推出《英国科普行动计划》。日本有关部门发文表示科技发展离不开社会与国民的支持。2007 年,加拿大联邦政府在其发布的最新国家科技战略中强调,积极营造加拿大创新与发明的社会环境,加强全民科学普及,鼓励更多的人追求科学教育、从事科学事业,以应对当今世界复杂的挑战。2008 年,俄罗斯政府部门颁布相关政策,明确指出要加强对从事科普工作的团体、协会和基金会的扶持。

在政府部门的支持下,各国的科普活动发展迅速。20 世纪末,英国发起"公众认识科学运动",影响世界各国。2010 年 10 月,美国举办首届美国"科学技术节"。欧盟于 1993 年起开始举办"欧洲科学周",各成员国相继举办类似活动。2010 年 6 月 15 日,"中国—欧盟科技周"活动在上海世博会欧盟馆举办。其他国家如俄罗斯、日本、加拿大等,都有全国性科普活动。日本最大规模的科普活动是每年一度的"科学技术周",从 1960 年开始已经连续举办了 50 届。加拿大举办"全国科技活动周",加拿大青年科学组织每年在全国推动"青少年科学月"。俄罗斯每年 2 月 8 日为"科学节",每年 4 月的第 3 周为"科学周"。

二、国外的科普出版物和科普产品

国外的科普形式主要有举办科普活动、开放研究场所、出版科普读物、发布公共报告等。如英国学会组织的"圣诞夜少年科普讲座"以及德国的"科学长夜"是科学家科普交流的经典案例。很多科学家和出版人一起出版通俗易懂的科普著作,如

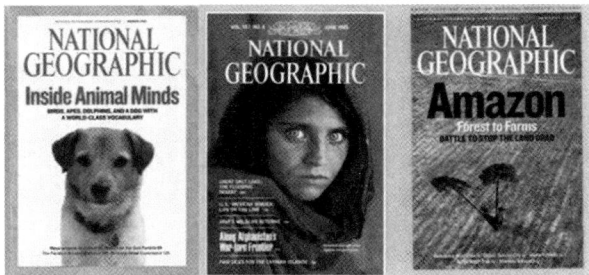

美国《国家地理》杂志封面

《昆虫记》《宇宙波澜》及《寂静的春天》等科普经典。科普杂志、科普网站、科普游戏等也是国外重要的科普载体。

1. 国外的科普书刊

美国的科普节目和科普杂志在全球首屈一指,最出色的当属《国家地理》杂志和探索频道。《国家地理》杂志由美国国家地理学会主办, 是一本集地质、地理、人文、科技、旅行、探险及科考方面的知识为一体的综合性月刊,已有近200年历史。《科学美国人》杂志自1845年创刊起,就一直活跃在科技新知的最前沿。多年以来,该杂志始终以报道科研与创新成果为特色。《太空和望远镜》杂志是世界著名的面向天文爱好者和望远镜发烧友的天文杂志,创刊于1941年,起初由《太空》和《望远镜》两个杂志组成。

美国《太空和望远镜》杂志

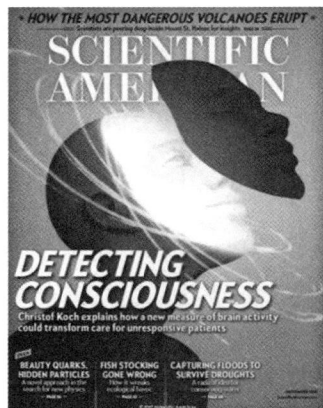

德国的主要科学杂志有《科学画刊》《P. M. 知识世界》等。德国TESSLOFF出版社每年邀请知名科学家、科普作家,为青少年撰写一些图文并茂的科普书,迄今已有140余册的规模。科普知识丛书也伴随着德国几代孩子的成长,是他们最美好的童年记忆之一。2010年湖北教育出版社引进出版的《什么是什么》科普丛书,以优美的文字、丰富的图片系统地介绍了各门类知识,拓宽中国少年儿童的知识视野。

英国出版的优秀科普读物有很多。2009年度英国皇家学会科普图书奖决选名单包括《您身体内部的鱼》《讶异的时代》等6部作品,最终《讶异的时代》获得2009年度英国皇家学会最佳科普图书奖;而获得英国皇家科学院少儿

美国《科学美国人》杂志

科普读物奖的读物则是《鼻涕为什么是绿色的》《动物的问题找费雪博士》等。

日本努力营造科学知识普及的现代社会文化氛围,希望科普创作队伍能生产出更多更好的科普读物,让每个人都有科普书读。日本科普读物也有很多,如著名的"Popular Science"系列图书。这套书从1988年开始,已经出版了287种,如《细胞膜的结构》《宇宙环境与生命》等。日本Soft Bank Creative出版公司从2006年开始已经出版了160本"Science-i"系列科普图书,最新一本专门写给大学生看的《理工系基础知识》出版于2010年2月。

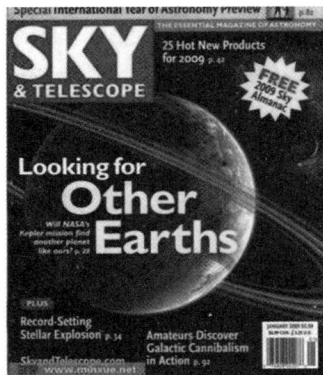

俄罗斯、加拿大等国也很重视科普出版。俄罗斯出版的科普期刊不下 500 种,比较著名的有《科学与生活》和《知识就是力量》。2009 年,俄罗斯"启迪"科普图书大奖赛获奖的自然科学类和人文科学类图书分别为《对艺术的图谋》和《在量子的标志下》。

2. 国外的科普新形式

除了科普活动、科普出版等形式外,发达国家还探索了新型的科普形式,如科普挂图、科普游戏、科普新产品、科普新媒体等。

(1)科普挂图

科普挂图的前身是科普招贴。早期,招贴多作为商业和政治的消息载体,并没有显现出明显的科普作用。后来,随着各国经济的发展和社会的进步,科普活动开始被视为是一种重要的文化传播手段,很多国家都开始重视,因而科普招贴逐渐繁荣起来。

(2)科普游戏

随着科普的发展,科普游戏逐渐获得许多青少年及其家长的青睐。相比于传统的图文科普出版物,科普游戏能够较好地提高受众尤其是青少年的学习兴趣,实现探索性学习理念,通过意会直觉学习与科学正式教育相结合,可以有效提高学习效果。

①Enigmo 游戏:该游戏遵循经典力学规律,游戏程序通过计算模拟真实物体应有的运动轨迹。游戏者必须通过经典力学规律大致估算运动轨迹,才能正确操纵游戏杆,使球能顺利进入接收器而使自己过关斩将,获得比赛的胜利。游戏者在玩电子游戏的过程中体验到经典力学实验的演示,获得直觉上的深刻认识。

②SURGE 游戏:SURGE 游戏不仅再现了经典力学时代的大部分经典实验,还为游戏者提供了较多的设计、改进实验的机会。SURGE 将经典力学的概念尽量融合于游戏之中。这些概念包括力、加速度、矢量、矢量和、惯性、弹性碰撞、自由落体、质量、动量、重力加速度、抛物线运动等。游戏对这些概念的介绍顺序与在传统物理学教材中的顺序大致相同。

(3)科普新产品:"科普商店"和"共识会议"

"科普商店"是一种以公众需求为导向、沟通科学家与公众双向交流的机制,提供科学咨询,解答科学问题。"科普商店"号召公众提出需要解决的问题,然后将其转化为课题。"科普商店"于 20 世纪 70 年代起源于荷兰,之后向欧洲其他国家扩散。2003 年,欧盟拨款资助建立"科普商店"网站。2010 年,欧盟将支持发展"科普商店"纳入欧盟框架计划。

"共识会议"也称"丹麦模式",是公众与科学家就某些有争议的科学技术问题进行对话交流进而形成共识的新型科普形式。"共识会议"这种科普形式逐渐扩展到其他国家,涉及转基因、纳米技术等多个主题，为公众打开了解科学、讨论科学的新窗口。

（4）科普新媒体

国外新媒体技术在科普中的应用较多，比如《科学美国人》的网站。《科学美国人》创刊于1845年，是顶级科学家向公众传播自己的理念和成果的首选平台，也是最常被大众媒体、研究机构和政府工作报告引用的杂志。随着互联网的发展，《科学美国人》也建立了科学美国人网站。目前，该网站有健康、环境、科技、空间和物理等内容，呈现形式包括视频、音频和文章等。在中国，《科学美国人》的独家授权中文版《环球科学》同样有杂志和科普网站。

三、国外的科普奖励

科普奖励既是20世纪世界各国和地区科普事业蓬勃发展的结果，反过来也成为促进科学普及的重要激励措施。发达国家重视科学传播，尤其重视奖励对科学传播有贡献的人士、组织或团体。英国有着对公众开展科技传播的优良传统，在每年举办的科技年会上，组织者一般都会安排科学传播讲座，并对优秀演讲者进行表彰。1975年，英国科学促进会设立一项奖励，旨在奖励科学思想及其传播方面的成就，授予获奖者奖章和奖金，产生了很好的社会反响。随后，英国进一步加大科学传播奖励力度，英国皇家学会于1986年设立"迈克尔·法拉第奖"，鼓励科学家为促进科学教育做出贡献。进入20世纪80年代，随着知识经济与知识社会的形成与发展，科学普及与科普奖励进入了加速发展时期。

美国科学传播奖励起步较早。1945年，美国科学促进会（AAAS）设立"卡弗里科学新闻奖（Kavli Science Journalism Awards）"，鼓励新闻记者关注科学技术发展中的重要事件，也极大地吸引了社会各阶层对科学技术的关注。为鼓励青少年从事科学宣传工作，1956年美国率先设立了"西屋科学奖讲座系列"，专门奖励活动中的优胜者。

俄罗斯、印度等在科学传播奖励方面，设置了多个表彰科学传播的奖项，引导人们重视科学传播，重视从事科学传播的人士。俄罗斯从1995年起设立"优秀科普著作奖"。印度的《技术政策声明》（1983）鼓励个人去探索和创造，以促进科技的发展。

近年来，国外的科学传播奖励出现一些新的趋势，美国、英国、俄罗斯、日本等国家开始利用科普周、科技节和科学年会，对热心于科学传播并做出突出成绩的单位和个人给予表彰奖励。大型跨国企业出于企业自身形象、社会责任及科技发展的需要，积极参与到科学传播，或与政府部门、科技团体合作设立，或单独设立科学传播奖项，有力地促进了科学传播。

第三节　新技术对科普出版的影响

在当代的科普出版的过程、科普出版物的形态和科普出版的管理等方面,视频、动画、数字、网络、交互等新技术和新媒体得到了较广泛的应用,如科普网站、科普 app、科普动画等,使用户能够在个人电脑、手机等智能终端上根据特定的使用场景获取所需要的科普信息和服务,对科普出版产生了显著的影响。

一、新技术在科普出版中的应用现状

新技术在出版物中的应用很广,如数字印刷、3D 印刷、动画、多媒体、数据库等,为传统的纸媒和电视增添了活力,也促进了新媒体的大发展。如利用 3D 印刷技术印制的三维立体画带给人们目前通常的平面画望尘莫及的视觉享受。三维立体画已经逐渐表现出代替传统画的趋势,逐步深入人们生活中的各个领域,特别是为科学招贴、儿童科普绘本的印制带来生机。虚拟现实技术让科普作品可被用户以感官感知,现成为周围真实环境的组成部分,从而增强用户对现实世界的感知。这种技术已被广泛应用于各种展会、科普互动展品,同时在电视科普节目、科普图书中也开始应用,比如,面向儿童开发的多媒体百科全书等。此外,国内外科普网站和科普数据库也有很多,如中国科普网、果壳网、社交网络的科普频道等。

1. AR/VR 技术

（1）AR 技术

AR 技术促进了出版形式的创新。浙江少年儿童出版社在 2013 年出版了《孩子的科学》一书,为 AR 技术做出了有益探索。随着 AR 技术的进一步普及,多家出版社探索了 AR 图书出版应用,如"香蕉火箭科学图画书"系列、三维立体科普书《史前陆地王者》。

无论是对读者、出版社,还是出版关联企业,AR 技术都有其优势。AR 技术融合了纸质媒体和数字媒体,可以通过互动、沉浸式的阅读体验,重塑数字出版的媒体形态和知识传播模式。比如,AR 技术可以将媒体形态聚合,促进出版模式创新,可以让读者实时了解资源内容、实时跟踪三维场景,提高了图书阅读的趣味性。同时,AR 技术还可以盘活出版资源,增加出版收益,并可获取用户大数据,提高图书的安全性,减少被盗版的损失。

（2）VR 技术

VR 技术在出版业的应用受到市场需求增加、行业竞争日益激烈等因素的影响,如

《大开眼界：恐龙世界大冒险丛书》(2016)等。科普图书的受众范围日渐拓宽，不再局限于童书市场。2015年，电子工业出版社出版了《凡·高地图》，并制作了凡·高虚拟现实纪录片。即使出版企业积极引进相关的技术和人才用于科普出版，但不可否认的是，由于受到软硬件条件的限制，VR技术还未能在科普领域得到普及。

2. 数字移动多媒体技术

（1）全媒体出版

为应对市场同质化竞争，全媒体出版为传统媒体走出一条创新发展、差异化竞争的特色道路。以《未来科学家》为例，依托电视媒体的优势，《未来科学家》在纸质版本中嵌入链接方式，打通与电视媒体的边界，在期刊内通过二维码加载《未来科学家》电视节目和新媒体内容，有助于期刊的传播方式从单一转向多元，带来版权内容和品牌价值最大化，使传统出版资源、电视媒体资源及新媒体资源被重新整合，慢慢形成以期刊出版发行为主体，以电视节目制作、网站视频推广和新媒体分发为支撑，以科普夏令营、科普大赛、视频杂志、科普课程等延伸产品和线下活动为拓展的一刊多元的全媒体生产格局，使《未来科学家》以全媒体特征在期刊竞争平台上彰显电视台办刊特色，激发青少年的科学阅读和探索兴趣。

（2）音视频出版

科普出版作品需要精确触达用户，就需要结合受众的生活场景，以合适的形式呈现。现在，人们的时间日益碎片化，短小精悍的音视频科普作品，更能在有限的时间内让受众进行"浅阅读"。《第49次中国互联网络发展状况统计报告》显示，截至2021年12月，中国短视频用户规模达9.34亿，用户使用率达90.5%。音频软件的火热，呈现了音频媒介"复兴"的趋势，也为科普出版形式的融合创新带来新的生机。

音频科普的典型例子是中国国家应急广播网。它专门设有科普知识栏目，以短小的音频进行科普。用户在上、下班过程中仅需要一个移动终端就能随时接收科普知识。在短视频科普应用方面，除了专业的科普app，其他社交app（如抖音、B站、微信等）上也不乏优秀的科普人和科普作品。

3. 网络数据库技术

网络数据库的出现促进了计算机在包括出版业之内的各个行业中的应用。所谓的网络数据库就是长期储存在计算机内、有组织的、可共享的大量数据集合，具有数据量大、增长迅速、更新速度快、品种齐全、内容丰富、可以远程检索等特点。随着数据库的发展和新需求的出现，数据库拥有了诸多分类。对于科普出版而言，主要有以下几种数据库：

（1）多媒体科普数据库

多媒体科普数据库主要存储科普出版所需要的数据，如科普图片、科普视频、科普动画等，成为科普出版的重要素材库、资料库和产品库。多媒体科普数据库存储大量的音视频和图像数据，对存储空间、计算速度和网络宽带的要求较高。

（2）移动科普数据库

移动科普数据库可以随时随地地获取和访问数据，当发生紧急情况时，工作人员可以通过笔记本电脑、手机等获取和访问数据库里的信息来进行处理。移动科普数据库让科普出版工作脱离了时间和空间的限制，具有了更高的灵活性，提升了工作效率。

（3）科普信息检索系统

科普信息检索系统的主要运行模式是用户输入的搜索指令，系统从数据库中查找相关信息并反馈回去给用户。由于科普信息检索系统的智能、海量检索的特殊性，也可以将它理解为一个联机文档管理系统或者联机图书目录。

（4）科普出版辅助决策系统

随着越来越多的数据可以联机获取，通过科普出版辅助决策系统可以做出使作品出版更符合市场趋势和需求的判断和决策。比如，在科普图书选题策划阶段，辅助决策系统通过分析现有的市场数据，给出选题指导，而在营销阶段，辅助决策系统可以综合网络上的营销数据给出较为切实可行的营销方案。随着人工智能的发展，基于知识库，决策系统的精准度和专业度将会进一步提升。

二、新技术在科普出版中应用的典型案例

1."香蕉火箭科学图画书"系列

"香蕉火箭科学图画书"系列内容涉及自然、地理等主题，是一套利用新技术的创意科学图画书。手机下载"香蕉火箭 AR"app，就能将"香蕉火箭科学图画书"系列的主要内容以 3D 的形式展现出来。这些视频依据 AR 技术制作而成，通过生动有趣的视频，读者可以学习到立体的科学信息。

2."科学跑出来"系列图书

"科学跑出来"系列内容涵盖古生物、地球科学、自然现象、太阳系等方面的知识，通过 AR 技

"香蕉火箭科学图画书"系列

术轻松实现知识与新科技体验完美搭配,让科学知识从书中"跑"出来、在读者眼前"动"起来。不仅如此,其配套 app 还具有拍照功能,读者可以拍下恐龙、行星环绕旋转或火星车在房间探索的奇妙照片,并分享在社交媒体上,赢得大家的点赞!

3.皮书数据库

社会科学文献出版社先后策划出版了一批既有学术影响又有市场价值的系列图书,皮书系列就是其中之一。皮书数据库是以皮书系列出版物为基础而建立的文献查询和知识服务数据库。目

"科学跑出来"系列图书封面

前,皮书数据库内容已经覆盖超过 150 个国家和地区,以及中国大部分行政区域,涵盖 100 多个行业、179 个二级学科。其用户遍布全国多个省、市和地区,国内使用机构超过 1000 家、海外超过 100 家。北京大学、首都师范大学、哈佛大学、牛津大学、耶鲁大学、普林斯顿大学等高校都是皮书数据库的用户。

皮书数据库网首页

三、新技术对科普出版的影响

1.促进出版传播形式创新,提升科学传播效果

网络新媒体技术的应用,丰富了科普出版形式,通过声画媒介生动形象地展示科学

知识,推动互动式超级科普图书的出版和科学传播方式的变革,增强受众对科学知识的好奇心,拓宽了传播渠道,扩大科学出版传播的广度和效果。

2.与受众需求更契合,优化了科普阅读体验

移动互联网改变了人们获取信息的方式。读者阅读时间的碎片化,对感官体验和互动的需求,促进科普出版革新和升级。读者可以利用有限的时间,获得专业的科学知识和新技术带来的新体验。新技术优化了科普出版作品的阅读体验,营造了沉浸式阅读氛围,有效满足了人们获取科学知识的需求,发挥科普图书的核心优势。此外,新技术完善了交互性设计,在读者和作者之间建立起了良好的对话机制,进一步提升阅读体验。

3.促进科普出版的转型和升级

在新技术的推动和融合下,科普图书出版行业有了新的发展方向。互联网及移动终端产品的发展和应用,使科普图书可以挣脱纸墨的束缚,依附于数据单元,更具易得性和永久性。例如,AR技术改变了科普图书的呈现形式。过去严肃的、抽象的科学知识能够通过感官进行互动。倘若出版企业率先进行升级,将会倒推科普出版行业整体的转型和升级。

4.为科普出版带来新的发展契机

新技术给科普出版物带来了新的营销点,无论是内容的创新呈现,还是形式的新奇表达,都能成为出版作品在营销阶段新的增长点,增强科普图书的市场竞争力。例如,中信出版社策划的"科学跑出来"系列图书的推广营销,使这套书成为增强现实技术与出版结合的"现象级"产品。

5.丰富了科普作品形式,扩大了科普创作群体

社交媒体的发展和普及极大地便利了大众接触、搜集和传播信息,由此带来了个人实现表达的机会和内容生产能力的提高,使得社交平台成为孵化优秀科普作品的新场所。"草根"科普爱好者跳脱出传统科普自上而下、说教式的传播方式,基于互联网强大的受众优势和畅通的传播渠道,凭借优质的内容生产能力在短时间内迅速积累起大量的粉丝,成为网络科普博主,进而再以科普图书出版的形式来扩大作品的影响力。

6.协同过滤:"民间"科普作品的出版

社交网络平台的每一个用户都有"开"或"关"的选择,而这些选择会影响内容的扩散

或停滞。这种社会化的内容筛选机制既对出版社专业"把关人"的地位带来挑战，同时，也使协同过滤成为图书内容生产的一种重要机制。比如，将网络科普作品出版成书，其影响力将被沉淀下来变为公众的内容取向，这些取向虽然不完全决定科普专业作者的内容生产活动，但会在一定程度上影响出版社将来进行科普图书出版的内容取向。

第四节　网络新媒体时代科普出版的新特征与新要求

深入实施制造强国战略、推进网络强国建设是我国"十四五"规划提出的要求。当前，数字化正在成为引领未来经济发展的重要方向，推动数字技术与传统实体经济深度融合。《第49次中国互联网络发展状况统计报告》显示，截至2021年底，我国网民规模达10.32亿，互联网普及率达73.0%，我国网民人均每周上网时长达到28.5个小时。巨大的网络新媒体用户基数涵盖了科普出版绝大部分的受众群体，科普出版顺应网络新媒体时代的要求进行变革转型是不可逆转的趋势。

一、更新出版观念，促进新技术在科普出版领域的应用

随着互联网技术和应用的不断发展，新的出版业态和阅读方式不断涌现，传统互联网出版和数字出版的概念不断拓展，利用有线电视网、卫星传输投送平台、移动通信网（手机网络）、无线局域网（Wi-Fi、WAPI）等传播数字出版物的新兴业态蓬勃兴起，网络新媒体出版产业发展的新机遇、新挑战相互交织。因此，应加强新技术出版在科普出版中的应用，鼓励和支持基础条件好、发展潜力大的科普出版单位积极开展数字出版业务，实现传统出版资源向网络出版延伸。目前，在政府部门的积极扶持和引导下，涌现出一批自主研发能力较强、经济实力雄厚、数字产品已形成品牌的融合式科普出版企业，有力地带动了我国数字科普出版产业的发展。

二、建立与网络新媒体相适应的新型科普出版模式

网络新媒体技术推动从选题策划、内容生产到营销推广等各环节的科普出版模式的变革，其中，作为互联网等新媒体平台与出版结合的产物，众筹出版就是出版模式变革的一种体现。众筹出版实践已取得很多成功的案例，如《周鸿祎自述：我的互联网方法论》（中信出版社2014年出版）、《社交红利》（北京联合出版公司2013年出版）和《本色》（长江文艺出版社2013年出版）等。之后，《风口》（机械工业出版社2015年出版）、《众筹筹天下》（中华工商联合出版社2016年出版）接连刷新出版业众筹的记录。众筹出版的成功实践为科普出版带来新的模式和机遇。同时，在科普内容生产环节，还可以进一步通

过挖掘用户生产内容(UGC),形成新的科普出版体系和科学传播生态。

三、建立与网络新媒体相适应的科普出版创新管理体系

随着科技的不断创新及转化应用,相关产业融合的不断深入,在数字网络出版的管理过程中,行业管理部门在加强出版管理的同时,针对科普出版的数字化转型和发展,应充分发挥政策导向作用,创新和完善出版管理方式和方法。一是建立科普出版专项政策、专项基金,引导和鼓励科普出版单位、科普创作者和科普服务机构等,积极投入到科普出版传播行列,丰富科普内容资源,实施技术创新和运营模式创新,提高科普出版业的整体实力,推动产业结构转型升级。二是鼓励不同领域的相关企业加强合作,以高新技术加快对传统科普出版业的升级和改造,加快科普产业结构的战略性优化,激发科普内容创造的活力,带动科普出版生产力的解放。

四、建立与网络新媒体相适应的科普出版资源平台

科普出版具有科学性、专业性和普及性等特点,同时,还具有科学内容资源共享性的特点。因此,为提高科普出版行业的效率、质量和影响力,出版、科研、教学等单位通力合作,在政府部门、行业协会的指导和支持下,建立全国性或专题性的科普资源交流共享平台,如科普图片资源库、科普音视频资源库、科普动画资源库、科普文本资源库、科学专题资源库等。

参 考 文 献

[1] 郝丽利. 水利风景区的科普教育功能研究[D]. 河南大学,2013.

[2] 夏文华. 民国时期科普图书出版史初探[J]. 科普研究,2013,8(1):54-59.

[3] 彭丽熔. 世界书局文学出版情况研究(1917—1949)[D]. 华东师范大学,2009.

[4] 王洪鹏,赵洋,余恒,等. 新中国成立至"文革"结束我国天文科普图书出版回顾[J]. 科普研究,2018,13(6):99-107+114.

[5] 董国豪. 试论二十世纪中国科普的两次高峰[D]. 成都理工大学,2008.

[6] 胡沐,吴建森,何圣桐. 20 世纪 50 年代中国科普基本特征研究[J]. 沈阳大学学报(社会科学版),2012,14(5):38-41.

[7] 周兰珍,侯强. 新中国成立初期知识分子对科技文化建设的参与和推动[J]. 三峡大学学报(人文社会科学版),2017,39(6):104-108.

[8] 贾祖璋. 丏尊师和开明书店的科学读物[C]//中国出版工作者协会. 我与开明[M]. 北京:中国青年出版社,1985:47.

[9] 余淼淼. 试论影响我国科学普及工作的原因[D]. 同济大学,2008.

[10] 李娥. 我国报纸科普现状分析和发展对策[D]. 中国科学技术大学,2009.

[11] 薛红玉,刘茜. 中国科学技术出版社融合发展路径探索[J]. 科技创新发展战略研究,2020,4(1):
31-36.

[12] 程民. 科学小品在中国[M]. 北京:科学出版社,2009.

[13] 李一腾. 新中国科技法制观的形成与发展[D]. 山西大学,2012.

[14] 孟丽娜. 转型期科普主体与受体的演变分析[D]. 东南大学,2005.

[15] 樊春丽. 我国科普作家队伍现状及问题研究[D]. 中国科学技术大学,2013.

[16] 裴要坤. 面向公共图书馆科普阅读推广的推荐书目调研分析[D]. 河北大学,2019.

[17] 刘国钧. 中国书史简编[M]. 北京:书目文献出版社,1982.

[18] 科普著作首次入选国家科技进步奖[N]. 科技日报,1997-11-17,第1版.

[19] 杨娟. 中、英、美、澳科学传播政策内容及其实施的国际比较研究[D]. 西南大学,2014.

[20] 宋晓阳. 广东科学中心科普人才队伍建设研究[D]. 暨南大学,2014.

[21] 周祎哲. 21世纪中国数字科普发展的必然性和立足点探讨[C]//2010年国际数字科技博物馆学
术论坛暨第二届数字科技馆技术与应用研讨会论文集[M]. 北京:科学技术文献出版社,2010:
299-303.

[22] 肖健,徐翠香,王旭彤. 新技术环境下的科普创作[C]//李群,许佳军. 中国公民科学素质报告
(2014年)[M]. 北京:社会科学文献出版社,2014:223-234.

[23] 程道才. 提高国民科学素质与科技传播的大众化[J]. 广州大学学报(社会科学版),2007(9):
61-64.

[24] 舒畅. 一分钟医学速记:协和医学博士的漫画笔记[M]. 北京:人民卫生出版社,2013.

[25] 缪中荣. 漫画脑卒中[M]. 北京:人民卫生出版社,2015.

[26] 崔玉涛. 崔玉涛图解家庭育儿[M]. 北京:东方出版社,2012.

[27] 王静雪,孙宇. 浅谈漫画在医学科普图书出版中的重要意义[J]. 科技与出版,2016(3):102-104.

[28] 冯春萍. 《太白》杂志研究[D]. 河北大学,2009.

[29] 吴小获. 论科学小品与《太白》杂志[D]. 福建师范大学 2007.

[30] 张善涛. 新中国科学传播视野下的《十万个为什么》探究[D]. 上海交通大学,2011.

[31] 王然. 少儿科普图画书《这就是二十四节气》出版案例分析及其创新启示[J]. 科技与出版,2017
(7):47-49.

[32] 丁西蓓. 科普童书出版设计童趣化——以"妙趣科学立体书"系列丛书为例[J]. 出版广角,2015
(4):64-65.

[33] 赵延平. 科普挂图的科学传播和视觉文化分析[D]. 河北大学,2009.

[34] 王亚玲. 基于新治理理念的科普资源共建共享研究——以陕西省为例[J]. 学会,2020(3):54-59.

[35] 董全超,许佳军. 发达国家科普发展趋势及其对我国科普工作的几点启示[J]. 科普研究,2011,6
(6):16-21.

[36] 李忠明,李蓓蓓,顾晓燕.西方发达国家经验对我国文化传播工作的启示——以气象科普为例[J].语文学刊,2013(17):30-33.

[37] 刘华杰.科学传播的三种模型与三个阶段[J].科普研究,2009,4(2):10-18.

[38] 党伟龙,刘萱.英美科普奖项对我国的启示[J].科技导报,2012,30(6):11.

[39] 沅远.期待21世纪科普创作的繁荣——《中国科普佳作精选》出版访谈录[J].科学新闻,2000(8):13.

[40] 赵延平.科普挂图的科学传播和视觉文化分析[D].河北大学,2009.

[41] 雷鸣,袁瑞芳.我国增强现实类儿童科普读物的出版策略[J].出版广角,2017(6):49-51.

[42] 罗蓓.VR技术在科普类图书出版中的应用研究[J].新闻研究导刊,2019,10(17):185+187.

[43] 尹琨.VR/AR来袭,"撬动"传统出版变革[N].中国新闻出版广电报,2016-12-15(007)

[44] 周华清.科普类图书VR出版应用研究[J].科技与出版,2017(7):94-97.

[45] 李法宝.论医学科普期刊的手机出版[J].编辑学报,2011,23(1):72-74.

[46] 季慧."定""拓""融""通":青少年科普期刊生命力的提升策略——以《未来科学家》全媒体出版探索为例[J].编辑学报,2017,29(6):586-589.

[47] 彭程.新媒体技术与环境对科普图书出版的影响[D].华东师范大学,2016.

[48] 冯翔.国外科普游戏的发展概况与趋势[C]//科技传播创新与科学文化发展——中国科普理论与实践探索——第十九届全国科普理论研讨会暨2012年亚太地区科技传播国际论坛论文集[M].北京:科学普及出版社,2012:532-537.

[49] 袁瑞芳.我国增强现实类儿童科普读物出版研究[D].湖南大学,2017.

[50] 薛小情.互联网时代的科普畅销书出版传播研究[D].华东师范大学,2020.

[51] 李雪,黄崇亚,薛印胜.科普期刊全媒体出版创意探析[J].编辑学报,2015,27(3):210-213.

[52] 余肖生.网络信息资源组织形式比较研究[J].情报杂志,2003(4):61-62.

[53] 王慧.网络信息资源检索的思考[J].图书馆学刊,2005(1):8-9.

[54] 鲍金洁,周荣庭.众筹出版的运作模式和实践策略研究——以《消失的世界》AR科普绘本为例[J].科技与出版,2016(8):57-62.

[55] 高婷.我国科学普及政策及其实施体制探讨[D].四川师范大学,2009.

[56] 科技部2018年全国优秀科普作品名单[EB/OL][2018-12-27]http://www.gov.cn/xinwen/2018-12/27/content_5352596.htm

第二章
科普出版的技术演变及出版创新

　　科普的历史与科学技术同样悠久,科普出版所应用的技术也同样随着科学技术的进步不断丰富。纵观世界出版史,从开启文明的硬质出版,到以柔克刚的软质出版,再到有容乃大的虚拟出版,人类在出版载体、技术的变迁中经历了数千年的历史沧桑。现代意义的科学最初启蒙于欧洲文艺复兴时期,至 17 世纪后得到了极大的发展。科普作品的创作与出版伴随着科学的发展而出现,并结合载体、技术的进步不断演变。众所周知,印刷技术极大地促进了科学技术的发展与传播,对推动工业革命发挥着举足轻重的作用。不同时期科普出版的创新变化,也反映出了科普出版适应时代发展需求,实现科学知识普及使命的具体实践。

　　我国的科普出版,既是科普事业的晴雨表,又是国家科技软实力的重要组成部分,并在不同历史时期发挥着科普助力救国、服务兴国、促进富国、建设强国的重要作用。科普是科学技术与社会生活之间的一座桥梁,它在向读者传授知识、让读者爱上科学的同时,也使读者受到科学思想、科学精神、科学态度和科学作风的熏陶。新中国成立以来,老一辈科技工作者、科普作家以及广大科普出版界同人,用自己的辛勤汗水为亿万读者奉上了一部又一部启迪心灵和智慧的科普佳作,为科普事业的发展奠定了坚实的基础,也留下了宝贵的精神财富。

第一节　科普出版的载体演变

　　纵观整个人类的出版历史,出版载体在其中扮演着十分重要的角色并发挥了十分重要的基础性作用。了解不同时期载体的发展,有助于我们了解不同历史时期科普出版行为的基础。北京师范大学万安伦教授在《中外出版史》一书中提出了出版史研究的新视角,将人类纷繁复杂的出版活动和漫长的出版历程进行了简明概括,按照载体的不同,将整个人类出版历史划分为"硬质出版""软质出版""虚拟出版"三大阶段。出版载体经历了由硬变软、由大变小、由宏观变微观、信息量承载由少量变海量等发展过程。

本节主要分析近百年来中国共产党领导下从以纸质为主的软质出版到虚拟和半虚拟出版的科普出版载体的演变。

一、纸质科普出版载体演变

最早的纸在公元前2世纪我国的西汉初期已出现。公元105年,东汉蔡伦改进造纸技术后,其被认为是现代造纸术的鼻祖。造纸术作为中国古代四大发明之一,与指南针、火药、印刷术一起给中国古代文化的繁荣提供了物质技术的基础。纸的发明结束了古代简牍繁复的历史,大大地促进了文化的传播与发展,其逐渐发展成为全世界的主流出版载体。虽然出版物的主要载体是纸,但在不同时期,科普出版物的形态和承载内容也在不断发生变化。

1.新中国成立前的纸质科普出版

在早期特殊环境中,共产党人曾采用布告、传单等方便快捷、易于复制的软质载体传播信息、知识,方便群众相互传阅。在当时艰苦的条件下,出版载体的选择只能是因陋就简或因地制宜。随着中央苏区根据地的建立,针对性较强的小册子、报刊、图书等形式的纸质出版物逐渐增多。由于敌人封锁,中央苏区一直无法获得充足的印刷纸张,共产党人便利用当地盛产的毛边纸等作为软质出版载体。各根据地出版人也学习使用甚至制造"马粪纸""马兰草纸"等当地土纸,用于印制传单、小册子等。陕北革命根据地先后出版了20余种报刊和400多种图书,其中有大量的科普出版物。

在新中国成立前的艰苦战争环境中,党中央就把科普和科普立法工作列入议事日程,为科普出版提供了政策环境。1941年5月,中共中央政治局批准公布的《陕甘宁边区施政纲领》明确提出:"奖励自由研究,尊重知识分子,提倡科学知识,欢迎科学人才。"边区政府第二届参议会通过《边区科学事业案》,规定要"组织科学团体,开展科学活动""出版通俗科学读物,普及科学

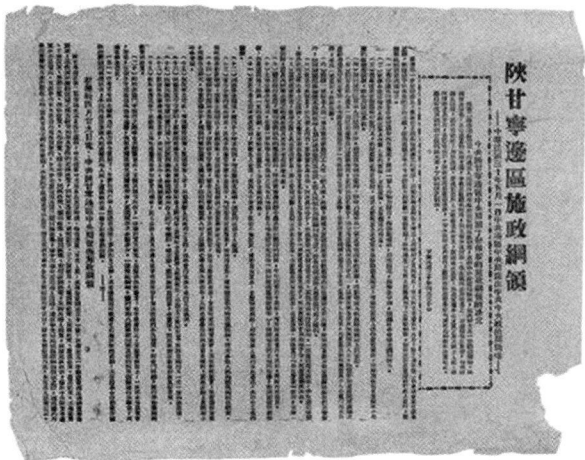

《陕甘宁边区施政纲领》

知识"。

在当时,科学普及是中国共产党建设陕甘宁边区的重要措施。边区科普出版坚持了科学为战争服务的原则,提出"科学的方法应该与科学的任务一致""理论与实践一致"的理论。通过《新中华报》《解放日报》《中国文化》等报刊进行科普指导思想的宣贯和舆论引导,并根据当时的形势把工作重点放在理论和技术上并在生产上与大众联系起来,以边区的实际和人民群众的需求为出发点,以报刊、图书等形式出版了内容为生活知识、医疗知识、生产知识、纯粹的科学知识等科普出版物,解决了实际问题,让民众更关心科学技术,并产生兴趣,为下一步的科普奠定基础。

2. 新中国成立后的纸质科普出版

1949 年 9 月,全国政协通过了具有临时宪法作用的《共同纲领》。其中规定:"努力发展自然科学,以服务于工业、农业和国防建设。奖励科学的发现和发明,普及科学知识。"1982 年颁布的《中华人民共和国宪法》第二十条规定:"国家发展自然科学和社会科学事业,普及科学和技术知识,奖励科学研究成果和技术发明创造。"2018 年 3 月 11 日,第十三届全国人民代表大会第一次会议通过了《中华人民共和国宪法修正案》,修订后的《中华人民共和国宪法》继续沿用了 1982 年《中华人民共和国宪法》的表述。国家根本法关于科学技术普及的表述,确立了科普工作在国家发展科技事业格局中的定位。

新中国成立 70 多年来,我国也从出版弱小之国发展为出版大国,正在阔步迈向出版强国的目标。全国出版社从最初的不足百家发展到现在的 585 家;书店从最初的不到3 000 家发展为现在的 20 多万家;出版物也发展到现在的 50 多万种,实现了从出版弱小之国向出版大国的历史性飞跃。出版载体也从"土法"造纸,走向"新闻纸""道林纸""轻涂纸""胶版纸""铜版纸"等软质载体。

二、虚拟科普出版载体演变

随着社会的不断发展,科普出版物载体从硬质、软质转向虚拟,形态也从静态转向动态。出版活动和实践不再局限于墙体、纸质等实体固态载体,而转向虚拟和半虚拟出版载体。

声、光、电、磁的发明和发现,以及计算机和互联网技术的发展,使人类从录音、录像的音像电子出版,逐渐发展到电脑、移动终端和网络,出版载体也从磁盘、胶片、磁带、光盘等半虚拟载体发展到因特网和云服务等虚拟载体。

1. 半虚拟科普出版载体

随着声、光、电、磁的发明和发现,并在知识信息收集、挖掘、整理、发布、传播、传承等方面的探索运用,即对声、光、电、磁可承载信息的刻录、复制与传播,虚拟出版也进入了初级阶段,逐步出现了盒式磁带、唱片、3.5 寸盘、光盘、U 盘、移动硬盘等半虚拟载体。

半虚拟载体

随着计算机技术的飞速发展,各类虚拟出版载体不断涌现,并以惊人的速度不断更迭。传统的出版形态也在不断更新,显示屏代替纸进行呈现,键盘代替笔进行书写,软盘、光盘、U 盘等代替纸质书,这些大大扩展了知识信息的承载容量,提升了传播速度和效率。随着半虚拟出版载体的出现,各种科普音像制品、电子出版物为读者带来了阅读体验的提升,传统纸质出版的文字、图片信息也进一步丰富为声音、视觉的表达。随着二进制技术的长足发展,科普内容的呈现方式也更进一步丰富起来,电子图书、数字报刊、数字音乐、数字动漫等全面兴盛。人们获取知识和信息的途径从传统书、报、刊转向承载信息更全面的各种半虚拟出版载体。

2. 虚拟科普出版载体

20 世纪中叶,伴随计算机技术的发展及其在出版领域的应用,虚拟出版进入快速发展期,互联网成为最基本的科普出版载体和介质。随着计算机技术的不断丰富和发展,出版的数字化和精准化走向深入,电子书、有声书等数字出版形态也逐渐融入社会生活的方方面面,网络成为数字出版时期科普出版的基本载体。

网络作为虚拟科普出版载体主要经历了三个阶段。在 Web 1.0 时代,出版内容多以单项浏览为主,传播迅速、及时的信息技术,逐渐改变人们原有的阅读习惯,电子书籍、数字期刊逐渐被人们接受。在 Web 2.0 时代,则是以用户为主导,把握用户心理、满足用户需求,打破单向、被动的传统出版模式,用户与网络间的互动性不断增强,用户可以自主完成内容的上传和维护,科普内容出版由简单的单向信息流动变成双向互动,如比较有代表性的维基百科。Web 3.0 时代是出版内容的万物感知与智慧控制时代,出版理念和技术创新以满足用户对内容的个性化需求为主,H5、短视频、网络直播、VR/AR/MR 形式等与科普知识内容多元呈现相结合,结合云计算、大数据、物联网、人工智能、区块链等新技术应用实现出版物内容的多场景应用与智能分发。随着数字"新基建"的逐步完善,数字技术和智能技术的不断发展,特别是在元宇宙概念盛行的当下,沉浸式的体验场景和传播空间将拓展科普出版新的未来空间,也为科普出版带来更多想象的空间。

第二节　科普出版的技术演变与创新实践

作为知识传播的重要载体,科普出版物向来备受业界重视。为了推动受众对科普读物实现从被动接受转向主动接受,契合受众对于科普出版物趣味性的阅读需求,科普出版物不断尝试新的内容呈现形式。回顾过去 20 年的科普市场不难发现,从 2000 年至 2012 年,科普读物主要以具有趣味性的图文相配的方式呈现科学知识,科普处于"图解"时代;2020 年,以"半小时漫画"和"三分钟漫画"为主的漫画类科普读物风行,推动科普出版进一步走向了趣味化。

需要注意的是,这些科普出版物的变化仅仅停留在图文的分配比重上,其信息呈现方式没有改变。纵观科普出版的发展历程,无论载体形态如何演变,其核心还是内容。在不同的发展阶段,科普知识内容的组织呈现方式也有不同,从单色纯文字科普书到图文、音视频结合的融媒体科普书,再到 AR、VR、MR 虚拟科普出版物,科普出版经历了从单线到多维、从平面到立体、从静态到动态的转型提升。

而科普出版物引入"3R"技术后,信息呈现方式就发生了改变,真实世界的物理信息通过计算机技术对实体进行信息上的重构,读者可以冲破传统纸媒平面阅读的局限,将视觉、听觉、触觉等感官体验融入信息内容提供的场景中,有效提升阅读体验。结合新技术本该是科普出版物的应有之义。

因此,结合"3R"技术的科普出版物,面对互联网和新媒体对科普出版物发展空间造成冲击的情况,可利用虚拟传播优势,在市场竞争中获得强大的竞争力,同时,在与电视台科教等频道、互联网资讯等获取科学知识方式的同台较量下,新的科普出版物也可以凭借"3R"技术的互动性、立体性等特点脱颖而出。

一、科普出版创新实践的重要遵循

科普出版作为出版业的一个细分领域,首先必须坚持把社会效益放在首位,坚持正确的出版导向。我国有着悠久的历史，为全人类文明的发展做出了重大贡献，在科技领域亦是如此。中科院科学传播局和自然科学史研究所曾组织国内专家，经过数年的研究，评选出了"中国古代重要科技发明创造"88项，极大地提升了我们对于中国古代科技成就的认识。新中国成立以来，尤其是改革开放以来，我国在科学、技术和工程领域取得了举世瞩目的成就。因此，科普出版工作既担负着普及科学知识的重任，也将在增强文化自信方面发挥不可替代的作用。另外，我们也能够从我国古代和当代的科技成就中挖掘出大量宝贵的出版资源，组织开发具有显著特色的优质选题，在服务社会发展的过程中促进自身的发展。

出版单位应认真研究读者的需求，贯彻以人民为中心的发展理念；围绕读者的需求，组织选题开发工作。出版单位只有抓住了读者的需求，才有可能提供人民群众喜闻乐见的科普作品，取得一定的经济效益，实现可持续发展。出版单位只有借助市场机制，才能较好地处理作者、读者和出版者之间的关系，用市场的手段让优秀作者和优秀作品脱颖而出。

出版单位应从可持续发展的角度处理好市场竞争和政策扶持的关系，在基于市场的基础上做好机制和体制建设，提升发展能力，同时充分借助政策扶持解决发展中遇到的关键问题。已故科普大师、著名天文学家卡尔·萨根在他事业的早期就认识到科学家有责任介入社会，他坚信只有激发公众参与科学的热情，从而支持科学继续前进，科学才能真正取得辉煌。

相对于图书市场的其他许多细分领域，科普出版走融合发展之路有其独特的优势。从图形、图像、音频、视频到AR、VR，从纸质载体到实验套件，从线下到线上，科普出版更适合采用新媒体手段，从而带给读者不同的阅读体验。目标读者对于新技术也有着更强的接受力。但是，形式决定于并服务于内容，科普出版的核心要素仍然是内容，技术只是作为提升用户体验的一种手段，不能本末倒置。

科普编辑要在把握读者需求的基础上，认真细致地做好选题策划工作，更深入地参与到创作中，在目标读者设定、结构设置、内容编排、知识分布、语言风格等方面引导作者提升写作能力，更好地解决图片处理、装帧设计、排版等后期制作中遇到的问题。对于融媒体科普产品，还要组建包括科学顾问、文稿写作、艺术设计、图像处理、音频/视频制作、AR/VR模型开发和排版等人员在内的创作团队，管理好出版流程。同时，"科文融合""多学科融合"也是科普创作的一大特点。科普编辑既要对某一专业领域有深入的了解，又要尽量扩展知识面，做到文理兼修。

科普出版最终将以作品的形式服务读者，科普作品评价成为科普出版工作的一项重要内容。首先，科学性是科普图书存在的基础。卞毓麟先生曾说："科普，简略地说，就是以'科'为基础、以'普'为目的的行为或活动。科普作品则是以作品形式表现的科普活动。"这句话的意思很明确,即科普图书的第一要素就是科学性。对一部科普作品进行判断,要从其出发点和落脚点来看,如果整部作品的目的是介绍某一科学原理或方法,即使其采用了寓言、童话、故事、诗歌等文学形式,它也是一部科普作品,而且有可能是一部科普佳作。但对于一部百科性质的科普图书来讲,科学知识所占的篇幅就很重要了。其次,"科文交融才精彩"。学术和应用技术类型的作品多用于同行之间的交流,作者和读者是对等的,二者有着共同的语言体系和思维方式。而科普作品完全不同,作者要站在专业的角度,用通俗易懂的语言向非专业读者传播科学知识、方法和精神。作者与读者存在认识上的差异,有着不同的语言体系和思维方式,这是科普作品创作的困难所在。在这种情形下,人文是作者与读者沟通的有效媒介,能够消除二者的距离感,增加作品的亲和力和可读性。而人文与科学的融合以及各科学领域之间的融合也是当前教育追求的一个方面,因此,科普作品能成为学科教材的有益补充,具有不可替代性。再次,科普作品要具备时代美感。美是人类的共同追求,好的科普作品理应带给读者美的阅读体验。概而言之,科普作品有三美:一是展示科学之美,不同于教材和专业书籍,大部分科普图书的价值在于激发读者对科学的兴趣,使其掌握一定的科学方法,养成一定的科学思维,进而具备一定的科学精神,因此在创作时要选择能够达成这一目的的内容;二是语言文字要有美感,篇章要合理,行文要讲究,用词要平实,善用修辞技巧,从而展现科学的理性之美;三是表现形式要有美感,即在装帧设计、排版布局、图片选择等方面精益求精,展现书香之气。最后,优秀的作品应以情动人。在科普作品中,作者对科学的真挚情感是能够极大地感染读者的。萨根在其代表作《暗淡蓝点》中,以诗歌般的语言讲述了人类探索太空的艰辛历程。他在该书的结尾深情地写道:"他们将抬头凝望,在他们的天空中竭力寻找那个蓝色的光点。他们不会由于它的暗淡和脆弱而不热爱它。他们会感到惊奇,这个储藏我们全部潜力的地方曾经是何等容易受伤害,我们的婴儿时代是多么危险,我们的出身是多么卑微,我们要跨越多少条河流,才能找到我们要走的道路。"即使百科性质的优秀科普图书也能让读者强烈地感受到作者对科学的痴爱,例如畅销书科普作家西奥多·格雷在《视觉之旅:神奇的化学元素》中,常常在不经意间讲起儿时的一件趣事,让人不禁莞尔一笑。也许此刻,科学的种子已埋藏在读者的心中。

二、纸质科普出版的内容演变

随着科普出版工作的深入,出版人和创作者在不断探索新的内容呈现形式,通过丰富的图片、形象直观的绘画、必要的辅助工具等,优化和提升科普出版物。

1. 纸质科普出版物的配套辅助工具

抗战时期,陕甘宁边区自然科学研究院开展了一系列的科普出版工作,其数理学会为推广数理知识,编写了通俗科学教材,并配套制造了简单的仪器,如七色板、日晷等。为了在边区推广种植棉花,出版了《怎样种棉花》的小册子,并配套提供种棉花怎样打卡图,有效普及种棉方法,有效提升当地棉花产量。与此类似的还有陕甘宁边区推广马铃薯种植、牲畜保健等。

近年来,科普出版物配套辅助工具非常普遍,也很受读者喜爱,如利用光栅理论制作的"会动的书"——《点点跑起来》,一张透明的黑色条纹卡片,大大提升了科普出版物的互动性。

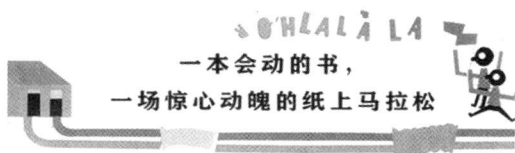

在培养孩子的注意力方面引发了全球风暴,并被翻译超过 12 种语言,在全世界得到了广泛的关注与传播!打开《点点跑起来》这本书,我们会发现有个袋子,袋子里有一张透明的黑色条纹卡片。

它就是"魔法卡片"拿着这张卡片,在书本上左右移动,我们发现,点点竟然都"跑"起来啦!

在集合的哨声响起后,红队的点点在右边排好,蓝队的点点在左边排好。两队"人马"蓄势待发,比赛开始的枪声一响,它们同时冲出了起点。

《点点跑起来》图书及特点介绍

2. 立体科普书

立体书可以给读者带来更加立体、直观的感受。例如《不可思议的科学魔法书》立体书,36 页精妙的立体设计,一百多个互动机关,玩法多样细致,不仅工艺非常酷炫,同时也使知识性与趣味性达到了完美的结合,搭配实验大礼包,让读者有更好的操作感与体验感。

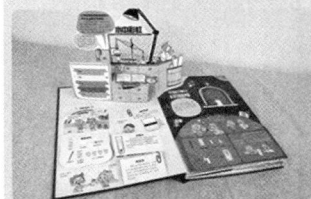

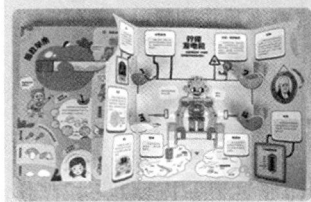

《不可思议的科学魔法书》

3. 科普绘本

随着读图时代的来临，形象工业空前扩张和膨胀，科普绘本也日益受读者欢迎。这种科普读物主要由精美的图画和少量的文字组成，情节有趣，形象具体鲜明，想象力丰富，因其具有启发思维、提高想象力的特点而受到社会关注。纵观当前科普绘本，市场口碑良好的大多不是通过单一"绘图"来传达科学的简单绘本，而是糅合了游戏、动手、视听等形式充分调动孩子的多个知觉通道的作品。例如，人体科普绘本《如何制作一个哥哥》是一本脑洞大开的魔法书。作者用一条非常流畅的故事线将每个知识点串联起来，呈现给读者专业、精确且严谨的科学知识。同时，整个阅读过程就像玩积木一样，引导读者在模拟游戏中发现问题、解决问题。

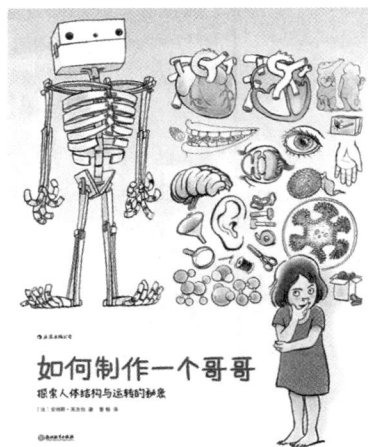

《如何制作一个哥哥》

4. 科普动画

动画是集合了绘画、电影、数字媒体、音乐、文学等众多艺术门类的艺术表现形式，可以使用各种艺术手段创造生命运动,将知识进行艺术加工,化抽象为具象,化微观为宏观,化陌生为熟悉,将抽象的知识人格化和故事化,对于展示科普知识无疑是很好的创作表现方式。

以医学健康类科普动画《头脑特工队》《工作细胞》《终极细胞战》为例,其内容和题材与人的身体密切相关,无论是科普人体的内部构造、人体的运作机制还是各类疾病的预防与治疗,其最终目的是加强读者对自己身体的了解和重视,宣扬健康的生活习惯和生活方式,增强观众尊重生命、提高自身身体素质和生活质量的观念。关注人、关心人,以人为本,让人们对身心健康提高重视是医学健康类科普动画的创作目标。而医学健康类知识对于普通大众是抽象难懂的,运用动画的形式从角色的设定与组合、人体内外空间的塑造与连接、叙事视角的选择与切换,以及叙事结构的建构与安排等方面,运用拟人化的故事策略,赋予知识具体的人格和故事情境,综合运用多种叙事手段讲好故事,增强科普的娱乐性、趣味性和故事性,可以达到理想的科普效果。

三、声、光、电、磁与音像科普出版

声、光、电、磁的发明和发现及其在出版领域的应用,使有形出版逐步延伸到无形出版,人类出版也步入了新纪元。有材料证明,1857 年至 1860 年,人类已经能够记录歌声了,虽然只有短短的 10 秒,但对于人类而言,已经是很大的进步了。自那以后,人类开始通过媒介记录声音。19 世纪摄像技术的发展实现了从照相到摄像、从静态到动态的发展,人们可以看到"留存的时光",这悄然开启了出版的另一扇大门。通过虚拟载体呈现的声音和影像,让人可以听到远隔万里的声音,看到再现的影像画面。

长期以来,我们都是通过科技馆、课堂、教材、影像资料等传统方式进行科学知识的传播和普及,然而这种科普传播方式,不仅令深奥晦涩的科技知识难以被人们所理解,而且也无法收到应有的传播效果。如今,随着抖音、快手等短视频平台的崛起,科普知识的传播找到了一个全新方向,大量网红科普视频账号不断涌现,如"柴知道""回形针""江苏网警""弦论世界"等的视频账号不仅保证了科普知识的严谨性,而且通过生动有趣的解说形式、脑洞大开的新颖创意,让抽象、高冷的科学知识变得通俗易懂、时尚好玩,引发了网友的关注,为全民科普提供了诸多新的发展思路。

1. 内容生活化,通俗易懂

目前,随着抖音、快手等短视频平台的快速发展,科技知识的传播也有了新的发展面貌,许多科普类的短视频逐渐成为网友重点关注的热门内容。如人大附中物理老师、知名科普视频创作达人李永乐,通过短视频平台长期分享物理、数学等方面的科普知识,迅速在网络上走红。李永乐创作的科普短视频生动有趣、风格独特。这些科普短视频和传统的图文科普资料相比,内容上富有生活化的特点,不仅讲解通俗易懂,而且风格幽默风趣,实现了科普知识的个性化、场景化传播,打通了传播平台和受众的时空壁垒,点燃了人们对于科学探索的热情。

2. 图文形象化,生动有趣

短视频中的图文和其他媒体的图文相比,具有动态变化的特征,所以更加生动有趣,对科普知识的展现也更加清晰明了、形象活泼。如抖音短视频账号"江苏网警"所发布的"本周谣言系列"短视频,就是通过动态的图片辅以热门的网络音乐来进行呈现的。这种制作方式,方便受众随时暂停了解其中的细节内容,既具备了传播的生动便捷性,也大大降低了短视频制作的时间和人力成本。

3. 知识集中化,简单有料

对于科普短视频而言,一般时长不到 1 分钟,最多不超过 5 分钟,在制作过程中删除了很多与知识无关的节点,将科普知识进行了最大限度的浓缩,从而让受众在最短的时间内能接受到最大的信息量,不但减少了受众的认知负荷,而且也保证了受众的注意力不浪费在和科普知识无关的信息上。对于实操性较强的技能,如地震、火灾来袭时的应急科普读物,缺乏动感的纸质图文,显然远不如科普微视频来得形象直观。

抖音、快手等科普短视频实现了传统科普知识传播趣味化的转变,让抽象、高冷的科学知识更加"接地气"。科普短视频通过生活化的内容、形象化的图文、密集化的知识含量,打开了社交自媒体时代科普知识传播的新窗口。为了进一步提高科普短视频的传播效果,科普短视频账号需结合用户的需求,做到有的放矢、垂直精耕,平衡科普视频的严谨性和趣味性,以优质的内容吸引受众浏览阅读,以多样化的互动方式增强用户黏性,拉近传播平台和受众的心理距离,带动全民科普的发展。

优质音视频科普出版物可实现多种传播形式的互通,为传统纸质科普出版物拓宽成长空间。喜马拉雅科普主播汪诘接受笔者采访时称:"当今贯通的多媒体传播生态,使一份产品可以轻松地实现多次售卖。"很多科普节目先在喜马拉雅、有道等平台上进行数字出版,在此基础上再以图书的形式出版。例如,湖南科学技术出版社 2019 年推出的《达尔文的战争》和《未解的宇宙》分别源自吴京平在网络平台播讲的音频节目《物种起源》和汪诘的音频节目《真假世界未解之谜》。

四、信息技术与电子科普出版

信息技术的飞速发展,大大加速了信息传播方式、传播手段和传播速度的变革,使人类改造客观世界和主观世界的能力得到空前提高，这对积累、传承、发展人类文明具有划时代意义。数字技术、多媒体技术、网络技术等信息技术是虚拟出版快速发展的基础和前提。

电子出版物主要指以磁盘和光盘为载体的出版物，具有信息密度大、易于检索、可进行交互式阅读等优点，特别适于向不同年龄的读者普及科学知识。电子出版物一般具有"多媒体"的特征，在文字媒体之外还运用了图片、语音、视频等不同媒体形式，可以支持三维立体动画，能够通过程序设计实现特定功能，具有较强的交互性，如《二十四节气》电子科普出版物，以广大城乡居民为受众，立足于二十四节气，创新地将相关的气候学知识、农耕文化创新应用成果、古今人们季节性养生经验、民俗文化传说等进行了整合，利用最新影视多媒体技术手段制作了系列电视科普片、动漫及游戏等，形成内容翔实、直观生动的系列电子科普教育资源，丰富了我国农业科普资源库，为农业科技文化遗产的传承和保护做出了贡献。

五、网络技术与科普知识服务

网络为数字出版提供了知识和信息的编辑、传递、呈现、分发的平台，在此基础上才得以开展虚拟科普出版。正因为有了网络技术的长足发展，我们才能够在"告别铅与火""迎来声光电"之后"走向数与网"。

基于网络技术，我们可以通过二维码将传统纸质科普（书、报、刊）出版物与互联网有机融合，可以实现出版服务拓展；可以通过专题数据库向用户提供便捷、有效的科普知识服务；可以通过互联网平台发布电子书、电子报刊、有声书、知识服务课程、网络游戏、网络咨询等。

1. 二维码的应用

目前市面上的科普图书多以二维码的形式与出版单位及图书相关视频、音频、微信、微博等进行链接。科学出版社作为科普出版的主力军，推出了大量科普专著、教育、报告、文集类图书，并开设了科学人文在线微信和微博账号，读者可通过扫码阅读其在多个平台发布的科普文章。北京联合出版公司推出的《一想到还有95％的问题留给人类我就放心了》《18个未来进行时》《140亿年宇宙演化全史》《太阳系度假指南》等科普图书，可通过封底二维码链接到图书公司的主页及会员服务微信公众号，以及豆瓣、微博等平台账号，便于读者了解新书信息，交流读书心得。中信出版集团推出的《AI新生》《植物知道地球的奥秘》《我在太空的一年》可通过小程序码链接其"中信书院"，读者能够体验其中的书友会、听书、电子书下载、电台收听等附加服务。国防工业出版社在《智能化战争》

"颠覆性军事技术丛书"中也加入了听书等新媒体元素。

2.网络科普资讯平台

对于科普来说,知乎是一个无法回避的平台,因为它是中文互联网上最大的专业知识问答社区。知乎作为高质量的问答社区和创作者聚集的原创内容平台,在进行科普传播上有着得天独厚的优势。提问或搜索者可以准确地求得自己需要了解的科学知识;回答者可以利用自己的专业特长,更好地分享知识、经验和见解。对回答者的实名认证制度,有效保证了科学传播内容的专业性。

"今日头条"等新闻资讯类信息服务门户受众更广,更方便科学传播活动,如"科普中国"在今日头条的官方账号每天都有数条图文或视频内容推送,目前已发布资讯近万条,拥有近百万粉丝,累计获赞 268 万。"丁香医生"作为医学、健康领域专业科普账号,在疫情的大背景下积累了大量粉丝,其在"今日头条"共发布资讯 1.4 万条,累计获赞 459 万。

3."科普中国"网络出版平台

2014 年,中国科学技术协会同社会多方面力量共同打造了"科普中国"这一品牌,作为大力推动"互联网＋科普"行动计划和科普信息化建设工程的一项重要举措。"科普中国"集科学传播之大成,策划科普活动、开发科普产品,通过"科技前沿大师谈""科学原理一点通""全民爱科学""乐享健康""军事科技前沿"等子板块开展了微课、科普讲堂、直播、竞赛等大量线上和线下的科普活动。2021 年 2 月,《科普中国——2020 年度科普推选活动揭晓盛典》特别节目在 CCTV 10 科教频道播出并进行了网络直播,现场揭晓了2020 年度十大科学传播人物、十大科普作品、十大科学传播事件和十大科学辟谣榜。以上活动影响力大、成效显著,有效发挥了科学传播"国家队"的作用。

4."果壳网"科普专业网站

"果壳网"创办于 2010 年,是最早一批科普专业网站之一,经过 10 年的积累,已成为科学传播领域不可忽略的一支年轻、时尚、专业的生力军。其"果壳——科技有意思"LOGO 所传达的"让科学流行起来",即通过优质的内容和产品向公众传播积极、正面、科学的知识,传递科学价值观的理念已经深入人心。可以说果壳的科普产品以优质的内容、活泼的形式、时尚的文案奠定了其在科普领域的"头部"影响力。果壳阅读目前的出版工作主要围绕 3 条产品线:大众科普图书、科幻图书和少儿科普图书。据了解,截至2014 年 12 月底,果壳阅读已经出版了大众领域的科普图书 49 种、科幻图书 41 种、少儿科普图书 8 种;已有 8 种原创科普作品的繁体中文版权输出到了中国香港、中国台湾和海外地区,还有一些正在洽谈中的版权贸易。2013年以来,果壳网还与孩之宝、漫威等国外机构合作,引进《变形金刚》《复仇者联盟》等一系列科幻题材的原版漫画。

六、虚拟技术与"3R"科普出版

从大数据、云计算技术的应用,到 VR 技术、AR 技术、MR 技术对科普出版的升级再造,科普出版全新格局正在被构建。进入新的数字出版时代,VR、AR、MR 等虚拟出版技术助力科普出版,"虚拟技术+出版"成为主流交互形式。

1."3R"技术介绍

(1)AR 技术的科普图书产品

在 AR Science Knowledge Exhibition 活动上,科技企业使用 AR 技术,创建了一种具有抽象科学知识的全媒体阅读场景。AR 图书的主要特点是增强现实,三维立体化场景。人民文学出版社发行的《朗读者》,使用了 AR 技术,图书封面特地强调了运用 AR 技术,聆听朗读同阅读文本完美结合,读者扫描书中的图片就能够看到视频。

(2)VR 技术的科普图书产品

2016 年 3 月,美国 Google 公司"Interactive Book"和"Media Augmented Stereo Book"正式发行,加强了与读者的对话,扩大了科普书内容的呈现范围。读者通过各种交互设备(如交互手柄、VR 眼镜等)就能进行沉浸式的交互体验,如人民卫生出版社的《3D系统解剖学》使用 VR 技术向读者提示虚拟医疗方案,解决由于标本不充分而不能处理的问题。

(3)MR 技术的科普图书产品

第十五届北京国际书展包含了数字互动体验展区,其中就有 MR 数字图书馆。使用 Hololens 眼镜凝视 MR 数字图书馆四面墙壁上的各种图书,封面就会自动打开,书页的内容将以动画的形式展现。MR 这种混合现实技术在现实世界和虚拟世界之间创建一个互动的反馈循环,让读者能够进行动态和静态的阅读体验。

"3R"技术将继续与热门科学书籍进行出版整合,改善与科普相关的内容、技术以及渠道,促进科普图书出版更好地发展。

2.典型案例——《新昆虫记》

《新昆虫记》是一个基于 AR 技术的青少年科普融媒体出版物。打开"新昆虫记"APP,将手机摄像头对准匹配的图书,透过屏幕,就可以看到如星光闪烁的萤火虫在田间飞舞;聚焦到微观场景,稻田边的水陆交接处,一只黄缘萤幼虫发着微光,突然一群蚂蚁围了上来,要攻击它,黄缘萤幼虫受到刺激,立刻从身体两侧翻出腺体,释放出气体,驱散了蚂蚁;随后,幼虫钻入泥土,静静化蛹。

这是湖北科学技术出版社的"新昆虫记:基于 AR 技术的青少年科普融媒体出版项目"中众多仿真场景之一。湖北科技社对数字内容资源进行"一次制作、多次使用",打造系列融合出版产品。新昆虫记项目包括"新昆虫记"app、"新昆虫记"微信公众号(虫儿梦)、《新昆虫记》融媒体出版物等,面向全国推广应用。

近年来,该社不断探索,在青少年科普板块,立足科技创新,以"互联网＋"的方式融合 AR、VR 技术,由过去单一的纸质出版物过渡到多媒体融合出版。已先后策划实施"续梦大树杜鹃王"融媒体出版项目,"人之由来"虚拟现实体验馆项目,以及"新昆虫记:基于 AR 技术的青少年科普融媒体出版项目"等。试图通过 VR、AR 等技术丰富内容呈现方式与青少年科普出版融合起来,让科普知识变得更加生动有趣,提供更多元化的知识服务,适应市场的需求变化。

《新昆虫记》

七、持续迭代的科普出版

《中国大百科全书》不断更新迭代出版,其第一版发展到第三版的过程就是对更新迭代很好的诠释。

编纂出版《中国大百科全书》是国家科学文化事业一项重要的基础性、标志性、创新性工程。长期以来,党和国家十分重视中国的百科全书事业。1978 年,经邓小平同志同意,国务院批准出版《中国大百科全书》,1993 年《中国大百科全书》(第一版)(74 卷)分学

《中国大百科全书》(第一版)1993 年出齐(74 卷)

科出版,结束了中国没有自己的百科全书的历史;1995年国务院办公厅发文批准出版《中国大百科全书》(第二版),《中国大百科全书》(第二版)(32卷)于2009年出版。全书根据国际惯例按音序排列,是中国第一套大型综合性百科全书。

随着数字化时代的来临,作为国务院持续支持的国家级大型出版项目,《中国大百科全书》(第三版)由国务院正式立项。《中国大百科全书》第三版是数字化时代的新型百科全书,是基于信息化技术和互联网,进行知识生产、分发和传播的国家大型公共知识服务平台。中国大百科全书出版社于2011年开始承担《中国大百科全书》(第三版)信息化建设规划工作,采用先进的信息技术和网络技术,把专家编纂的权威性和大众参与的开放性紧密结合起来,构建云计算和大规模跨平台编纂方式以及云知识服务模式。同时极大地扩展知识容量和规模,搭建完整的知识服务体系,实现知识内容多样化,实现文字、图片、音频、视频等内容形式的有机结合并实现产品形态和出版形式的多样化和网络化。第三版是新形势下构建中华民族优秀文明、提升国家整体文化形象、反映当代科学知识水平的重大基础性出版工程,是把握国家话语权、提升文化软实力和构筑核心价值观的标志性工程,也是规范标准知识、维护文化安全、革新传播方式的创新性工程。

已上线运营的中国大百科全书数据库,学科体系搭建完善,其内容包含14万个条目、2亿文字量、100万个知识点,以及其他权威数据。提供完善的检索手段,包括全文检索、学科分类检索、逻辑关系检索等。

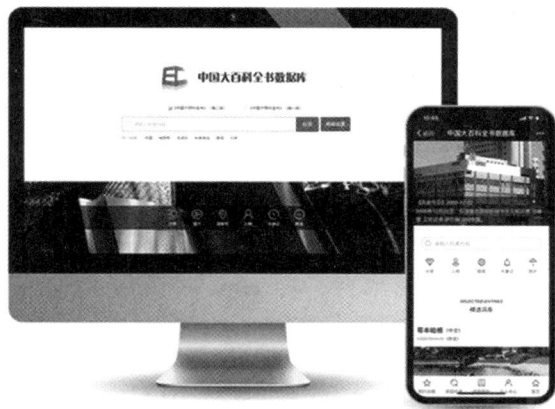

中国大百科全书数据库

第三节　科普出版资源典型应用场景

从融合发展的角度来讲,一是出版社要充分利用大量传统存量内容资源的优势,进行数字化转换,形成多样化的新产品;二是在策划与出版纸质图书的同时,同期策划与开发相关数字化(网络增值或衍生产品)的内容,在策划数字化产品的同时,要同期考虑相关纸质内容的策划(衍生产品或增值产品)。纸质图书本身既可作为产品直接售卖,其部分或全部内容数字化后,也可(适时)用作其他产品的网络增值服务;数字化的内容,既可作为产品实现收费阅读,也可(适时)用作图书或其他数字化产品的增值服务(既是内容,又是营销的手段)。如此循环往复,可以不断丰富数字化平台的资源并吸引用户的关注;反过来,又可利用用户的关注进一步营销相关的产品。这种纸质图书与数字产品、产品与新媒体平台之间的互动与融合,可形成互相推动、互相促进的发展格局,从而形成传统出版与数字化之间、产品与平台之间的良性循环。

科技部发布的 2020 年全国科普统计数据指出,线下与线上的科普活动紧密结合,产生了广泛社会影响。2020 年全国各地发挥科普阵地作用,通过科技活动周、科普(技)讲座、科普(技)展览、科普(技)竞赛等多种形式,充分利用线上科普活动覆盖面广的优势,引导社会公众相信科学、依靠科学、运用科学,实现科学防疫和不断提高公众科学文化素质。科普出版物可以与不同场景结合,更好地发挥效能。

一、科普场馆

科普场馆既是优质教育资源的生产和整合平台,又是提供教育服务、培养创新人才的重要场所,是社会教育的重要阵地,需要加以积极运用。比如神农架国家公园,其在升级科教场馆(如引入数字技术、数字资源等)方面做了不少探索。

2021 年以来,神农架国家公园对小龙潭金丝猴科普馆、官门山地质科普体验馆、大九湖湿地馆等科普场馆进行改造升级,引入 AR、VR 等互动体验游戏,让游览者在玩的过程中增长见识,寓教于乐。

走进官门山地质科普体验馆,宛如走进一个科幻世界。在穿越地球时空走廊,大家能直观地看到地球的形成和演变过程,并查看不同阶段的特色形态。在 AR 酷跑馆,体验者可"化身"为梅花鹿,体验在神农顶奔跑的乐趣……

"这种有互动性、体验感的科普教育方式,受到广大访客,尤其是小朋友的喜爱。"神农架国家公园管理局行业管理科副科长陈金鑫表示,他们将持续完善科普科教线上云平台内容,通过丰富大众的生态科普知识,唤起大家热爱大自然、保护大自然的热情。

二、社区科普活动

《全民科学素质行动计划纲要(2006—2010—2020 年)》明确指出:"以城镇社区为依托,通过社区科普活动室、科普学校、科普画廊等机构和设施,开展多种形式的科普宣传活动,建设学习型社区,发挥社区在提高劳动者科学素质方面的作用。"社区科普服务活动是社区居民科学素质提升行动的重要载体,如科普画廊、社区图书室、社区科普大学、科普志愿服务社等,只有不断丰富社区科普活动服务种类,创新科普服务手段,才能满足网络化和信息化时代社区居民的科普文化需求。如今,社区科普已成为我国科普全面、快速发展的重要抓手,随着社区公共数字文化资源服务的不断丰富完善和高新技术的不断结合应用,社区在科普教育、健康服务、科学生活引导和安全教育等方面将会产生更好的传播效果。

三、科普课程

"漫漫人类发展历史也是一部人类与瘟疫的斗争历史,在有人类记载的 3 500 年,疫病的流传成百上千,疫病的种类多种多样……"在 2020 年全国科技周启动仪式上,全国科普讲解大赛一等奖获得者、全国十佳科普使者、中南民族大学的青年教师韩晓乐所进行的主题为"科技战疫"的科普演讲十分"平易近人"。

自从第一次亮相全国科普讲解大赛,韩晓乐就与科普结下了不解之缘。"科学中深奥和专业的表达可能会把很多非专业的爱好者拒之门外,但科学知识其实并不枯燥。换一种表达,能让学生更容易接受。"韩晓乐精心打造的科普公选课"科普·神奇世界的解密者",19 集的课程,涵盖了化学、药学、生物、食品、环境等多个学科领域。从纳米材料到食品安全,从垃圾分类到无人驾驶汽车,各种前沿科技领域的热门话题,被韩晓乐一一拆解和讲述。该课程已在"学习强国"平台上线。

科普课程可以把学校和社会联系起来,让学生知道我们并非生活在象牙塔中。只要将知识融于现实生活,用学生们喜闻乐见的形式来讲授,就可以事半功倍。

四、科普知识竞赛

《海洋探秘》期刊不仅面向全国青少年举办海洋知识竞赛、海洋研学课程与海洋爱好者论坛等,还与涉海高校、海洋科研院所、海洋基础教育从业者等机构联合构建海洋基础教育及科普推广公共服务平台,通过官网、微信小程序等多种形式为读者提供服务,同时借助微信群和QQ群等进行用户互动与精准营销,步入到智慧出版生态建设的探索阶段。

知识竞赛页面

《湖北应急管理》杂志结合纸质杂志＋安全科普专题库＋新媒体进行矩阵服务,定期面向湖北省开展公众应急安全知识竞赛,年参与人数过百万,产生很好的安全科普知识传播效果。

五、科普直播

科普知识通过直播的方式直面受众,拉近与观众的距离。通过从视频幕后走向观众面前的方式,直接与受众互动。从社会效益来看,直播触及的范围更广,传播效率更高,可以通过各类直播平台进行科普知识宣传,提升全民科学素养。

2021年12月9日下午3:40,中国空间站首次太空实验项目正式开启。这是时隔8年之后,中国航天员再次带来的一场精彩的太空科普直播课。"神舟十三号"乘组的三位航天员翟志刚、王亚平、叶光富,在轨展示了在中国空间站工作、生活场景,还演示了微重力环境下的各类神奇实验,邀请广大青少年在地面同步尝试,从天地差异中感知宇宙的奥秘、体验探索的乐趣。

序号	项目名称
1	航天员在轨工作、生活场景展示
2	太空细胞学研究实验展示
3	太空转身
4	浮力消失实验
5	水膜张力实验
6	水球光学实验
7	泡腾片实验
8	天地互动交流

太空科普直播课详细内容

六、科普新媒体矩阵

1."国家林草科普微信公众号方阵"新媒体矩阵

中国林业出版社"中国生态科普微平台""国家林草科普微信公众号方阵"就是很好的例子。

长按二维码关注"林业和草原科普"

"林业和草原科普"二维码

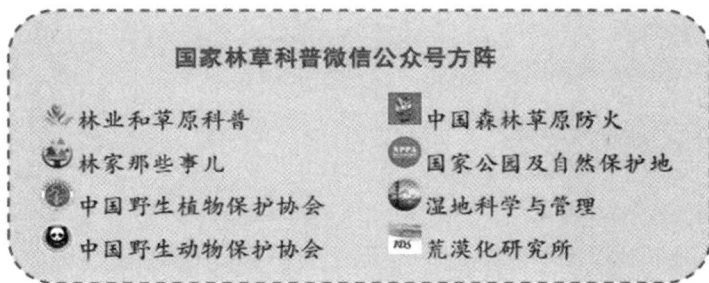

国家林草科普微信公众号方阵

2.**"丁香医生"新媒体矩阵**

"丁香医生"在2011年7月开通了微博账号。最早的时候,"丁香医生"的微博是一个提供健康科普、在线问诊、就医推荐、药物查询的个人账号,在账号内可以看到专业医生的文章、有趣的生活科普等文章。随着近10年发展,"丁香医生"微博账号已经形成了自己的一套传播体系,微博账号内设"一天一个食物小科普""每日互动提问""今日健康日历"等每日固定更新项目,"丁香医生"微博账号在健康类科普自媒体领域已属翘楚。

"丁香医生"的自媒体矩阵业务在2014年进一步扩充,2014年丁香医生开通了微信公众号,其定位是"专业、好玩、有态度"。在栏目设置上拥有主打辟谣科普的《丁香较真》专栏;主打深度思考的带有哲学气息的《偶尔治愈》专栏;主打故事性和可读性的《生命故事》专栏;还有一些常规科普专栏,如《清单》《人体健康》等。"丁香医生"团队对微信公众号平台进行了深度的挖掘,围绕打造沉浸式阅读体验和内容细分化传播发力。

在短视频领域中,"丁香医生"自媒体主打抖音短视频平台,在2018年3月初,"丁香医生"自媒体团队申请了抖音"丁香医生"账号,视频创作的价值导向为"有温度,有知识,有态度"。4月末,"丁香医生"视频团队开始进行短视频创作,正是基于以上思路的指导加上"丁香医生"医学总监田吉顺的出镜演绎,在首条短视频发布的10天内,粉丝量便突破了10万,在进驻抖音短视频平台的两个月后,粉丝量突破了100万。为了适应视频媒介的形式,短视频团队也创新地使用角色扮演的戏剧化手法来科普健康卫生知识。不同于现实生活中医生严肃、刻板的形象,短视频中的医生角色使用风趣幽默的语言演绎场景化的剧情,并在剧情中科普健康知识,这种风格获得了较好的反响,涉及的内容包括减肥养生、疾病预防、美白护肤、日常生活小妙招等。目前,"丁香医生"短视频账号已经拥有了稳定的流量接入,并且还在探索新的短视频传播方式。

综合来看,"丁香医生""两微一抖"新媒体矩阵已经构建完成,在各平台都拥有了可观的粉丝量和较大的流量,在内容生产模式上也依托各平台特点进行探索:微博平台主打互动和碎片化,微信公众号强调严肃的沉浸式阅读体验和围绕细分领域进行创作,短视频平台则主打趣味性和科普性的结合以及利用算法培养细分领域进行创作。多平台联动的运作模式也开始初步凸显,综合实力在国内健康科普自媒体领域内已属前列。

七、科普视频平台

B站是国内知名的视频弹幕网站,是二次元文化的聚集地,有活跃的动漫游戏氛围,聚集了很多有创意的视频制作人(UP主)和数量庞大的用户。据专业数据统计,B站是中国24岁以下人群最偏爱的app,而这一年龄段的人群也正是科普传播的受众主体。近年来,B站利用其独特的文化氛围、更直接的交互方式,在科学传播领域发挥了相当显著的作用。B站仅专门的科普频道即有800余万个原创或转载科普视频,其中包括1.5万个精选视频,累计播放量达620亿次,订阅即要求定期推送的用户量达170万人。科普频道与中科院物理所联合举办的"2021科学3分钟——全国科普微视频大赛"吸引了大量用户参与。"无穷小亮的科普日常""芳丝塔芙""兔叭咯"等科普视频创作者,均为拥有数百万站内粉丝的大UP主,他们很幸运地能够将从事的职业和个人兴趣爱好有机统一,依靠专业知识在业余时间创作视频,以自己擅长和喜爱的形式为网友讲述科学知识,这种方式也是今后民间新媒体科学传播的一个重要方向。

八、科普研学

1.传统的研学游

近年来,很多科研院所结合自身优势面向社会开展科普研学活动。以中国科学院武汉植物园科普研学为例,该项目主要有自然课堂、冬夏令营、科教研学三大类科普研学活动,营员可以跟着科学家老师走进植物园,仔细聆听,用心观察,亲身体验,发现大自然的神秘与奇特,身临其境,用科学方法拨开迷雾,探索人与自然的美好。2022年元旦推出中英双语探索课,用中英文介绍兰花科普知识,营员学习用英语描述兰花的特点,并写双语笔记,最后用英语总结发言。

这类研学课程以真实自然环境为依托,训练观察自然的能力,以写自然笔记的形式,开发认知和记录能力,在丰富自然知识的同时,提升文字表达和语言表达能力。

2.数字科普研学

以青岛出版集团2021年5月至12月开展的"我爱祖国海疆"数字科普研学营为例。该项目以校园巡展、校园科普为主要活动形式,以航母舰队模型展示讲解、VR大课堂体验讲授及海洋数字生态箱、绿幕互动空间、触控互动屏幕体验等创新科技为依托,以全新的沉浸式、体验式数字科普形式,立体展示我国在海洋国防、海洋科研方面取得的巨大成就。

数字科普研学展示

九、科普"剧本杀"

"剧本杀"通过文字剧本、主持人引导、场景搭建等虚拟故事场景给予受众沉浸式体验,广受青少年群体的喜爱。禁毒科普知识主题"剧本杀",即通过沉浸式互动体验,创新开展禁毒教育,让青少年在玩中学、在学中悟,促进健康成长。

场景1:"这剧本杀太好玩了,推理过程很有意思。"2021年7月13日,一场以禁毒教育为主题的"剧本杀"游戏——《是谁毒了我》在广州市天河区猎德街举行。新潮时尚的"剧本杀"游戏吸引了更多辖内的青少年学习禁毒知识。

场景2:为提升广大青少年识毒、防毒、拒毒意识和参与人民禁毒战争的热情,引导青少年深入了解毒品危害,合力抵御毒品侵蚀,携手筑牢青春"防毒盾",德阳市旌阳区禁毒办、团区委联合推出青少年禁毒主题活动——原创剧本杀《门徒》,为"青盾计划"注入"年

科普"剧本杀"现场

轻态"。

场景3:2021年9月,张家港市新市民事务中心推出禁毒宣传"沉浸式体验",一场以禁毒为主题的法治推理"剧本杀"活动火热进行。参加活动的青少年们通过角色扮演、剧情演绎、推理、搜证等环节,全面体验了禁毒法庭审判的推理全过程,让禁毒教育入脑入心。

面对科学技术日新月异的发展和公众对优质科普资源的巨大需求,传统的科普模式已不能适应新时代的变化,科普出版需要更好地与国际对接,适应移动阅读、网络阅读、有声阅读的发展规律,促进产业深度融合转型。同时,还需要加强科普创作的理论研究与实践探索,因为无论时代如何发展,"内容为王"始终是科普出版的第一要义。

参 考 文 献

［1］张鑫,马克秀,宋来鹏,等.智媒时代海洋科普期刊智慧出版的发展路径探究[J].编辑学报,2021,33(6):625-629.

［2］刘朋.新时代科普出版的发展策略与路径[J].出版参考,2020(10):13-16.

［3］杨建华,邱燕.VR技术背景下儿童科普出版的机遇、困境与出路[J].出版广角,2021(20):84-86.

［4］上官大堰.内容为本科技赋能:AR科普童书出版与发展策略[J].中国出版,2021(13):76-79.

［5］黄蔚."3R"技术在科普图书出版全流程中的应用[J].科技传播,2020,12(1):176-178.

［6］吉喆.出版科普精品　架起科普桥梁——从《生命的起源与演化》谈视频类科普作品的创作与出版[J].科技传播,2021,13(8):11-14.

［7］姚利芬.当今科普创作及出版的三大转向[J].出版发行研究,2021(1):71-74＋84.

［8］秦德继.科普出版的新机遇、新发展[J].出版参考,2020(10):1.

［9］周敏,林苗.科普出版:从通道叠加到感官融合[J].科技与出版,2020(2):102-106.

［10］芮东莉.创新驱动下原创青少年儿童科普书出版新趋势［J］.中国出版,2017(16):30-33.

［11］郝阳.浅谈大众健康科普出版数字化转型中的"融合观"［J］.中国出版,2015(17):19-21.

［12］李弘.技术驱动数字化转型　出版迈入高质量发展［J］.新阅读,2021(12):7-10.

［13］李晶,刘天星.场景视阈下学术期刊知识服务的演进脉络及发展方向［J］.中国科技期刊研究,
2021,32(7):832-838.

［14］万安伦,段梦兰,戴纳.论百年红色出版的演进逻辑［J］.出版广角,2021(11):6-11.

［15］贺圣遂.为出版插上飞翔的翅膀——论技术在出版变迁中的作用［J］.编辑学刊,2009(2):6-16.

［16］宋斌,石玮,蒋永美,等.基于短视频的智慧农业科普创新手段研究［J］.天津农业科学,2021,27
(11):77-80.

［17］董全超,刘涛,李群,等.浅析大数据技术对科普工作的推动作用［J］.科技创新导报,2017,14(11):
168-170+172.

［18］曾文娟.医学健康类科普动画叙事策略研究——以《头脑特工队》《工作细胞》《终极细胞战》为例
［J］.科普研究,2020,15(3):99-107+114.

［19］方玮.电子出版——伸向科普传播的橄榄枝［J］.出版科学,2004(4):52-53.

［20］张鲁宁,郝莹莹.上海科研院所打造科普前沿阵地的探索与思考［J］.科技中国,2020(5):34-38.

［21］郝振省,宋嘉庚.疫情防控阻击战中的数字出版与融合发展［J］.现代出版,2020(2):5-9.

［22］钟子叶,王宗忠,徐伊朦,等.基于移动端的医学科普创新创业研究［J］.科技与创新,2021(2):
166-167.

［23］叶招娣,陈海祺,尹娅琳,等.基于Unity 3D的科普游戏制作研究［J］.科技传播,2021,13(19):131-
133+138.

［24］邵雯艳,高宇.科普纪录片的"新人文"向度［J］.中国电视,2021(6):34-39.

［25］王春娟.电力经典科普作品的融合出版探索［J］.传媒论坛,2020,3(6):84+86.

［26］周敏,林苗.科普出版:从通道叠加到感官融合［J］.科技与出版,2020(2):102-106.

［27］王太星.科普图书出版的嬗变与突围——以上海科学技术出版社为例［J］.出版广角,2019(22):
65-67.

第三章
科普出版中的二维码技术及应用

随着互联网和数字信息处理技术的飞速发展，人类社会开始步入数字化时代。在出版界，数字出版也如浪潮般席卷全球。电子书、电子期刊、电子报纸、电子阅读器、移动阅读平台等数字出版产品纷纷登场，传统出版业在一场场与电子产品的较量中受到极大影响和挑战。二维码的出现让传统出版业看到了一线新的曙光，尤其是科普出版领域，二维码技术的运用似乎有了更强烈的需求。于是，一些出版社纷纷试水二维码的应用。出版业在尝试二维码技术应用的过程中，虽然不乏成功探索的案例，但也暴露出了许多的问题和不足。本章即从介绍二维码的基础知识开始，系统地探讨了二维码技术在出版业中，尤其是在科普出版中的应用问题。

第一节　二维码技术概述

一、二维码的概念与特征

探讨二维码技术在出版业，尤其是在科普出版中的应用问题之前，先要了解二维码技术，所以本节先介绍以二维码技术原理为核心的二维码基础知识。

1. 二维码的概念

二维码是用某种特定的几何图形按一定规律在平面（二维方向）上分布的记录数据符号信息的黑白相间的图形条码。它在代码编制上巧妙地利用构成计算机内部逻辑基础的比特流（由 0 和 1 构成）的概念，使用若干与二进制相对应的几何图形来表示文字等数值信息，通过图像输入设备或光电扫描设备自动识读以实现信息自动处理。我国二维条码码制标准的国家级管理单位——中国物品编码中心起草的国家标准《条码术语》

（GB/T 12905—2000）中这样定义：二维条码是在二维方向都表示信息的条码符号。

二维码技术是在一维码技术的基础上发展而成的条码技术。条码技术是在计算机技术与信息技术结合发展而成的一门融编码、印刷、识别、数据采集和处理于一身的新兴技术。人们日常见到的印刷在商品包装上的条码，是普通的一维码。作为一项自动识别技术，一维码自 20 世纪 70 年代初期问世以来，由于其识读快速、准确、可靠、制作成本低等优点，很快受到了人们的青睐，被广泛应用在商业、图书管理、仓储、邮电、交通和工业控制等领域。但一维码只是在一个方向（一般是水平方向）表达信息，数据容量较小。多数一维码所能表示的字符集不过是 10 个数字、26 个英文字母及一些特殊字符。条码字符集最大的 Code128 条码，所能表示的字符个数也不过是 128 个 ASCII 符。条码符号的尺寸相对较大，即空间利用率较低；条码遭到损坏后便不能阅读。由于受信息容量的限制，一维码仅仅能用于对"物品"进行标识，而不能对"物品"进行描述。故一维码的使用，不得不依赖数据库的存在。在没有数据库和不便联网的地方，一维码的使用会受到很大的限制，有时甚至变得毫无意义。另外，在要用一维码表示汉字的场合，就显得十分不方便且效率很低。于是，二维码应运而生。

2. 二维码的特征

与一维码相比，二维码具有如下几个特点。

（1）高密度编码，信息容量大

可容纳 1 850 个大写字母，或者 2 710 个数字，或者 1 108 个字节，或者 500 多个汉字，比一维码信息容量高几十倍。

（2）编码范围广

二维码可以把图片、声音、文字、指纹等凡是可以数字化的信息进行编码，用条码表示出来，还可以表示多种语言文字及图像数据。

（3）容错能力强，具有纠错能力

这使得二维码在因穿孔、污损等原因致使局部损坏时，照样可以得到正确识别，损毁面积达 50% 仍可恢复信息。

（4）译码可靠性高

它比一维码译码错误率百万分之二要低得多，误码率不超过千万分之一。可引入加密措施。保密性和防伪性好。成本低、易制作，持久耐用。条码的符号形状、尺寸大小可变，因此应用范围很广。识别使用十分方便。二维码可以使用激光或 CCD 阅读器识别，也可利用智能手机扫描识读。

3.二维码的基本类型

二维码可按不同的分类标准划分成许多类型。若按用途划分,有基本信息二维码、内容二维码、防伪二维码、促销二维码等,比如一些企业设置在公交车站、地铁出入口处的二维码,即促销二维码;按使用场景划分,有产品二维码、平台二维码、公众二维码,如近年来随处可见的健康码,即典型的公众二维码,等等。在多种分类标准中,按编码结构与读取方式来分类揭示了二维码的本质特征,应成为二维码分类的基本标准。按此基本标准划分,二维码可以分为堆叠式/行排式二维码和矩阵式二维码两大基本类型。

（1）堆叠式/行排式二维码

堆叠式/行排式二维码又称堆积式二维码或层排二维码,其编码原理是建立在一维码的基础之上,按需要堆积成两行或多行。它在编码设计、校验原理、识读方式等方面继承了一维码的一些特点,识读设备和条码印刷可与一维码技术兼容。但由于行数的增加,需要对行进行判定,其译码算法与软件也不完全相同于一维码。有代表性的行排式二维码有 Code16K、Code49、PDF417、MicroPDF417 等。

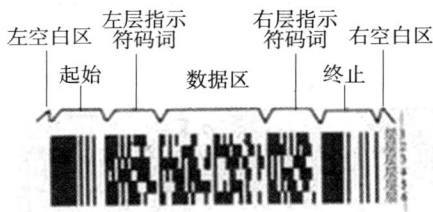

行排式二维码（PDF417 码）结构图

（2）矩阵式二维码

又称棋盘式二维码,是在一个矩形空间通过黑、白像素在矩阵中的不同分布进行编码。在矩阵相应元素位置上,用点(方点、圆点或其他形状)的出现表示二进制"1",点的不出现表示二进制的"0",点的排列组合确定了矩阵式二维码所代表的意义。矩阵式二维码是建立在计算机图像处理技术、组合编码原理等基础上的一种新型图形符号自动识读处理码制。具有代表性的矩阵式二维码有 Code One、Maxi Code、QR Code（即 QR码）、Data Matrix、Han Xin Code、Grid Matrix（即 GM码）等。

矩阵式二维码与层排式二维码相比,具有更高的信息密度,可以作为包装箱的信息表达符号,在电子半导体工业中,将 Data Matrix 或 QR 码用于标识小型的零部件。矩阵式二维码只能被二维的 CCD 图像式阅读器识读,并能以全向的方式扫描。现有的矩阵式二维码符号,如 QR 码。

矩阵式二维码（QR 码）结构图

由于其所具有的寻像图形、校正图形都由不同颜色的正方形相互交替、重叠构成,在对其进行识读和定位时,要求所有的寻像图形都必须存在,或者在只有一部分寻像图形存在的情况下,必须有一定数量和固定位置的校正图形存在;否则就不能对其进行定位,进而影响对 QR 码中存储的信息进行还原。在此情况下,就需要较多地使用寻像图形和校正图形,使得矩阵式二维码符号用于存储有效数据的面积相应减少,或者再要存储较多的数据,就不得不扩大符号的面积。

在许多种类的二维码中,目前流行的三大国际标准二维码:一是 PDF417,不支持中文;二是 DM 码,其专利未公开,使用需支付专利费用;三是 QR Code,专利公开且支持中文。因此,我国市场上被微信、支付宝、微博等公司采用并"火"起来的二维码是 QR Code。QR Code 是 1994 年由日本 Denso-Wave 公司发明的。QR Code 常见于日本、韩国,并且是目前日本最流行的二维码空间条码。

二、二维码技术的社会影响

二维码最早诞生于日本。诞生之初,原本是作为一种对个人证件的管理手段被应用于公安、军事和外交领域。随后,当其他国家纷纷看到二维码在证件管理领域起到的便利作用后,美国、德国等国家逐渐将其应用领域扩展到邮政、物流以及工业生产领域。我国对二维码的研究始于 20 世纪 90 年代初期,中国物品编码中心对几种常见的二维码进行了技术规范和翻译,而随着国内用户对二维码的需求日益增加,我国技术人员在借鉴国外相关经验的基础上,制定了我国自己的二维码国家标准,从而极大地促进了我国拥有自主知识产权的二维码的开发,使二维码在我国社会生活的各个领域得到了广泛的应用。随着二维码的不断普及,并逐步被带入我们的生活场景中,它的作用也发生了翻天覆地的变化。时至今日,二维码技术已影响到人类生存与发展的各个方面。比如,在信息流通、移动支付、防伪溯源、商品促销、物流组织、便利生活、管理智慧等方面,二维码技术都产生了巨大影响。

1.二维码技术使信息流通更顺畅

这是由二维码的技术原理所决定的,是二维码最基本也是最重要的影响。二维码技术是在计算机的应用中产生和发展起来的一种自动识别技术。它是为实现对信息的自动扫描而设计的,是快速、准确而可靠地采集信息的有效手段。二维码技术的应用解决了信息输入和信息采集的"瓶颈"问题。作为移动互联网重要的入口之一,二维码在企业和消费者之间架起一座信息沟通的桥梁。二维码将各种媒体形态信息转换成统一的数字条码储存于方框内,在所需要的地方以多种方式呈现在公众面前,人们通过扫描了解二维码内所蕴含的各种信息。另外,利用二维码能互动的特点,经富媒体传播、分享、评论、抽奖、调查、投票、分类广告互动等应用，又可以收集反馈的信息，由此形成了连续不断的信息流通过程。二维码所具有的信息容量大、编码范围广、容易识别、制作成本低等特征，不仅使数字化信息的数量大幅增长，更使信息流通的速度大为提升。正是二维码技术的广泛应用，整个社会的信息流通才变得更为顺畅了。

2. 二维码技术使支付更便捷

二维码支付是一种基于账户体系搭起来的新一代无线支付方案。在该支付方案下，商家可把账号、商品价格等交易信息汇编成一个二维码，并印刷在报纸、杂志、广告、图书等载体上发布。用户通过手机客户端扫描二维码或商家使用电子支付工具扫描用户的付款码，便可实现与商家账户的支付结算。最后，商家根据支付交易信息中的用户收货联系资料，就可以进行商品配送，最终完成交易。这种移动支付，为人们见物购物创造了条件，比如某产品包装盒上印制了一个二维码，消费者购买该产品之后，如果觉得质量不错，还想购买的话，只需直接手机扫码下单并支付，即可在家坐等快递送货上门。或者某产品包装盒上印制的二维码中，包含了很多该厂家的产品信息，或者与该产品相关的其他产品信息，只要消费者对这些产品感兴趣，也就可以直接见物购物了。目前，移动支付遍布大街小巷、城市乡村，无论从特大超市购物，还是与小商小贩交易，抑或是在街边食摊上吃碗热干面，用户都可通过手机扫描支付费用。二维码使市场交易中的费用支付变得方便快捷，已逐步成为移动支付的主角。

3. 二维码技术使防伪溯源更有用

二维码具有的可加密技术使其能有效地发挥防伪溯源的作用。这种作用表现在以下三个方面。

一是商家产品的防伪。商家每生产一种产品，就要运用加密技术将产品的生产信息、代理商授权信息、官方售价等真实信息储存到二维码中，供消费者查询。消费者如果发现异常，便可及时地通过电话、短信、网络等途径将信息反馈给商家。

二是防止货运中的窜货。二维码信息量大，可读写数据，能够实现对产品流向的全程追踪。实际上，很多电商品牌已经开始意识到这个问题，商品生产厂家也早就开始利用二维码监控产品质量和销售流向，二维码防伪标签与防窜货管理系统相结合，对其产品进行赋码并监控。产品在渠道流通环节的监控，实现生产厂家、经销商以及消费者之间的商品信息互联互通，窜货现象可以实时得到预警和监控，帮助企业促进商品在分销网络中的有序流动，实现严格的监督和控制，提升企业的渠道管理水平，降低和规避渠道风险，提升产品服务质量。

三是消费者扫码查真伪。消费者购买产品后,通过扫码来关注企业微信公众号,可直接对产品进行真伪验证,并且跟网站、短信验证或电话查询的数据信息同步进行,从而保证了防伪码的有效性,也能有效地避免买到假冒伪劣产品,确保自己的消费安全。企业将二维码技术应用于产品溯源上,是一种企业产品质量保证以及笼络消费者人心的必要手段。例如,果农在种植的苹果、梨等水果上贴二维码,顾客用手机一扫,对水果的产地、生长环境等信息就能一目了然。

4.二维码技术使商品促销更有效

在商业发达的现代社会,商家的促销离不开广告。二维码所具有的信息量大、制作成本低等特征,使企业与商家可以在现有的任何形式的广告中设置二维码,消费者只要扫二维码就可以随时随地对产品进行了解。这种了解是全方位的,不是原有的简单一个户外或平面媒体的广告内容可比拟的,也不是短短几十秒的广播、电视广告可以表现的。要知道,户外广告有面积的限制,平面媒体有版面的约束,电视广告则有时长的考虑,而二维码则不用考虑这些,它具有极大的信息量,而且制作成本较低,可以在不同区域、不同地点大量设置,极大地提高了消费者用手机扫码识读的概率。由此可见,二维码在市场营销中的宣传促销作用是十分突出的。

5.二维码技术使物流组织更科学

物流作为社会经济活动中联系生产和消费的中间环节,如何以最小的投入实现最大的收益,又如何能快速且安全地收到发运的货物,是众多商家及广大消费者共同关注的问题。二维码的应用能实现货物在运输交换过程中数据信息的同步传输,提高数据传输的稳定性和效率,极大地提升物流的速度与效率,对物流组织的进步起到了有力的推动作用。二维码在物流行业的应用主要包括四个环节。

第一,入库管理。商品的单品信息储存于二维码标签中,入库时通过扫描商品上的二维码,将商品中存放的数据读出并存放于后台数据库中,进而判断是否有重复录入或商品信息错误等问题。

第二,出库管理。产品出库时,通过扫描出库商品上的二维码,对商品的信息与数据库进行核对,确认后更改数据库中商品库存状态。

第三,仓库内部管理。二维码可用于存货盘点和出库备货,提高仓库内部管理的规范化与智能化。

第四,货物配送。配送前,在移动终端下载拟配送商品资料和客户订单资料;到达配送客户后,在移动终端上调取客户的需求订单,然后根据订单配置商品并验证其条码标签;完成客户货物配送后,移动终端会自动校验配送情况,通过后台处理中心做出相应的提示。

6.二维码技术使大众生活更便利

从扫码购物到"码"上创业,从城市"码"上出行到农村用"码"带货,从企业"码"上平台化经营到政府治理的"码"上智慧……二维码让广大民众日常生活中处理事务变得更为方便,连接更便捷,科技更普惠。随着二维码在扫码乘车、健康安保、证件管理、电子票务、资讯阅读、生产管理、食品溯源、物流追踪、餐饮服务、疫情防控等众多与大众生活息息相关领域的广泛应用,二维码为人们衣食住行提供了十分便捷的条件。由于二维码给大众的生活带来了便利,因此大众应用二维码的热情空前高涨。中关村工信二维码技术研究院院长张超表示,中国已成为二维码应用最广泛的国家,中国二维码应用占全球九成以上。清华大学中国经济社会数据研究中心与腾讯联合发布的《2020 码上经济战疫报告》显示,2020 年 1 月 23 日至 5 月 6 日,政企个人总用码量达 1 400 亿次,人均节约耗时29.2 小时。二维码为大众生活带来的便利,由此可见一斑。

7.二维码技术使社会治理更智慧

二维码技术推动社会治理的智慧化,最典型的事例就是健康码的应用。健康码是以二维码为基础的电子通行证。2019 年初,新型冠状病毒疫情的暴发,给社会治理提出了前所未有的难题。2020 年 2 月 11 日,杭州健康码正式上线,40 天后,迅速推广到全国。防疫期间,全国各地民众都通过健康码出入办公楼和社区,健康码在复工、复产、复学中应用广泛。数据显示,健康码上线至今,累计访问量 260 亿,亮码 90 亿人次,覆盖近 10 亿人口。其实,健康码的出现不仅是一种新的技术应用,更重要的是重塑社会治理模式。健康码由居民自主录入信息,平台进行数据核验,实时更新并自动统计分析,这就将庞大的上报管理模式简化为了平台和用户的两端关系,实现了重构社会治理的组织逻辑,驱动社会结构中不同组织的在线化、数据化。2020 年 5 月 20 日,国家市场监督管理总局、国家标准委发布《个人健康信息码》系列国家标准,实施后可实现个人健康信息码的码制统一、展现方式统一、数据内容统一,统筹兼顾个人信息保护和信息共享利用。可以预见,从全民"战"疫到疫情防控常态化,健康码还将发挥更多作用。正如专家所说,健康码的移动化、无纸化、可追溯等特性,有效提升了社会化治理水平,同时也为数字化、流动化、智能化的社会治理提供了良好环境和实践经验,将为后续智慧城市的快速发展创造契机。

第二节　二维码技术的出版应用

出版业是内容产业,其产品既具物质产品的一般属性,又具知识产品的精神特性。因此,除一般用途在出版业中都能利用之外,二维码在出版业中还有着特殊的应用。本节即对二维码技术的出版应用进行概要地阐述。

出版产业链条是由一系列工作环节组成的,众多的出版单位和从业人员按照产业分工在各自岗位上从事着不同的工作,共同维系着整个产业链有条不紊地运转。所以,探讨二维码技术的出版应用,我们从二维码技术在出版产品生产过程中的应用、在流通过程中的应用和在整个出版产业链条管理上的应用三个方面分别进行阐述。

一、二维码技术在出版产品生产过程中的应用

1.运用二维码技术进行市场调研,快速收集出版产品开发所需的必要信息

二维码能够利用手机的唯一性,精确地跟踪和分析每一位访问者的信息,包括访问者手机机型、运营平台、访问时间、访问地点、访问方式,以及访问总量。只要编辑人员利用这些技术手段,花心思去抓取、跟踪这些读者信息,统计、分析读者的阅读偏好,就一定能较为准确地掌握市场的需求内容、产品形式、价格定位等关键信息,这就为出版选题,乃至整个出版产品的开发打下了良好的基础。

2.运用二维码技术实现不同形态信息的转换,增强出版产品的表现力

二维码技术能顺利实现各种形态信息的统一转换,这一特征为二维码增强出版产品的表现力提供了可能。目前,出版应用中最普遍的是视频二维码。中国轻工业出版社出版的《面塑制作教程》一书,除用文字详细地描述了各类面塑的具体制作方法与过程外,还将制作过程录制成相应的视频加载至二维码,置于该书的"手机拍二维码看视频"区域,读者通过手机条码识读软件扫描二维码,就可以看到完整的制作视频。这样,在篇幅并未增加的情况下,该书的表现力大为提升。再如甘肃教育出版社2016年出版的《河西走廊》一书,书中设置了大量二维码,将同名电视纪录片中音频、视频录入其中,读者在阅读到某段文字时,便可扫码识读与此段文字相关的音频、视频内容。这种不同形态的信息转换与重现,带给读者的深刻印象和愉悦体验是不言而喻的。

3.运用二维码连接线上、线下资源,扩大出版产品知识范畴

二维码是线上、线下连接的重要入口,在传统出版产品中设置含有网站链接的二维

码,就可引导读者登录链接网站,获取与出版产品相关的更多知识服务,比如新东方培训机构策划、西安交通大学出版社出版的《不容错过的 35 部青少年励志小说赏析》一书就设置了二维码,将丛书内容和新东方英语学习网站连接起来。读者扫码登录,即可获得比书中更多的知识服务,这也能使出版产品大为增值。

4. 运用二维码补充拓展出版产品正文内容,实现出版产品的有效增值

二维码具有将以各种文字、各种形态、各种媒介存在的信息转换成统一条码的功能。出版物在编辑阶段即可在需要的内容处设置二维码,随时对正文内容进行补充与拓展。比如一些旅游类图书,就可通过二维码引入一些比文字内容更生动的视频、图片等,将读者从平面化阅读带入全媒体阅读环境,改变阅读方式,提升阅读体验,使其获得消费超值的感受。例如安徽教育出版社于 2015 年推出"多媒体复合出版"的新型教辅读物——"新编基础训练"丛书,在该丛书的每个分册上都设置了二维码,读者购书后只要扫码,便可登录该社的数字化服务平台,阅读并利用其提供的大量数字化信息资源,如知识详解、内容拓展、微课赏析等。这样,读者购买一本纸质图书,就能获取丰富的网上资源,这怎能不产生消费超值的感受呢?

二、二维码技术在出版产品流通过程中的应用

1. 运用二维码技术开展与读者的互动,提升服务读者的水平与质量

读者通过手机扫描图书上的二维码就能立即看到该书在出版社的主页链接,省去了输入网址的过程;点击链接,版权信息、图书内容简介、作者简介、精彩章节试读等信息都会清晰地呈现在读者眼前。此外,读者还可以通过此页面点击浏览其他子页面,获得其他增值服务。这种增值服务的形式和内容都不受限制,不仅有文字,还有视频、音频、图片介绍,实现图书的多媒体化,使静态的图书动起来,给读者带来更多、更有价值的内容延展和互动体验,以满足读者深度阅读的需求。过去曾有一些图书配光盘来实现对读者的增值服务,但光盘制作成本高,容易损坏,甚至可能携带计算机病毒,出版社还需要请专门的公司来制作。如今有了便利的工具——二维码,就能够代替过去随书附盘的操作,让读者享受到增值服务的同时,也让出版社节约了成本。

2. 运用二维码技术快速交流出版产品流通信息

目前,很多出版产品印制了蕴含该产品基本信息的二维码,与单纯含书号信息的标准书号码相比,这种二维码不仅包含更多信息(几乎包含了产品生产的全部基本信息),

而且可以修改。这样,从出版社到批发商,再到零售书店,从出版社内的编辑到印制、发行、财务部门,以及从书店进货到销售、储运、财务、读者服务各销售环节,都可以通过二维码进行快速沟通与反馈。比如某产品在书店的销量,通过统计上报,利用印制在产品上的基本信息二维码,制作成动态二维码,每天销量随时更新,出版社的发行部门只要扫一扫二维码,便可迅速掌握所反馈的该产品的市场销售情况。这种产品基本信息在产业链条各环节间的便捷传递,也为出版社与书店之间营销业务的开展创造了极为有利的条件。过去发订单进货,从出版发出订单之日起到收回书店订数止,至少需要 45 天的时间,而运用二维码订发货,几分钟内便可完成。

3. 运用二维码技术开拓出版产品流通渠道

对于出版物来说,渠道越畅通,出版物流通的速度就越快,流通量也就越大。二维码可以从三个方面起到开拓渠道的作用。

一是运用二维码精准地寻找目标市场,建立重点流通渠道。对出版社而言,就是要通过二维码广泛收集经销商信息以建立客户数据库,与经销商保持经常联系,并利用二维码组织相关的活动,巩固和维系老客户,使基本客户渠道保持畅通。对于书店而言,就是要用二维码加强与读者互动,广泛听取读者意见,努力改善营销环境与服务质量,以维持实体书店卖场零售渠道不萎缩。

二是出版企业还要利用二维码积极疏通网上流通渠道。随着网民的迅猛增长,网上购物已成为消费者全新的购买方式,图书也不例外。出版企业可通过开设微信公众号在多种社交媒体上公布出版产品生产、流通的详尽信息,引导读者通过扫码完成网上选书、支付过程。

三是积极拓展直销渠道。出版企业可以将一些畅销图书或重点推广产品的网页或者相关信息制作成二维码,或专门制作成印有二维码的宣传广告单,投放在人流量大的地方,如车站、码头、超市入口、学校、图书馆等处,供广大读者扫码购书,直接送货上门,以此建立起产品直销渠道。

4. 运用二维码技术开展出版产品的宣传促销

首先,可以在传统的印刷宣传品,如订单、海报及其他广告上,加印二维码,利用其信息量大的特点,在二维码中添加能打动读者的信息,如摘录产品中的生动内容,突出产品的特点与优势等,以激发读者的购买欲望。其次,可以将利于产品促销的信息制作成二维码,放在知名的新媒体平台上,如微博、微信、淘宝网站等,吸引大量读者扫码关注。如广西师范大学出版社在其出版的畅销图书《看见》上设置了二维码,且在该二维码所含信息中,有一项非常特别的内容,即该书在众多网站的当前售价,读者一扫码便可知道该书售价:当当网是 28.8 元、京东是 29.7 元、北方图书网是 26.7 元,此外还显示文轩网、库巴网站对此书的售价。这种方式意在指导读者以最实惠的价格购买到此书,因此无论读者到何处购书,都意味着该书销量的扩大。此外,出版企业还可以利用二维码的互动功能,专门组织一些互动促销活动,如图书阅读分享、作者见面会、竞赛抽奖、购书积分等,在与读者的互动中促进相关出版产品的销售。

三、二维码技术在出版产业链条管理上的应用

1. 运用二维码技术加速出版产业链的一体化管理

出版产业链由一系列环节构成,各环节之间运转是否协调,决定着产业链运行效率的高低。二维码技术具有的特点为出版产业各环节的衔接协调创造了极好的条件。首先,进、销、存、运各主要业务环节,可通过含有产品基本信息的二维码迅速沟通。其次,产品在产业内部流转的情况,可利用二维码进行动态式交流。再次,各环节利用动态性二维码反馈的情况,可及时调整各自的运行计划,做出较为科学的决策。除此之外,运用二维码的移动支付功能,还能为出版产品的产业内部流转创造顺利衔接的极好条件。可见,在出版产业链决策、计划、统计、运行的一体化管理中,二维码技术的运用确实不可或缺。

2. 运用二维码技术开展出版业价格水平调研

出版物的价格掌控,不仅是产品生产企业关注的重点,更是整个产业管理不可忽视的内容。定价水平是否合理,是否与社会物价总体水平协调,都与出版产业的整体发展密切相关。因此,出版价格调研非常重要。运用二维码技术,可以链接网络调查表和分析读者信息,帮助出版业确立合理的图书价格水平。出版企业将网络调查表网址信息制作成二维码,供读者扫描,以获取读者对出版产品价格的意见。行业管理部门随时抽取不同出版企业所收集的意见进行综合分析,便可动态性地掌握出版业的定价水平和读者的接受程度,并据此制定进行价格调整的宏观决策。当然,这种价格调研更直接的作用还是为出版企业自身定价策略选择服务。

3. 运用二维码技术支持"扫黄打非"工作

"扫黄打非"是文化市场管理的一个专业术语,是一项执法活动,也是维护国家文化安全和规范文化市场秩序的重要举措,更是出版宏观管理中一项长期而艰巨的战略任

务。"扫黄"是指扫除有黄色内容的书刊、音像制品、电子出版物和网上淫秽色情信息等危害人们身心健康、污染社会文化环境的文化垃圾。"打非"是指打击非法出版物,即打击违反《中华人民共和国宪法》规定的破坏社会安定、危害国家安全、煽动民族分裂的出版物,侵权盗版出版物以及其他非法出版物。而黄色内容的出版物和非法出版物,大多是用盗版的手段出现的。因此,从一定意义上讲,"扫黄打非"就是防盗版。出版社可利用二维码的加密功能,制作自己独特的防伪标识,以一物一码的形式,植入出版物中,并上传到公共盗版信息发送平台,还要配合附加电话、短信、网络查询等验证方式。读者可以短时间内识别出版物的真伪,同时可以实时地联合出版商和当地监管部门共同打击盗版。如学习出版社出版的主题出版物,由于其发行量大、发行时间短,一直备受盗版困扰。该社曾一天接到一套书 7 个盗版版本的举报电话。该社在 2013 年开始对所有主题出版物都采用了二维码验真伪技术,其产生的防盗效果非常明显。除此之外,出版机构还可以利用二维码技术专门开发出实施简单、有突出效果的出版物防盗系统,并将其广泛应用于产业各个环节及各类出版产品中。在图书、期刊、报纸、音像出版物、数字出版物等各类产品出版领域筑起一道坚固的防盗墙,就能为出版领域取得"扫黄打非"的胜利奠定良好的基础。

第三节　二维码技术科普出版案例

二维码技术在科普出版中的应用,是二维码出版应用中一种特殊的情况。因此,本节在介绍科普出版中运用二维码具体案例之前,先叙述科普出版的特征。正是这些特征,决定了科普出版中二维码应用的与众不同,尤其是二维码技术在科普出版内容编辑方面的应用,更是与科普出版的特征紧密相关。因此,本节内容的叙述,先从科普出版的基本特征说起。

一、科普出版的基本特征

任何科普活动都必须具有知识性和通俗性两大特征。这是由"科普"本身的含义所决定的。如果没有一定的知识性,就无法称它为"科";没有一定的通俗性,就无法达到知识的有效传播,就谈不上"普"。除此之外,作为科普活动重要组成部分的科普出版,因其是通过出版物的市场流通来传播科普知识的,产品的可读性对科普目标的达成也有至关重要的意义。所以,可读性也应成为科普出版的基本特征。下面即从这三个方面进行阐述。

1. 科普出版的知识性

与一般的文学作品或文教类作品不同,科普作品是用来普及某一方面专业知识的,阅读对象主要是不熟悉该学科的非专业人士。为此,科普出版中要求编辑人员必须严格把好图书质量关,确保出版产品的知识内容有据、有形、有用。有据,是指出版知识内容要正确、严谨,有科学依据,符合事物发展的客观规律。有形,是指出版知识组织结构完整,系统性强,而非碎片化知识。有用,是指出版知识内容符合读者需求,且能随时代的发展及时更新,不过时。诸如忽略主流科学知识而刻意渲染花边事件的猎奇行为,突出图片、弱化文字的本末倒置行为,平装、精装、豪华装,甚至附带各种文创产品的过度包装行为等,都是违背科普出版知识性的表现。从事科普创作的人群,主要是奋战在科研一线的科研工作者们,他们往往不能准确把握读者的知识需求和兴趣,一不小心就会陷入"学术式科普"的泥潭,倘若没有出版社编辑的正确引导和策划,恐怕难以创作出真正适合大众口味的精品。为此,科普书编辑需要与作者不断沟通与磨合,引导科普作者从"自我创作主导"向"读者需求主导"转变,创作出真正满足广大读者需求的好作品,为满足科普出版的知识性要求打下良好的基础。

2. 科普出版的通俗性

通俗性就是要用明白晓畅的文字介绍科技知识,使知识通俗易懂。首先,在内容主题的选择上,要符合众多读者的需求,要挑选与老百姓日常生活紧密相关的内容作为出版产品的选题,这能引起广大读者关注、共鸣,也使读者较为熟悉,易于理解。其次,在内容表达上要深入浅出,使普通读者看得懂,利于读者接受。再次,表达形式要多样化,要运用大众喜闻乐见的文字及其他表达方式将科学原理转化成读者能理解接受的知识。在科普出版中,编辑要引导、帮助作者解决科普作品创作中一些常出现的问题,如自我创作为主的选题、艰涩难懂的文字表达、抽象概念的罗列、照抄照搬的资料堆砌等。只有创作出真正适合大众口味的精品,才能达到科普出版通俗化的目的。

3. 科普出版的可读性

科普读物作为一种向大众普及科学知识的出版产品,其出发点是吸引尽量多的读者参与阅读,因此,科普出版必须具有可读性。要达到科普出版的可读性目标,可从三个方面发力。首先,要求科普出版在内容安排上具有趣味性。要选择读者重点关注的主题作为科普出版的选题,并要精心挑拣读者感兴趣的知识内容组成有吸引力的知识体系。其次,科普出版在思维表达上要具有生动性。作品不仅要使用具有逻辑性的表达来以理服人,更要多用形象的表达来以情感人。比如介绍高铁的速度快,"每小时 400 千米"是一种较准确的描述,而用"开出去一眨眼就不见了",尽管在科学意义上不是那么的严谨,却可能更受普通读者的欢迎,这就是形象表达更为生动的例子。再次,要求科普出版可读性在实现方式上具有灵活性。实现科普出版可读性的方式多种多样,不同的表达方式各有优劣,在具体运用时要求灵活掌握,力争运用多种方式并实现优势互补,如在文字表达的同时运用图表,将文字、音频、视频等方式相结合等。总之,从以上三个方面一起发力,就能使科普出版的可读性大为增强。

二、运用二维码突出科普出版的知识性

运用二维码突出科普出版的知识性,有如下三类具体的操作方式。

一是利用链接拓展知识内容(通过链接拓展)。如湖北科学技术出版社 2021 年 7 月出版的《百工探秘》(上卷),图书第 320 页上的文字内容是介绍信用卡的制作与使用的相关知识。出版社在该页设置了一个二维码,读者扫码便可获得一个链接,打开链接就能看到捷克斯洛伐克的一家信用卡制作厂制作信用卡的全过程的视频。由此可见,此处的二维码实现了对该部分文字所表达的知识内容的有效拓展。

二是直接补充知识内容。如江苏凤凰科学技术出版社 2021 年出版的《善解童真》一书,该书第 13 页设置了一个名为"胡萍老师音频课"的二维码,课程内容是"帮助孩子认识两性的差异"。这个音频二维码并非简单地朗读原书文字内容,而是对原书相关文字内容进行了重要的补充。

三是通过动态性二维码设置等方式,实现与读者的交流互动。如辽宁科学技术出版社 2021 年出版的《围棋死活》一书,封底设置了一个名为"围棋岛"客户端的动态式二维码,读者扫码即可参与"棋力测试""网上做题""对弈平台""答案室"等活动。读者在这些活动中所获得的知识,绝不亚于直接阅读原书所得。这种出版产品生产者与消费者的双向交流互动,也使科普出版的知识性特征不断被强化。

三、运用二维码实现科普出版的通俗性

湖北科学技术出版社于 2021 年 1 月出版的《百工探密》(下卷)一书,分篇介绍了数十种世界知名物品的制作原理和基本制作方法。书籍正文为文字叙述并配有关键制作过程的图片。在该书的封底附有一个二维码,可观看出版社发布的最新消息,如最近所出的新书和开展的重要活动等,尤为重要的是,该书每篇文章的中英文对照版标题右侧都设置了一个二维码。扫描每个二维码都可获取原文的朗读与配合文字介绍各种物品制作过程的视频。读者扫码播放之后,就可在听书的同时,仔细观赏每种物品的制作细

节。这样,与原文中简单的照片介绍相比,运用二维码提供的视频,更有利于读者掌握各类物品的制作知识,即使是文化程度不高,甚至根本不识字的人,也可利用二维码所提供的音像信息,听懂与掌握关于这些物品的基本知识。可见,二维码的运用确实能够实现科普出版的通俗性。

再如,湖北科学技术出版社 2018 年出版的《守护南海珊瑚林》一书,该书共设置了 5 个二维码,其中设置在该书第 87 页上的二维码是一位女歌手演唱一首歌的音频,而该页正文的内容正是歌手演唱的歌曲《守护南海珊瑚林》的五线谱。我们知道,读懂五线谱需要专业的学习。出版者巧妙地通过这个音频二维码的设置,使看不懂五线谱的读者只要扫一下二维码,就能欣赏到优美动听的歌曲,对歌曲所表达的意境也就能心领神会了。

四、运用二维码增强科普出版的可读性

北京出版社于 2019 年出版的《播火录》一书,讲述了近代科学先驱为开拓人类知识的疆界,在人间播火以传承文明的历程。这是一部普及人类近代科学史的力作。该书将视频资料的内容通过二维码植入书中,为读者提供了丰富的融媒体阅读内容。该书每章的开头设置了 3 个二维码,分别通向本章所涉及的视频、图片、文档及参考资料。读者扫一扫二维码,观看的不再是微视频,而是作者与出版社共同倾力打造的 14 集"科普大片",每集都和书中篇目内容完全对应。作者展现了难得一见的手绘图、照片、手稿档案、墓碑和牌匾等共 1 400 张宝贵的图片,这些都通过二维码放在该书的各相关章节,极大地增强了该书的可读性。

五、二维码应用于科普出版的其他方面

上述三方面的案例,都是根据科普出版的特征将二维码运用于内容方面的实例。除了实现科普作品的可读性、通俗性、知识性之外,二维码应用于科普出版其他方面的案例也并不少见。

1. 将二维码运用于科普出版的宣传促销

湖北科学技术出版社于 2018 年 3 月出版的《科技与奥运》一书,是"中国科普大奖图书典藏书系"第 7 辑中的一种。该书在封底设置了一个"扫描了解典藏书系"的二维码,重点介绍了"中国科普大奖典藏书系"中的 10 种图书的内容和作者,这无疑使这 10 种图书获得了更多与读者见面的机会,促销的效果非常明显。

2. 将二维码运用于科普出版的版权保护

出版社可将一些需要进行重点版权保护的产品的相关信息,如产品的商标注册信

息,包括注册商标名称、主要特征、注册时间、类别、保护范围等,运用加密手段制作成防伪二维码,放置在出版物的版权页上或封底。一是可供读者扫码识别产品本身的真伪;二是可供读者比较、发现并揭发伪劣侵权的类似产品;三是可作为遭遇盗版侵权时出版方进行诉讼维权的依据。上海少年儿童出版社在 20 世纪 60 年代初编辑出版了一套青少年科普读物《十万个为什么》,并在少年儿童出版社名下注册了"十万个为什么"和"十万个为什么 100000W HYS"商标,注册在第 9 类-科学仪器、16 类-办公用品、41 类-教育娱乐等核心类别,享有商标专用权。这些与版权保护有关的信息,通过附设在《十万个为什么》书上的二维码便可获悉。四川天地出版社有限公司未经许可擅自在有关产品中使用了"十万个为什么"二维码中涵盖的图书名称、封面、销售图片等的版权保护核心信息,误导消费者,构成商标侵权,被判赔付人民币 60 万元。

3. 将二维码运用于科普出版的市场销售

如湖北科学技术出版社 2018 年出版的《续梦大树杜鹃王》一书,封底设置了两个二维码:一为"微店",一为"淘宝天猫店"。读者扫一扫"微店"二维码,便可看到该书的详细信息,包括封面、定价、内容简介、章节目录、获奖目录等,这样做还可引导读者打开微店app 购买该书。运用"淘宝天猫店"二维码同样能为读者购书提供方便。

第四节　二维码技术应用中存在的问题及发展趋势

本节首先对二维码技术应用中存在的问题从两个方面进行阐述:一是以问答形式对二维码技术应用中存在的普遍问题进行介绍;二是对出版领域二维码技术应用中存在的一些特殊问题进行具体剖析,然后再对二维码技术的未来发展趋势进行展望式探讨。

一、我国二维码技术应用中存在的普遍问题

所谓二维码技术应用中存在的普遍问题,即我国应用二维码技术以来,在社会生活各领域二维码技术应用中存在的共性问题。从支付宝 2011 年 4 月首推二维码支付开始,二维码技术在我国各行业、各领域迅速推行,对我国社会生活各个领域的进步与发展起到了重要的推动作用,但与其他任何新生事物一样,二维码技术应用中也不可避免地暴露出了一些问题。现将我国二维码技术应用中存在的普遍问题归纳为以下几个方面。

1. 应用风险问题

（1）二维码技术应用中存在风险的原因

二维码是将文本内容转化成条码而存储在黑白相间的方块里的，读者读取这样的方块必须借助机器。正是这一人眼无法直接识别的特点给了犯罪分子以可乘之机，二维码技术的风险也由此而生。

（2）二维码技术应用中存在的风险

隐藏在黑白方块里的可能是一个"钓鱼"网站，也可能是一个带病毒的网站，还可能是一个过期的或者已停止运作了的平台。这种风险的存在，强化了人们观念中的扫码支付不安全、手机扫码容易中病毒等认知，极大地削弱了一部分人扫读二维码的意愿，从而使二维码的广泛推广应用受到影响。

（3）规避风险的方法

首先，对于二维码的制作者来说，要把好二维码内置知识信息的质量关，尤其是对植入的平台要严格审查，要确保平台运作的安全有效，只有这样才能为读者提供增值的体验。其次，对于使用二维码的识读者而言，要有一定的防患意识，如扫码识读时，不要轻易暴露自己的身份、财务等关键信息，怀疑遇到不良二维码内置信息时应立即举报。就像手机收到广告电话时，用户立即举报，就能有效地避免广告电话的骚扰。

2. 知识产权的问题

（1）二维码应用中存在的知识产权问题

二维码应用是一种开放性的技术。国外的一些企业"捷足先登"，已经将很多二维码技术中的关键构成要素申请了专利。如日本的 Denso 公司，在 2013 年就完成了二维码技术专利的基本布局，在它的一组专利中有 300 多个权利和要求，这些要求几乎覆盖了二维码技术的方方面面。我国在二维码技术方面的发展起步比较晚，且侧重的是应用技术的推广，恰恰缺少了二维码技术构成要素方面的专利。

（2）知识产权问题对二维码技术应用的影响

这些专利可能会给我国未来在二维码技术方面的突破、发展上带来一些障碍。也许在不久的将来，我国开发任何一款二维码应用软件，都要向拥有专利权的外商支付昂贵的费用。这将严重制约我国二维码技术的广泛推广与应用。

（3）该问题应该如何解决

面对日本 QR 码在国内日益扩张带来的威胁，国内不少机构和企业纷纷进军这一领域，研发出龙贝码、汉信码等二维码标准。其中，由武汉矽感科技公司研发的 GM 码（网格矩阵码)先后获准成为国际标准、国家标准,成功打破国外企业在二维码技术标准中的垄断。此类国产 GM 码的自主研发,能有效实现二维码安全风险的可控。但因起步较晚,推广难度大,所以还需国家和广大二维码技术用户的大力支持,GM 码才可能有更深入、长远的发展。目前,我们不仅需要保护好这方面的专利,同时,还要积极创新二维码技术,申请更多的知识产权专利,获取更多在国内外推广二维码技术的话语权。正如卫星通信领域北斗取代 GPS 一样,凭我中华民族的智慧加努力,在二维码技术领域,基础知识产权的突围以及新知识的不断创造也一定会成为现实。

3.二维码技术运行环境问题

(1)二维码技术运行环境方面存在的主要问题

二维码的运行需要一个良好的社会环境。目前,二维码运行的社会环境还存在三方面的主要问题:一是缺少统一标准;二是缺少法律规范;三是缺少管理监督机制。全球现有一维码、二维码 250 种以上,其中常见的有二十余种。而目前国内二维码产品的应用绝大多数都依赖国外的技术,如美国 PDF417 码和日本的 QR 码。这些国外的二维码没有为汉字进行特别的设计优化,对汉字的编码效率较低。相关设备的核心技术都掌握在国外厂商的手中,在国内进行销售的也大多是国外厂商的代理或组装产品,不仅生产成本昂贵,且在信息安全上也存在一定隐患。目前二维码技术应用市场缺少有效的监控管理机制,基本处于各行其是、无人管理的状态。

(2)运行环境问题对二维码技术应用的影响

二维码市场所出现的"万码奔腾"的局面给手机用户带来了不少麻烦。厂商各唱各调的直接结果就是安装在手机中的二维码识别软件并不具有通用性。A 公司开发的识别软件不能读取 B 公司的二维码,这也就意味着用户很可能需要在手机中装上多家公司的识别软件。因此业内人士认为,目前的二维码识别引擎研制标准的规范统一已经迫在眉睫。除此之外,二维码应用法律、法规的缺乏也是我国二维码技术推广应用受阻的重要环境因素。我国推出的数款二维码新码制,就技术而言已远超国外水平,但因缺少政策支持而难以推广,需要国家出台相应的法律、法规加以扶持。由于缺少相应的法律、法规,二维码应用中无法可循、无规可依,致使二维码应用领域乱象丛生,如因乱设链接而引起的知识产权纠纷,因移动支付中的欺诈引发的安全风险,等等。因此可以说,二维码技术运行环境的改善,已到了刻不容缓的时刻。

(3)二维码技术运行环境问题的解决方式

首先,应尽快建立与完善二维码技术应用的有效管理机制,各级政府都应设立管理二维码技术应用的专门机构,像管理商标一样对二维码技术应用实施管理。其次,要建立与完善二维码技术应用的标准体系。中华人民共和国信息产业部2006年5月30日批准发布了紧密矩阵码(CM码)、网格矩阵码(GM码)两项二维码码制电子行业标准,填补了中国自主知识产权二维码标准的空白。但这还只是行业标准,并不具有强制性,厂商仍可以根据自己的需要开发二维码以及相应的软硬件。因此,要尽快制定相应的国家标准,并在全国各行业、各领域强制执行。各个行业也应推出相应的行业标准,如出版业,就要制订二维码技术出版应用标准,供出版单位参照使用,以与国家标准、国际标准配套,形成较为完善的标准约束体系。此外,还要建立相应的法律法规,将二维码技术应用中的生产(制作)与消费(识读)行为纳入法制规范轨道。

4.二维码扫码识别率低的问题

(1)扫码扫不出内容

二维码在应用实践中经常会出现扫码扫不出内容的情况,这是由多种原因造成的,其中一个原因是码块自身的印刷质量有问题,如深浅码块之间颜色反差不明显、码块颜色不均衡等,都会导致有码扫不出的情况发生。除此之外,扫描时光线不好或扫码角度没把握好,原纸或印标后卷曲、破损或灰尘污染以及扫描设备自身性能较差或规格不同等,都会发生识别率低的情况。

(2)扫码识别率低对二维码技术应用的影响

扫码识别率低,人们扫描二维码的热情与频次就难以提高,这也就直接打击了大众应用二维码技术的积极性。由此也会使二维码技术的应用效率难以提高。

(3)提高二维码的扫码识别率的方法

首先,要重视二维码图形构建时的码块颜色设计。二维码图形构建时使用的码块深浅颜色应反差明显,尤其是在构建彩色二维码时,深浅码块的颜色搭配更要精心挑选,要尽量避免用色差不明显的颜色,如浅绿与浅黄、深橙与深黄、深绿与浅蓝等,构建深浅码块。其次,要提供利于二维码读取的良好环境,如在适当处设置照明良好的灯光,设置一些供读者免费使用的识读设备、电源插座等,方便读者识读二维码。此外,二维码应及时更新,不仅内容要不断地更新,而且在二维码发生载体变形或图形破损、灰尘污染等情况时,还要更新外形,包括重置图形、清扫灰尘等,为二维码识读者清晰扫码创造条件。

二、二维码技术在出版应用中存在的问题

二维码技术在出版中的应用,除了存在上面提到的二维码应用中普遍存在的问题外,还有一些仅在出版应用场景中出现的问题。现综合这两个方面,将二维码技术在出版应用中存在的问题归纳为以下几点。

1.设置要素缺策划

如果一本书需要放置二维码,编辑在组稿时就必须考虑好二维码放置的目的与数量,内容与形式,安置的位置与顺序,制作成本及制作工序,等等,要提前做好策划,并与作者进行充分沟通。目前很多出版单位却没有这样做,而是盲目跟风,为了放二维码而放二维码,导致部分二维码或由于码型选用不当,或码内内容不合适,或二维码设置数量过多、码内内容交叉重复以及由于位置放置不当,或图书内容与所指向的二维码毫无相关性,等等,造成读者扫码无法识读,或能识读时得到的都是无用信息,白白浪费了读者的时间和精力。这些糟糕的用户体验都是二维码出版应用中缺少周密的策划所致。

2.存储内容欠规范性

由于出版业对二维码应用缺少统一的标准与规范,所以二维码内置信息的安排都是各行其是,这是造成二维码在出版应用中内容质量参差不齐的重要原因。二维码在出版应用中内容质量差的主要表现:一是链接设置不当,链接的网络空间大量植入广告,将读者导入营销陷阱,或者链接的是钓鱼网站,使读者面临安全风险;二是内置的音视频和动画内容非常陈旧,材料过时,毫无参考价值,容易引起读者的反感;三是存储内容太多,观看时间过长,特别是在少儿类读物中,对青少年的视力会有一定的伤害,进而引起家长的反感;四是内容易出现侵权问题,一些由作者提供的图片、音频或者视频是直接从网上复制下来的,作者并未对其进行筛选,而编辑又未进行核实和鉴别,容易出现图片或者音视频侵权的问题,这不但对读者不负责任,更严重影响到出版社的社会形象和经济效益,给后期销售造成非常大的麻烦。

3.加工质量参差不齐

在传统出版中,编辑人员都会对书稿进行三审三校。随着二维码的加入,如何对使用二维码的情况进行"三审三校",如何保证二维码中内容的编校质量便成了新的问题。目前,编校人员在进行二维码编辑加工过程中存在以下问题。

(1)一些出版社只重视出版物中正文的编校质量,而对二维码内置的内容并未进行精心编校,导致二维码内容中存在较多编校错误,缺乏准确性,极大地影响了读者的阅读体验。

(2)编辑人员不核对文字与图片的对应性,也不检查二维码的清晰度、完整性及其与图书内容的相关性,以及扫码检测二维码的流畅性、易操作性等,由此影响二维码的加工质量。

（3）编辑人员对出版产品中二维码印制环节的监控不到位，导致出版物上的二维码深浅码块之间颜色反差不明显、码块颜色不均衡，难以扫码识读，或印制位置不当，影响读者利用等。

4. 后续服务不到位

图书出版后，很多出版单位就觉得万事大吉，后期缺少对二维码进行更新和维护。经常会出现内容更新不及时，勘误信息更换不及时，甚至出现二维码打不开的情况，特别是在教辅读物中，听力材料及试题讲解类二维码打不开等问题的出现都给读者带来了极差的用户体验，进而影响到读者对出版单位的信任。如山东教育出版社出版的"作文搜库"丛书中的《小学生优秀作文》一书，书名页上设有一个二维码，笔者扫此码后得到提示"关注'鲁教智元'公众号"，点开公众号，却被告知"公众号已注销，无法关注"。像此类引导"关注"却又无法关注的二维码，就应及时进行内容更新。

三、二维码技术的发展趋势

1. 二维码技术的开发将不断完善

近几年来，随着二维码技术的广泛应用，针对实践中暴露出来的问题，国内外研究者都非常重视对二维码技术本身的研究，包括二维码的码制技术、编码技术、识读技术、解析技术、存储技术等全方位的研制内容，都有重要的研制成果问世。

国外对二维码技术的研究始于 20 世纪 80 年代末，在二维码符号表示技术研究方面已研制出多种码制，常见的有 PDF417、QR 码等。在二维码标准化研究方面，国际自动识别制造商协会（AIM）、美国标准化协会（ANSI）已完成了 PDF417、QR 码、Code49、Code16K、Code One 等码制的符号标准。国际标准技术委员会和国际电工委员会还成立了条码自动识别技术委员会（ISO/IEC/JTC1/SC31），已制定了 QR 码的国际标准（ISO/IEC 18004:2000《自动识别与数据采集技术——条码符号技术规范——QR 码》），起草了PDF417、Code16K、Data Matrix、Maxi Code 等二维码的 ISO/IEC 标准草案。在二维码设备开发研制、生产方面，美国、日本等国的设备制造商生产的识读设备、符号生成设备，已广泛应用于各类二维码应用系统。

我国对二维码技术的研究开始于 1993 年。中国物品编码中心对几种常用的二维码PDF417、QRC Code、Data Matrix、Maxi Code、Code 49、Code 61K、Code One 的技术规范进行了翻译和跟踪研究，并在消化国外相关技术资料的基础上，制定了两个二维码的国家标准：二维码网格矩阵码（SJ/T 11349—2006）和二维码紧密矩阵码（SJ/T 11350—

2006)，从而大大促进了我国具有自主知识产权技术的二维码的研发。在 2003 年与 2005 年先后研发出龙贝码、汉信码等二维码技术成果之后，由武汉矽感科技公司 2006 年研发的网格矩阵码(GM 码)和紧密矩阵码(CM 码)GM 码，2012 年 5 月 1 日被发布为国家标准。该公司 2012 年 4 月发明的"扫描"技术专利，除获中国发明授权外，还获得了美国、日本等多个国家的发明授权。其所申请的另一项专利——数字货币"统一码发行"专利，也已覆盖全球 100 个国家和地区。

目前，二维码技术开发不断完善的发展趋势主要表现为三个方面：一是出现了信息密集度更高的编码方案，增强了条码技术信息输入的功能；二是发展了小型、微型、高质量的硬件和软件，使条码技术实用性更强、应用范围更广；三是与其他技术相互渗透、促进，改变传统二维码产品的结构和性能，拓展其功能。

2. 二维码技术的应用范围将不断拓展

二维码作为一种全新的信息存储、传递和识别技术，自诞生之日起就得到了世界上许多国家的关注。美国、德国、日本等国家不仅已将二维码技术应用于公安、外交、军事等部门对各类证件的管理，而且将二维码应用于海关、税务等部门对各类报表和票据的管理，商业、交通运输等部门对商品及货物运输的管理，邮政部门对邮政包裹的管理，工业生产领域对工业生产线的自动化管理。

在国内，二维码用户主要集中在食品、日化行业，商品条码在服装服饰、农副产品、化工、建材、家具、玩具、机械、电子和物流等行业的应用，仍有很大的发展空间。对条码技术有迫切需求的食品、家电、汽车等行业，二维码技术的应用才开始起步，大多仅用于供应链末端的 POS 零售。二维码技术在制造业也刚起步，只有少数企业在生产、销售、供应和仓储管理等环节应用，而且应用层次较低。随着二维码技术的不断发展，这些行业的应用将会不断深化。除此之外，二维码技术还将在食品安全追溯、供应链管理、产品召回等方面发挥重要的作用。中关村工信二维码技术研究院数据显示，到 2025 年，中国二维码及产业相关应用规模将达万亿元人民币量级。

就全球范围而言，随着物联网、工业互联网、大数据、云计算、区块链等新兴经济形态的发展，二维码正成为新的物品标识技术、移动互联入口和贸易流通结算载体，渗透到全球经济贸易和社会生活的各个领域。二维码技术应用范围的不断拓展，已成为大势所趋。

3. 二维码技术的运行环境将不断优化

随着二维码技术应用范围的不断拓展，在其运行环境方面所暴露出来的问题也越来越突出,这就使运行环境的不断优化成为二维码技术发展的重要趋势。二维码技术应用的法治化、标准化、规范化和统一化,将成为运行环境不断优化趋势的具体表现。

首先是法治化,即在二维码技术领域实施法治化管理。国家将推出一系列的法律法规,积极扶持有条件的企业研发与推广有自主知识产权的二维码技术,并依法打击二维码技术应用领域的不法行为,保障使用者的合法权益。

其次是标准化,即各类二维码技术标准将逐步完善。包括数据格式、印制精度、符号大小、识别要求等,陆续引入各类国家标准、国际标准加以统一、相互兼容,将逐步取代目前存在的"万码奔腾"的状况。

再次是规范化,即在二维码技术内容上实施规范。国家各级政府机构及行业组织、民间社团都将积极参与对二维码技术应用中的内容审查,各领域、各行业对二维码技术应用的意见、要求将陆续推出,比如二维码中运用链接技术的要求、二维码技术用于移动支付的要求等。通过这些意见与要求的普遍推出,二维码技术内容的规范化也将逐步实现。2017 年 11 月 21 日,第十六届城市智慧卡创新发展年会在海南澄迈召开,会上正式发布了《智慧城市二维码应用技术要求》(导则),主要是规范二维码技术在城市综合交通和住区领域应用的技术要求,对于城市交通管理者、相关企业开展二维码应用具有重要的规范与指导作用。

总之,从上述三个方面着手,优化二维码技术运行的环境是确保二维码技术应用安全、有序发展的重要方向。

4.二维码技术的协作发展要求将不断强化

目前,全球范围内二维码产业的健康发展仍潜藏诸多不确定性,各国间二维码标准多样化、运行体系不统一、安全规范不协调等突出问题的存在,使二维码技术的协作发展日益成为影响二维码更好支撑全球贸易便利化、产业价值链重塑和数字经济发展的关键因素。在此背景下,世界各国如何良好地沟通、协调、合作,共同推动二维码产业规范化、标准化发展,共享新科技革命成果,共建二维码产业国际合作组织、全球二维码代码发行管理机制和产业交流协同合作机制,已受到国际业界广泛关注。

2019 年国际二维码产业发展大会期间,来自中、美、俄、法、德、韩等 14 个国家的机构代表一致同意正式成立国际二维码产业合作组织筹备委员会,围绕一个协调统一的二维码国际标准的建立与运行,各国将会开展一系列的协作。以此为契机,国内各地区、各领域、各行业、各单位之间,也会进行普遍合作与协调。未来二维码技术领域的运行模式,向国际标准体系迈出了重要一步。可以预见,不久的将来,在二维码技术应用中,单打独斗将会确定无疑地被协作发展所取代。

参 考 文 献

[1] 刘燕丽.传统出版业中二维码技术的多维思考[J].编辑之友,2013(4):10.

[2] 赵李寿.二维码在图书营销管理中的应用[J].出版发行研究,2015(5):41.

[3] 吴子琳.二维码技术在出版业媒体融合的应用探析[J].传媒论坛,2018(10):15.

[4] 王红燕.浅析二维码在图书出版应用中的问题与对策[J].中国传媒科技,2021(7):62-64.

[5] 王磊.二维码在传统出版中的作用深析[J].科技与出版,2014(2):40-43.

[6] 王发明,朱美娟.内容二维码在图书出版应用中的应用[J].中国出版,2017(22):30-32.

[7] 邹贞,陈玲.二维码在传统科普图书富媒体出版中的应用[J].青年记者,2020(1):106-107.

第四章
科普出版中的动画新技术及应用

第一节　动画新技术 VR/AR 的发展概述

当今各界,在谈及应用于日常生活的高端技术时,人们必然会提到 AR、VR、MR 等概念。科幻电影中用手指触碰划过的透明光屏、激光投影形成的解答疑问的服务机器人等成为必备。AR、VR、MR 形成的各色产品犹如孙悟空的七十二变让人眼花缭乱。作为出版人来说,VR/AR 出版物近年也层出不穷,尤以科普出版物为多。如何拨开迷雾,认清孙悟空的真身,识别庐山的真面目呢? 让我们走近所谓的 AR、VR、MR 去看一看。

一、VR、AR、MR 概念的内涵与外延

1. 什么是 VR?

虚拟现实(virtual reality,VR)这个概念首次被提出是在 20 世纪 60 年代初期,中文解释是"虚拟现实",又译作"灵境、幻真"。它是通过计算机系统和传感器技术结合而生成的一个三维环境,其优势是人机交互。VR 可以调动用户的听觉、视觉、触觉等感官系统,让用户有一种身临其境的虚拟体验。这项技术在 20 世纪 80 年代后逐步成型,最早是被应用到军事领域内,最近几年依托于云计算、大数据的融合、传感器制作水平的进步、移动通信 4G 和 5G 技术的成熟,VR 已经在直播、航天、游戏等多个领域快速发展。

2. 什么是 AR、MR?

增强现实(augmented reality,AR)是和 VR 比较相近的一项技术。它通过电脑,将

虚拟的信息应用到真实世界里,真实的环境和虚拟的物体实时叠加到了同一个画面或空间中同时存在,实现方式是通过投射装置(智能手机或平板电脑)将真实环境、虚拟世界结合到一个空间或者画面内,所以 AR 的核心是让现实和虚拟相结合,通过现实和虚拟画面相互组合来增强视觉效果。

混合现实(mixed reality,MR),既包括增强现实和虚拟现实,指的是合并现实和虚拟世界而产生的新的可视化环境。在新的可视化环境里,物理对象和数字对象共存,并实时互动。系统通常有三个主要特点:一是它结合了虚拟和现实;二是在虚拟的三维(3D)注册;三是实时运行。MR 的两大代表设备就是 Hololens 与 Magic Leap。

VR 是纯虚拟数字画面,包括 VR 在内的 AR 是虚拟数字画面和裸眼现实的结合,MR 是数字化现实和虚拟数字画面的结合。所以,VR 是 AR 的子集,AR 是 MR 的子集(如右图)。按技术发展历程的先后顺序来说,图片呈现方式是从内向外的,即 VR→AR→MR。

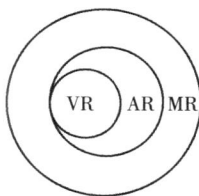
VR、AR、MR 三者关系图

3. AR 技术和 VR 技术的区别

VR 技术就是在计算机中构建一个完全虚拟的世界,并且可以把我们的感官带入这个世界;而 AR 技术是利用虚拟世界来加强现实,比如在一条真实的道路上面加入一些虚拟的车辆,被讨论最多的 AR 设备是 Google Glass。简单来讲,AR 就像是电影《钢铁侠》里面主角的头盔中投影出来的影像,是一个插件,而 VR 就是整部《钢铁侠》电影,是虚构的世界。

4. AR 技术和 MR 技术的区别?

在上述定义下,AR 往往被看作是 MR 的一种形式,因此在当今业界,很多时候为了描述方便或基于其他原因,大家会把 AR 当作 MR 的代名词,用 AR 代替 MR。再者,从业界鼓吹的概念来讲,AR 和 MR 并没有明显的分界线,未来也很可能不再区分 AR 与 MR。目前从二者达到的效果上还可以区分。

简单来说,AR 和 MR 有两个主要的区分方法。第一,虚拟物体的相对位置,是否随设备的移动而移动。如果是,就是 AR 技术;如果不是,就是 MR 技术。第二,在理想状态下(数字光场没有信息损失),虚拟物体与真实物体是否能被区分。能的话就是 AR 技术,不能的就是 MR 技术。

二、VR/AR 技术的产生和发展

1. VR 技术的产生和发展

（1）VR 技术的产生

VR 技术也叫虚拟现实技术，其最早起源于 19 世纪 50 年代的美国，在当时，虚拟现实技术主要是把计算机技术和传感器技术结合起来，是将这两种技术融合创造出来的一种交互手段；其主要特征是让人处于虚拟的环境中，通过计算机的图形技术以及仿真技术等多种技术相互融合，来实现人与机器之间的相互作用，同时可以让人有身临其境之感。这种虚拟环境可以激发人的思维，让人能够在这种情况下进行预演。Immersion（沉浸感）、Interaction（交互性）和 Imagination（想象性）是 VR 技术的主要特征。

沉浸性是指 VR 利用计算机生成的三维图像，让使用者处于一个虚拟的环境中，但有一种身临其境的感觉；交互性是指在计算机生成的虚拟环境中，人们用一系列的传感器交替，感觉就像在现实世界中。比如，当用户的手触摸虚拟环境中的物品时，用户可以感觉到此物品及其重量；想象性是指虚拟环境的沉浸感和允许用户获取新知识，增强感性和理性的认识，从而深化概念和萌发新的联想，因此，虚拟现实是可以激发创造性思维的。

VR 是一项通过计算机科学、人机交互、传感科技、人工智能等多个领域共同实现的集成技术。首先，VR 通过计算机的图像处理制造逼真的视觉、听觉、嗅觉效果来模拟一个逼真的虚拟空间，然后，体验者借助一定的科技装备，来实现虚拟和现实的交互式体验。体验者使用设备进行移动的同时，电脑会通过回传的信号进行精密的计算，快速地将制作的 3D 画面与设备的移动进行匹配，保证用户的临场感，具体会用到 CG、电脑仿真、人工智能、传感水平、显示设备、网络连接等技术。总的来说，VR 就是通过计算机辅助来实现的高端虚拟成像技术，是让使用者借助于计算机处理的复杂性实时数据进行交互操作的平台，这对于传统的人机视窗操作来说是科技界的重大创新。

（1）VR 技术的发展

1962 年，美国 Morton Heilig 发明了 Sensorama 模拟器，这是一个早期的虚拟视频现实设备，用户可以通过这个模拟器观看纽约夜间的街道景色。1965 年，Ivan Sutherland 最早在他的文章中提出了虚拟现实的概念。他用"主要观点"来形容它——本文介绍的信息不仅显示在眼睛上，还显示在耳朵、鼻子、嘴和手上。他提出了一些在当时并不被接受的技术来支持他自己的主要观点，例如交互式 3D 设备、动态渲染、眼睛跟踪和凝视。在接下来的 30 年里，与虚拟现实相关的软件和硬件得到广泛的开发。当然这也要归功于美国军方,因为第一个虚拟现实系统是由美国宇航局的科学家开发的。20 世纪 80 年代后期,Jaron Lanier 成立了第一家销售虚拟现实设备的公司。

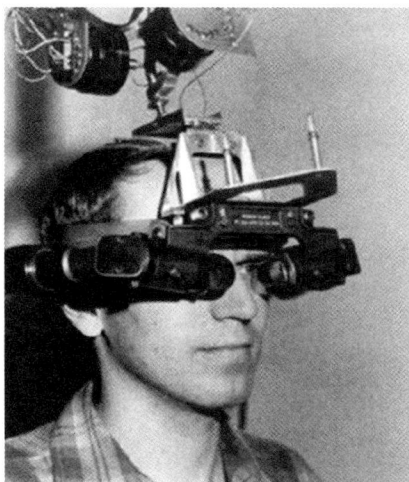

过重的"达摩克利斯之剑"
只能镶嵌在天花板上

Ivan Sutherland 开发 VR 设备的终极显
示器——达摩克利斯之剑

但直到 20 世纪末,支持 Ivan Sutherland 想法的技术才开始。1993 年,John A. Adam 发表了一篇文章,在卡特彼勒,克莱斯勒,波音,美国宇航局和一所研究型大学解释 VR 技术,指出当时的 VR 技术无法完全支持真正的沉浸式体验。1999 年,Fred Brooks 教授根据他在工业应用、美国国家航空航天局和其他组织的经验,在美国国家科学基金会资助下研究 VR 在工业领域的应用。自 Brooks 教授发表调查报告以来,VR 技术研究已经开始快速发展,工业和学术界开始致力于 VR 技术创新和工业应用知识体系建设。VR 技术已被各行业广泛采用以满足各种需求。

比如 VR 头显。VR 头显是一种头戴式显示器,它将用户对外界的视觉、听觉封闭,引导用户产生一种身在虚拟环境中的感觉。它不是通过过滤来自外部屏幕的内容来工作的,而是生成双眼图像,并直接呈现给用户。VR 头显通常包括两个微型显示器(左眼一个,右眼一个),它们现实的头像会经过光学元件的放大和调整,并显示在用户眼前的特定位置。

总体来说,VR 经历了三次热潮:一是 20 世纪 60 年代,VR 技术原理确立;二是 20 世纪 90 年代,VR 试图商业化但未能成功;三是 2014 年,Facebook20 亿美元收购 Oculus,开启了 VR 技术的第三次热潮,开始商业推广 VR 技术。目前 VR 技术的应用非常广泛,其中包括计算机网络领域、计算机图像领域以及分布式计算机技术领域等。比较流行的视频会议就应用了 VR 技术,这种技术的发展也为新产品的开发提供了有效帮助。由于 VR 技术的应用成本低、效率高、传输速度快,也为世界经济的发展提供了极大帮助,积极地推动了生产力的发展。目前,世界各国都投入了大量的资金进行研发,因此 VR 技术具有极好的发展前景。

VR 行业在未来可以分为两个发展方向,一种是朝着桌面虚拟现实发展,另外一种是高性能沉浸式虚拟实现。这两种类型虚拟现实系统的未来发展主要对建模与绘制方法、互动方式和系统组建等研究方向上提出了不同的要求,表现出了一些新的技术特点和技术要求,主要体现在下述几个方面:

动态环境建模技术。建立虚拟环境是 VR 技术的核心技术,动态环境建模技术的目的是获取实际环境的三维数据,并根据实际的需求建立不同的虚拟环境模型。

实时三维图形生成和显示技术。当前三维图形的制作技术已经十分成熟,现在的技术难点是在于怎样"实时生成",如果不以牺牲图形质量和复杂程度的情况下,怎样提高书信频率将会是未来的工作重点。另外,VR 还对立体成像和传感器有着相当高的要求,现在的虚拟设备无法满足系统的需要,需要进一步研发新的三维图形和显示技术。

智能化语音虚拟现实建模。虚拟现实建模是一个非常复杂的过程,需要投入大量的时间和精力,如果让 VR 技术与智能技术及语音识别技术综合起来,能很好地解决这个问题。对建模的属性、方法和一般特点的描述,通过语音识别技术转化成建模所需要的数据,然后利用计算机图形处理器技术和人工智能技术进行设计、导航及评价,将模型对象表示出来,并且将各种模型静态或动态地连接起来,最终形成系统模型。

2. AR 技术的产生和发展

(1)AR 技术的产生

AR 技术被称为增强现实技术,是通过计算机系统提供的信息增加用户对现实感知的技术,这一技术将虚拟的信息应用到真实世界并将计算机生成的虚拟物体、场景或系统提示信息叠加到真实场景中,从而实现对现实的增强。该技术因在实际应用中让人类获得强大的现实扩展体验而发展迅猛。增强现实技术(AR)最大的优势就是虚实结合,也就是在真实世界的基础上叠加信息,但真实世界的活动不会受到影响。这一重要特征因为结合了计算机的人机交互技术而让人类获得了强大的现实扩展体验,交互性和构想性是它的基本特征。与虚拟现实技术(VR)不同的是,增强现实技术(AR)可以将虚拟的内容融入真实的世界里,它不会让用户完全沉浸在一个虚拟的世界中。

AR 技术的核心就是让虚拟和现实世界实现准确的对应。AR 技术可以实现虚拟事物和现实的接轨。AR 技术最早提出在 1990 年,随着电子产品运算能力的提高,AR 在技术上获得了不断的推进。AR 技术利用计算机、摄影机影像实时位置角度,加上相应图像技术,把屏幕上的虚拟世界放在现实世界中进行互动。它让用户在现实世界一定空间、时间范围内能够体验到实体信息。科学技术模拟仿真后叠加在用户的真实世界,人们就能够通过感官,感受到真实的体验。虚拟画面和真实画面能够重叠在一起,AR 这种增强现实技术能够将虚拟的信息与真实世界同步显现。用户可以利用头盔显示器实现真实世界和电脑图形的多重融合。AR 技术的实现需要硬件部分和相关软件部分系统协调完成。

随着 AR 头显应用越来越普遍,AR 技术可以把数字世界和现实世界融合在一起。为了确保真实感,AR 系统不仅需要追踪用户在真实世界的头部运动,同时也要考虑用户所在的现实 3D 环境。目前市面上主流 AR 头显 Magic Leap One 和 HoloLens 2 的视场角分别仅为 $40°×30°$ 和 $43°×29°$,不难想象,增大视场角是目前 AR 光学领域依然需要攻克的难题。

(2)AR 技术的发展

AR 技术的概念起源于 20 世纪 60 年代,20 世纪 90 年代发展迅速,有名的研究机构主要集中在美国麻省理工学院、哥伦比亚大学,还有日本、德国和新加坡等发达国家的实验室,其研究重心多在人机交互方式、软硬件基础平台的研发等方面。随着技术的不断发展,研究逐步从实验室理论转入行业应用阶段,早期的相关应用可以追溯到波音公司在设计辅助布线系统时——戴着特殊头盔的工程师可以看到叠加在实际视野上的布线路径和文字提示,从而大大降低拆卸的复杂程度。随着微软、谷歌、Facebook、SONY 等科技巨头纷纷大举进入 AR 产业,很多公司已经能够提供成熟的基于 PC 或移动设备的 AR 技术解决方案,这不仅加快了 AR 技术软硬件及相关应用的开发进程,也拓展了 AR 技术的研究领域。

(3)AR 关键技术

在 AR 系统中,AR 技术通过对输入图像的处理、组织,建立起实景空间,计算机生成虚拟对象依几何一致性嵌入实景空间中,形成虚实融合的增强现实环境,再输入到显示系统中呈现给使用者,使用者通过交互设备与场景环境进行互动。其中,虚实结合的注册步骤非常关键,和最后的显示输出端一起决定了使用者对环境的最终感知效果。而虚拟对象的生成也直接影响着使用者的体验效果。因此,虚实结合的跟踪注册技术、虚拟对象的生成技术和显示技术是增强现实系统的三大关键技术。

跟踪注册技术。为了实现虚拟信息和真实场景的无缝叠加,虚拟信息与真实环境在三维空间位置中就要进行配准注册。这包括使用者的空间定位跟踪和虚拟物体在真实空间中的定位两个方面的内容。而移动设备摄像头与虚拟信息的位置需要相对应,这就需要通过跟踪技术来实现。跟踪注册技术首先检测需要"增强"的物体特征点以及轮廓，跟踪物体特征点自动生成二维或三维坐标信息。跟踪注册技术的好坏直接决定着增强现实系统的成功与否。常用的跟踪注册方法有基于跟踪器的注册、基于机器视觉跟踪注册、基于无线网络的混合跟踪注册技术四种。

跟踪注册技术在有效实施的时候，其能够促使虚拟信息和真实环境等进行注册，在这一过程中，虚拟的信息内容需要和真实场景结合在一起，使得跟踪注册技术是在机器学习的基础上具体实施的。这一技术能够实现跟踪物体特征的预处理及增强处理的模式，在 BP 神经网络和支持向量机等方式的基础上对图像内容加以处理，使得实时性的跟踪注册方式得到必要实现。BP 神经网络属于在生物学和神经学及统计学等有监督性的人工智能技术，实施的过程也会模仿人体大脑的神经系统，构建规律化特点比较突出的计算模式，促使神经网络节点联系在一起，逐渐成为较为完整的系统。在很大程度上 BP 神经网络对人脑功能加以模仿，同时是生物技术在计算机相关信息内容处理时的重要体现。BP 神经网络为了使跟踪注册准确程度不断提高，也就需要在深度学习的规则基础上有效实施，并且利用强度值向量和矩阵向量等特征数据内容，较大程度上实现特征的必要识别和提取。

虚拟对象生成技术。增强现实的目标是把虚拟世界套在现实世界并进行互动，所以在跟踪注册技术的基础上，不仅要提高增强现实系统的效果，还需要保证所生成的虚拟物体的真实感和实时性。AR 技术在应用的时候，其目标是使得虚拟世界的相关内容在真实世界中得到叠加处理，从而在算法程序的应用基础上，促使物体动感操作有效实现。当前虚拟物体的生成是在三维建模技术的基础上得以实现的，能够充分体现出虚拟物体的真实感，在对增强现实动感模型研发的过程中，需要能够全方位和集体化对物体对象展示出来。虚拟物体生成的过程中，自然交互是其中比较重要的技术内容，在具体实施的时候，对现实技术的有效实施进行有效辅助，使信息注册更好地实现，利用图像标记实时监控外部输入信息内容，使得增强现实信息的操作效率能够提升，并且用户在信息处理的时候，可以有效实现信息内容的加工，提取其中有用的信息内容。

显示技术。典型的 AR 应用除了上述技术之外，还依赖于设备的显示技术，为了达到逼真的展示效果，高效率的显示技术和显示设备必不可少。AR 技术显示系统是比较重要的内容，为了得到较为真实的与虚拟相结合的系统，使得实际应用便利程度不断提升，使用色彩较为丰富的显示器是其重要基础。显示器包含头盔显示器和非头盔显示设备。透视式头盔能够为用户提供相关的逆序融合在一起的情境，这些系统在具体操作过程中，操作原理和虚拟现实领域中的沉浸式头盔等内容之间的相似程度比较高。透视式头盔和使用者交互的接口及图像等综合在一起，可使用更加真实有效的环境应用微型摄像机的形式,拍摄外部环境图像,使计算机图像在得到有效处理的时候将虚拟以及真实环境融合在一起,并且两者之间的图像也能够得以叠加。光学透视头盔显示器可以在这一基础上利用安装在用户眼前的半透半反光学合成器充分和真实环境综合在一起,而真实的场景可以在半透镜的基础上,为用户提供支持,并且满足用户的相关操作需要。

三、VR/AR 技术存在的发展瓶颈

1. VR 技术发展面对的问题

VR 技术需要攻克的难点主要可以概括为下列几个方面。

(1)硬件瓶颈

目前的 CPU 和 GPU 无法支持 VR 所要求的计算能力,也不能保证硬件的计算速度和足够的磁盘空间以及所需的传输速度和耐力。

(2)图像技术瓶颈

VR/AR 技术在面对复杂的、动态的图片,特别是特殊的场景图形信息时,没有适当的识别准确率和较高的精度以应对这一类产品的推广。另外,VR 缺乏实时三维建模技术,精确定位技术误差大,远未到商用阶段。

(3)数据瓶颈

在现实环境中,大量的数据规模才可能实现相对准确的图像视频识别,如关于街道、人脸和服装等的各种数据;目前,数据的采集、存储、传输、分析技术都有难以解决的问题,对输入数据本身进行净化和输入的项目都是规模巨大的工程。

(4)感知延伸的瓶颈

眼睛可以说是人类最重要的感觉器官,因为人们从外界接收的各种信息中 80% 以上是通过视觉获得的,但视觉并不是人类唯一的感知通道。虚拟现实技术创建的一个模拟环境不能局限于对视觉的刺激,还应该有对其他感官的刺激,例如触觉、嗅觉等。

(5)减轻眩晕和人眼疲劳的瓶颈

所有目前在售的 VR 产品都给设备佩戴者带来了头晕和眼睛疲劳的麻烦,不同的佩戴者对 VR 画面的忍耐时间是不同的,并且与许多因素有关。一般来说,人们对一般 VR 内容的耐受时间为 5 到 20 分钟,假如 VR 画面很平缓,部分人群可以耐受数小时。

2. AR 技术发展面对的问题

由于 AR 技术离不开 VR 技术的支持,VR 技术面对的发展瓶颈也可以看作是 AR 的。然而,作为外延应用更广泛的 AR 技术,又有着自己烦扰的问题。具体有以下三个

方面：

光学性能。目前，AR 技术还需要在显示媒质的光学性能上不断进行改进和完善。现阶段，大多数显示媒质的视野范围横向为 25 度，纵向为 40 度，这远远达不到人眼的视野范围。因此，需要在光学器件的规格上进行进一步的提升和完善。

多媒体制作。由于多媒体制作工程相对复杂和分散，因此，目前 AR 技术在多媒体制作方面的应用还有很大的欠缺。

用户交互。当前，AR 技术设备逐渐在手势、语言、动作追踪方面有所研究，以增强3D 领域的信息互动。然而，由于外部环境的多样性和复杂性，AR 设备经常会受到外界干扰，因此，需要提高用户在真实环境中的合成触觉输入技术。

据称，苹果公司在 2017 年 WWDC（苹果全球开发者大会）推出了 AR 开发平台ARKit。开发人员可以使用这套工具在 iPhone 和 iPad 上创建增强现实应用程序。谷歌推出了搭建增强现实应用程序的软件平台 ARCore，类似苹果的 ARKit，它可以利用云软件和设备硬件的进步，将数字对象放到现实世界中。根据自己一线奋战的经验，有专家列举了在构建 AR/MR 内容时需要考虑的 10 个方面。

第一，硬件限制。ARKit 和 ARCore 都寄希望于硬件厂商未来发布的手机上，这就意味着有大量的消费者将被排除在外，除非他们升级自己的硬件。目前，谷歌和苹果的解决方案都不是跨平台的，所以开发人员不得不从苹果系统跳到安卓系统，或者从安卓系统跳到苹果系统，以满足大多数用户的需要。

第二，应用程序。ARKit 和 ARCore 都集中到设备的操作系统中，这使得它们与那些只在系统上一层的第三方软件相比，拥有更强大的性能。但是，包含内容和体验的代码仍然需要通过应用程序来下载。事实上，开发一个 app 只是冰山一角，如何把 app 推销出去才是更艰巨的任务。

第三，避开功能单一的产品。为了让自己的应用看起来值得下载，开发人员应避免任何功能单一的体验。就算你能创作出一段世界上最酷炫的动画，但在反复观看后，它也会变得很无聊。想要做出好的内容，你可能需要问自己这些问题：用户在第一秒可以做什么？在第一分钟能做什么？在第一天和第一周呢？体验不能一成不变，你得确保它们能不断升级。除了让内容更有深度外，解决这个问题的唯一办法就是提供一个动态的解决方案，让用户的体验每次都有所不同。

第四，过于昂贵。预算通常是"梦想杀手"，对 AR 和 MR 而言，大部分预算被用来创造 3D 的内容。客户端要么没有真正可用的 3D 设备，要么没有可用的格式。如果要将电影 VFX（视觉特效处理）分辨率或 CAD（计算机辅助设计）制造文件转换成可以在消费者移动手机里使用的 3D 内容，工作量极大，而且所需的 3D 数量也是个问题。

第五，位置的限制。有一个原因可以解释为什么这么多的 ARKit Demos 是在开阔的地方演示的。由于 ARKit 和 ARCore 无法检测或解决，使得碰撞和遮挡成为一个重大的问题。细心对比，我们会发现，一个在广阔空间看起来很棒的演示，如果在咖啡厅或在课堂上演示，看起来就像被破坏了。当位置发挥作用时，就有更多的因素需要考虑进来，这会很不一样。我们不得不面对快餐桌尺寸、零售商理想的客流量、主题公园的照明条件改变，甚至地标上的磁性干扰，等等。

第六，避免体验疲劳。针对手机，经过多年的原型化和用户测试，我们知道，不同的用户类别对疲劳有不同的感受程度或阈值。例如，年幼的孩子很难跟大人一样，双手握住手机还能同时在屏幕上操作；而成年人购物时通常只有一只手可以操作手机。创造 AR 体验时，要避免造成这类的不便。另外，硬件也有"疲劳"问题，因为 AR 需要一个打开的摄像头，这样的话，会非常快地消耗电池，并使设备变热。

第七，社交化。当匹配其他技术时，AR 是最强大的。用户自然想分享他们的 AR 体验，因为它是将 3D 内容放入真实世界的唯一技术。然而，社交仅仅是一个开始——实时数据可以使 AR 变得及时，GPS 和信标可以帮助它定位，而且能满足各种企业需求，让 AR 变得更实用。

第八，与消费者沟通。这可能是最容易被忽视以及最困难的部分。消费者想知道为什么一个应用程序值得下载，而且在他们下载之前要对它的工作方式感到满意。这个信息的传达可能会发生在不同的媒体或者社交平台上。如果是在线下商店的话，这个一般是店员的责任。一旦用户下载了应用程序，店员就必须指导他们如何使用，还有，如果出现了不工作的情况，又该怎么办？

第九，数字对象"触碰"的物理部分。在开放空间或空桌子上，体验 AR 技术是非常有吸引力的。在真实世界中放置一个数字的（digital）玩偶是有趣的，而如果你还可以让这个玩偶走到一辆玩具车前，打开车门，然后开着车走了，它就更有趣了。一只在草地上奔跑的虚拟宠物很可爱，但如果它会去寻找一个真正的网球，或者知道怎么把网球拍进球门时，它会变得更有趣。

第十，一切都刚开始。2016 年《宝可梦 GO》的流行，向全世界普及了 AR 的概念。ARKit 和 ARCore 将为许多消费者提供真

AR 手游《宝可梦 GO》截图

正的 AR 体验。虽然 Vuforia 这样的现有 AR 平台已经与 ARCore 和 ARKit 集成,增强了它们的功能,但这些技术只触及了表面。随着新进步的继续出现,开发人员面临的挑战会越来越大。

四、国内的 VR/AR 技术

1. 国内 VR/AR 技术的发展现状

国内 VR 技术起步较晚,自 20 世纪 90 年代开始研究和应用虚拟现实技术,这就使得我国 VR 技术发展比国外一些发达国家晚几十年,技术水平相对落后。但是我国非常重视 VR 技术的发展。目前作为国家的重点研究项目,其发展前景还是比较好的。研究机构最初以高校为主,北京航空航天大学就是 VR 技术的权威单位之一,北京理工大学、国防科技大学、华中科技大学等在 AR 系统的技术及工程应用等方面也取得了一些研究成果。如北京理工大学光电技术与信息系统实验室研发的"数字圆明园",通过增强现实技术(AR)将真实的场景——圆明园废墟和实时叠加上去的当年未被破坏前的场景结合,让游客们惊叹梦想照进现实。由于技术和成本的限制,我国的 VR/AR 技术最开始只适用于军事和商业等领域。在过去的几年里,适用于普通消费者的产品芯片、显示、人机交互技术才逐步进入市场。数据显示,2015 年国内产值只有 15.2 亿元的虚拟现实市场在 2016 年达到 56.6 亿元,较上年翻了几番;2020 年,中国虚拟市场规模已达 560.3 亿。可见,由于 VR 硬件涉及的领域极其广泛,一旦在任何一个领域大规模应用,都会产生巨大的市场增量,可以说,我国虚拟现实产业正在高速发展中,越来越多地应用于军事、文化、教育、建筑、医疗、工程、设计、影视、娱乐等领域。

从 ARinChina 的数据可以了解到,目前国内有超过 2 000 个与 AR 相关的创业公司和团队,开发者数量在 2015 年上升了 350%,超过 12 万人。联想、BAT、360 等公司也开始涉足该领域。

2. 国内 VR/AR 存在的问题

目前大家集中诟病的还是核心 VR 的问题。

(1)价格低、质量差

现在,价格低、质量差是我国 VR 产品普遍存在的问题。虽然我国兴起了许多 VR 相关企业,但从总体上看,这些企业大多数都没有高端的 VR 技术创新成果和专利,制造出来的 VR 产品相对来说较低端,技术也不是很成熟,在很大程度上只是为了炒作 VR 概念,占领"科技"地盘。伴随着科学技术应用的潮流,我国很多企业已经开始推出自家创造出来的 VR 产品,目前最大的特点就是价格低,但用户体验感并不好。例如用户在使用乐视的 VR 产品时偶尔会出现看不清画面的情况,有时甚至什么也看不到,一片空白。这类产品问世的主要目的是提前抢占 VR 市场,提早争夺用户。

（2）存在大量的瓶颈

目前中国 VR 产业存在大量的瓶颈。如前所述,第一是硬件瓶颈,第二是图像技术瓶颈,第三是数据瓶颈,但无论怎样,这些瓶颈都是归于技术的。随着技术的发展与成熟,各种产品的成本会降低,性价比会越来越高,未来几年 VR/AR 的发展应用必将迎来高速增长期,这一点毋庸置疑。

五、制作开发增强现实图书的软件技术介绍

1. VuforiaAR 平台介绍

VuforiaAR 平台是由 Vuforia 公司开发的一款 AR 开发工具,也是国外主流的 AR 开发工具。VuforiaAR 主要分为 Vuforia 引擎、系列工具、云识别三大组成部分。

Vuforia 引擎。主要功能为将客户端封装到 app 中,支持 IOS、Android、UWP,并根据不同的平台开发不同的 SDK（软件开发工具包）,可以根据不同的开发环境选择 Android studio、Xcode、Visual Studio、Unity 作为开发工具。

系列工具。主要功能是用来创建可识别图像、物体、环境的集合,生成每一个 AR 程序唯一的序列号。

云识别。用于 AR 程序需要识别很庞大的图片对象,或者图片数据库需要经常更新的情况。Vuforia Web Services 可以很轻松地管理数据庞大的对象数据库。

2. Unity3D 开发引擎介绍

Unity3D 是一款专业的游戏开发引擎,与 UE4 并称为游戏开发行业的两大基本开发引擎,也是很强大、很全面的开发引擎之一。现在众多应用都开放了专业的 SDK 接口供 Unity3D 使用,其因为绚丽的渲染效果、可视化设计模式和多样化的组件而备受欢迎,包括导航、动画、模型、特效等。正因如此,Unity3D 虽然是专业的游戏开发引擎,但是很多厂商用它来制作应用软件。值得肯定的是,它在软件开发方向的表现似乎不逊于游戏开发,尤其是在 AR 开发和 VR 开发上,更是遥遥领先。其插件众多,开发工具多样化,支持模型、图片格式多样化。因此,包括百度地图 SDK、谷歌 SDK 等都有专业的 Unity3D 接口。可以说,Unity3D 是未来 AR 和 VR 开发的主力引擎之一。

3. 3ds Max 软件介绍

3ds Max 是 Autodesk 公司开发的基于 PC 系统的三维动画渲染和制作软件。
3ds Max软件可以制作专业品质的三维动画、渲染和模型。功能强大的工具组合可在更
短的时间内创建更好的三维内容和虚拟现实内容。3ds Max 提供了简单而有效的建模，
提供了可堆叠的建模步骤，使得模型的制作有非常大的弹性，可以创造、塑造和定义一系
列环境和细致入微的模型，并可以通过高端渲染器，增强视觉效果。同样可以为模型制
作富有想象力的三维动画，结合 Unity 3D，可以制作出视觉效果极为逼真的现实场景。

第二节　VR/AR 技术的主要应用

2017 年接近尾声之际，HTC 和 Magic Leap 两家公司分别推出新的硬件产品：HTC
推出的 Vive Focus 是一款高端移动 VR 一体机，轻巧的机身更方便穿戴；Magic Leap 则
正式公布首款 AR 头显。这两款产品的推出，预示硬件技术正在突破层层瓶颈，向更便
捷、更大众化的方向转变。

Vive Focus　　　　　　　　　　　Magic Leap 的 AR 头显

一、VR 主要应用领域

随着科技进步和人们对于感官体验要求的提高，VR 头显设备市场在 21 世纪开始规
模化发展。2020 年全球 VR 头显设备出货量大幅度增长，达到 670 万台，同比增长
71.79%，主要原因在于 2020 年如电影《Half life: Aylx》(《半衰期：爱莉克斯》)等 VR 内
容发布，以及 5G 应用等新一代设备硬件更替。根据互联网数据中心 (internet data
center, IDC) 数据，2020 年全球 VR 头显出货量结构中，独立 VR 头显设备出货量占比最
大，约为 48.51%；其次是基于 PC/主机的 VR 头戴显示器，占比约为 45.37%；无屏类（眼

镜盒子)VR 头显设备出货量占比最少,约为 6.12%。按照大数据进行的数据分析,现在的 VR 产业主要应用在医学、教育、工程、电影、军事科技、游戏产业、旅游购物等主要领域。

1.游戏

游戏行业是目前 VR 技术比较成熟的一个发展领域,玩家戴着 VR 头盔潇洒地进入另一个虚拟世界中,在游戏背景、音乐、故事情节指引下,或利用弓箭枪械完成精准的射击,或手舞足蹈地跟随游戏做出各种动作。最近几年适用于 VR 的游戏设备及游戏软件开发发展蓬勃,例如网易游戏制作的《破晓破龙者》一上市就引起了游戏爱好者的追捧。目前,市面上常见的使用到动感座椅与 VR 眼镜的都是竞速或者飞行游戏。

2.医学

通过 VR 可以进行医疗保健的宣传培训,还可以通过 VR 模拟外科手术,同来锻炼实习医生的医疗实践。VR 对于医院的治疗和康复也有帮助,比如说对于烧伤患者来说,恢复期很长且治疗带来的病痛会让患者长期处于恐惧的状态,借助于 VR 技术能帮助医生缓解患者恢复创伤造成的伤口知觉,加快治疗的进展。如英国的 PatientVR 是一部医学虚拟现实电影,它可以帮助医生理解患者的情绪和感受。

3.军事航天

模拟训练一直是军事与航天工业中的一个重要课题,利用 VR 技术,可模拟零重力环境,以代替非标准的水下训练宇航员的方法等。VR 技术研发后最早的应用领域就是军事,通过 VR 技术可以逼真地模拟出战场的各种环境,帮助部队做好训练的支撑,还可以减少在以往的实战训练中由于各种意外出现的伤亡情况。

4.影视

在当前的电影行业内,在平面荧幕的基础上人们已经研制出了 3D、巨幕、IMAX 等放映技术,VR 应用到电影行业中,势必引起电影行业的又一次革命,VR 电影可以完成360 度的视觉效果,可以让用户置身在一个逼真的三维空间内观赏。观众能够选择不同的视角,让自己成为故事内的一个局内人,亲身体会整个故事的发展和结局。

5.建筑设计

VR 技术所构建的场景模型是来源于真实世界的数字模型,反映的是真实世界的一事一物,可让用户身临其境体验设计方案的最终效果,使方案呈现效果更具体、直观,也更具人性化。VR技术有可漫游、可沉浸的特性,当用户进入虚拟场景中,便可预知设计方案的外观造型是否美观、比例是否协调、虚实结合是否合理;VR虚拟现实可以给设计师看到虚拟物体和环境,提高了质量和效率。VR技术应用于建筑设计行业最实际的意义在于其独特的交互性,可让设计方案在施工过程中少走弯路。

6.旅游购物

VR技术在古文化遗产保护及生态保护方面可以发挥积极作用。一方面,可以让文物灵动地"活"起来,使观展者们在戴上VR眼镜后与千年前的古人产生一种"共情",观众参观古文化圣地时会有沉浸式体验。另一方面,引入旅游景点部分VR片段,制造虚拟的真实旅游环境,让客户的视觉、听觉、触觉如同身临其境,多数游客被VR旅游应用中如幻似真的场景所吸引,从而刺激旅游消费。

利用VR优秀的模拟技术,通过VR购物能够打破物理制约,商家可以通过VR将整个店面呈现到用户前,而用户则会有像置身于实体店一样的视觉体验,看到触手可及的商品和体验逼真的试穿,VR购物在未来的数年内极有可能超过电商成为互联网时代新型的购物模式,虽然目前的VR购物主要目的是博取用户的眼球,是VR科技者的一种探索和展望,但是随着成本的降低和科技的成熟,VR购物将带给电商和实体店极大的挑战。

7.教育及出版领域

VR技术的沉浸性和交互性特点给教育教学领域带来了极大的想象空间。VR技术在教育领域的应用主要集中在支持学习环境创设、支持技能实训、支持语言学习、支持特殊儿童教育等方面。VR技术可以保障实验时人员安全,激发想象力和创新思维,从根本上改变传统的教学理念等。

自然地,随着技术的发展和硬件成本的降低,VR技术在出版领域的应用会不可避免地蓬勃发展起来。

8.利用VR直播

以往对于球赛、明星演唱会、军队阅兵这种活动电视会进行转播,电视观众虽然可以更清晰地看到画面,却无法完全感受到现场的气氛和现场的互动,身临其境感受现场火热的气氛是观看直播难以实现的,通过VR直播可以让体验者感受到周围的呐喊、现场的互动以及一些小插曲,现在一些体育赛事已经可以通过VR观看了。

二、AR 主要应用领域

AR 技术能够将真实世界的信息和虚拟世界的信息叠加合成,形成新的视觉效果,它应用于生活的各个领域,将给生活带来全新的体验。智能眼镜、手机和 PC、HUD 等硬件将虚拟和现实完美叠加,给用户带来不同寻常的行业与生活体验。AR 技术的内核是 VR 技术,许多 VR 技术应用的领域加注了 AR 技术后,应用领域被扩展了。当然,AR 技术由于其技术特点,应用领域的侧重点又与 VR 技术有所不同。在工业领域,从组装生产、巡检质检到远程运维,目前已形成了完整、可复制的 AR 解决方案,成为工业互联网方面的重要应用之一。仅在 2020 年,已有华菱湘钢"5G+AR 跨国远程协同解决方案"、海尔集团"AR 智慧工厂"等成功案例落地。在安防领域,AR 头戴设备通过与公安专网连接、与航班数据实时联动等方式,在车站巡查、港口稽查、应急管理等方面发挥了重要作用。如公安部警采中心采购的北京亮亮视野科技有限公司 AR 智能警务眼镜已在全国多个省市投入实战,成功抓捕多名在逃人员。在文旅方面,AR 技术可以复原历史文物,丰富展览信息。如百度通过 AR 技术打造的秦始皇兵马俑展、圆明园大水法重现等项目,为游客带来了"穿越式"的游览体验。

1. 医学

AR 技术的出现,为医学带来了更多的发展机遇。众所周知,实践是医学发展的基础,很多医学理论都需要在实践中进行检验。在医学领域中应用 AR 技术,可以有效减少实践费用投入,提高实践效率,同时还可以实现最大化的经济效益。另外,AR 技术还可以为医生手术提供帮助,医生通过佩戴 AR 设备,可以对手术过程进行指导,患者会感觉更加放心,这也就有效保护了患者的生命安全。

2. 教育

AR 技术在教育领域应用的一个理论基础就是情境认知与学习理论,AR 技术能够通过结合现实空间与虚拟空间,将用户带入一个全方位的学习环境中,并且能够通过大数据技术源源不断地为用户提供学习内容,使其获得更好的学习体验。从相关研究中可以看出,在教育领域应用 AR 技术,可以在现实环境中及时叠加学习数据;同时该技术可以为用户输入提供方便,增加学习的互动性;学习者还可以结合现实生活,通过与虚拟物体的互动重新建构知识结构。另外,在学习者遇到学习问题时,增强现实技术可以为学习者提供在现实中无法得到的学习材料,使学习者的学习范围更加广泛。

3.数字营销

VR技术为数字营销模式创新提供了技术方面的支持,使消费者可以从整体角度去体验和发现产品。例如,通过移动设备可以在周边实景物体中叠加数字虚拟,使用户可以及时了解感兴趣的信息,为用户推送所需要的内容;在相关推广网站可以将产品3D模型叠加到宣传册上,使消费者通过浏览宣传册就可以对产品的外观、使用优势等有清晰的了解。

4.数字出版

将传统印刷与AR技术进行结合,可以为读者呈现内容直观的3D模型,增强与读者的互动;在数字出版平台应用AR技术,可以将3D模型与读者所处的现实环境重合,为读者观看内容提供便利,增强电子读物的多媒体体验。

未来,在消防、工程设计领域,AR技术必然也有更广的应用。

随着AR技术的日趋成熟,无论是软件还是硬件都得到了快速发展,但与行业结合的应用内容方面还较为单一和零碎。实际上,目前制约VR的主要问题之一就是内容太少,而AR技术要想融入更多普通人的生活,首先要解决的问题就是内容生产。没有好的内容就无法让AR技术展现出其巨大的优势,尤其是如何和传统行业融合,打造更多、更好的内容,对于AR技术的市场培育和消费者认同极为重要。

三、AR应用实例

2013年,宜家利用AR技术,允许用户通过iOS和安卓的客户端把虚拟家具投射到他们的客厅里,客户可以从360度/180度以及各个视角浏览房间,直观感受房间内家具陈设变动带来的不同效果。此后,3D样板房成为诸多房产商、装修商推广的招牌。

基于AR技术的3D样板房

同年,日本东京阳光水族馆利用 AR 技术打造了一款特殊导航软件,当用户使用导航时,只需要将摄像头对准街道,屏幕上便会出现数只摇摆行走的企鹅,游客可以跟随它们去往阳光水族馆游览。

用企鹅导游的 AR 小程序

2015 年,中韩合作开发了首款 AR 技术涂色游戏书——《开心超人联盟之超时空争霸战会动的 3D 涂色书》,该书配套的 app 应用程序能将静态的涂色画变成动态的 3D 动画,呈现于屏幕上。

如果说 AR 技术早期主要运用于面向特定人群的专业领域,那么近年来越来越多的 AR 应用则开始服务于普通大众的日常生活。Wikitude Drive 增强现实导航应用为用户提供前方街道的实时视图以及叠加在视频上方的导航数据,把手机摄像头对准周遭的景物,LayARReality Browser 应用可搜集并显示与景物相关的各种数据。ZugARa 虚拟试衣间应用让人们随心所欲地试穿网络商店里的衣服,这些 AR 应用产品通过摄像头和屏

Wikitude Drive 导航应用

幕为用户创造了一个介于真实和虚幻之间的世界。

ZugARa 虚拟试衣间应用

四、VR/AR 在出版领域的应用

上面谈到,无论是 AR 还是 VR 技术,在教育领域都有存在的优势。同样,在出版领域 VR/AR 技术也得到了广泛应用。

1."出版＋AR"前景可观

2008 年是 AR 技术在国外图书领域的应用开端,泰国技术公司出版了第一套 AR 图书 Earth Structure,该书采用图像识别相关技术,利用书中特制的标记作为参考对象,一旦标记对象被摄像头捕捉识别,成像数据就被输入计算机系统,在标记的位置则出现相应的 3D 影像。此后,国外 AR 图书不断被推出,例如德国专业儿童出版社的《外星人和飞碟》,通过摄像头将书中描述的外星人以三维立体的形象展示出来;2009 年,在利奥纸品集团的《寻找乌德拉》一书中,读者只需在计算机上安装播放器,就可通过网络在任何装有摄像头的计算机上看到这本青少年科幻故事中的三维立体场景;2012 年,索尼联手 J. K. 罗琳打造 AR 魔法书 Wonderbook,用户可以通过 Play Station Move 动作控制器操纵数字画面,并与图书进行互动,用户的行为动作会被 Play Station Eye 摄像头识别记录下来,并将动作所产生的响应效果同时显示在屏幕上。AR 图书还包括美国奥林公司推出的增加了按压感应功能的《小美人鱼》等。AR 技术早在 2008 年就已经应用于国内的儿童教育、游戏等领域。央数文化(上海)股份有限公司主打的小熊尼奥绘本系列就是"出版＋AR"的早期产品形式,包括 AR 立体识字卡片、口袋书、涂色书等。

2016 年之前,只有少数出版机构尝试在图书中嵌入 AR 技术。2013 年,中国矿业大学出版社在江苏书展上展示图书《采掘机械与液压传动》,号称是国内首部采用 AR 互动的移动阅读技术图书。只要将摄像头对准书上印有黑白挖掘机图像的一页,显示屏上就会立即出现 3D 立体的大红色挖掘机,齿轮不断地转动。浙江少年儿童出版社 2013 年推出的《孩子的科学》也嵌入了 AR 技术,这是引自西班牙派拉蒙的儿童科普类图书,涵盖了数学、天文学、物理学等 11 个学科的知识。2014 年,接力出版社出版了"香蕉火箭科学图画书"系列,该套书从韩国熊津出版社引进,内容涉及人体、动植物、自然、海洋、地理、太空、建筑和交通工具等主题。2015 年,科学出版社出版了中国第一本 AR 医学教材《爱医课》。真正使"图书＋AR"模式受到更多出版商重视的是在 2015 年中信出版社从英国卡尔顿科普出版社引进的"科学跑出来"系列,孩子们通过 AR 技术可以看到科学从书中"跑"出来。该书在国内销量已经突破 100 万册,码洋达 6 800 万元,在少儿科普图书市场取得了很好的成绩。

2016 年之后,AR 图书便开始了全新的征程。从现有情况看,AR 图书的市场反馈较好,开始探索 AR 图书的出版社也日益增多。通过手机、平板等移动终端上的摄像头去扫描 AR 图书上指定的图片,读者可以在移动终端的屏幕上看到书中文字的三维立体模型,点击屏幕进行互动。如果说 2016 年之前,"图书＋AR"完成从无到有的突破,那么从 2016 年到 2017 年,"图书＋AR"则经历了从小规模市场到大规模市场的过程,一批结合 VR/AR 技术、视听融合的新形态图书不断涌现。例如,江苏凤凰教育出版社与"梦想人科技"合作出版的《小学科学活起来》就是利用 AR 技术,将文字、图片、音视频和三维动画等融入纸质图书,使图书内容真正活了起来;北京联合出版公司的"艾布克的立体笔记"探索系列、海天出版社的"童喜乐 VR/AR 魔幻互动百科"系列、江西美术出版社的"AR 世界大探索"系列、中国法制出版社的《贤二前传之宝藏传奇:钱可不是白花的》、西南财经大学出版社的《有趣的中国节日:AR 互动游戏书》等也都是 AR 技术不断应用的案例。

2017 年以来,AR 技术不仅应用在少儿读物方面,同时也逐渐向职业教育、高等教育、人文社科和大众读物领域扩展,如中国摄影出版社的《中国世界遗产影像志》、人民邮电出版社的《汽车文化(AR 版)》《大学体育(AR＋慕课版)》等。最近广受读者欢迎的图书《朗读者》也运用了 AR 技术,读者只要下载"朗读者 AR"客户端,扫描书中的任何一张图片,就可观看董卿的采访视频。

2."出版＋VR"前景可观

2006 年国务院颁布的《国家中长期科学和技术发展规划纲要(2006—2020 年)》就将

VR 技术列为信息领域优先发展的前沿技术之一。2017 年,国务院印发的《国家教育事业发展"十三五"规划》中,提到了"要全力推动信息技术与教育教学深度结合……综合利用互联网、大数据、人工智能和虚拟现实技术探索未来教育教学新模式"。可见,VR 技术在教育教学领域也有广阔天地,如中科院的 VR 化学实验室、中国农业大学的虚拟土壤作物系统实验室等,利用 VR 技术模拟仪器设备、实验环境,能够给学习者,乃至科研工作者提供真实的虚拟环境,实现理论转化为实际。在课堂上,VR 技术所带来的沉浸式体验也能使传统的文化课更加生动有趣,给我国文化教育事业的开展提供了新的方式。有研究认为,在众多行业中,VR 教育是 VR 仅有的超白金行业之一,国内 VR 教育具备四点绝对优势:一是中国有全球最庞大的教育市场,二是中国是非常重视教育的国家之一,三是中国家长在教育领域的投资力度大,四是 VR 教育可拉平教育两极化鸿沟。

VR 技术具有三个特质,即沉浸性、交互性、构想性。VR 图书通过 VR 技术的应用极大地延展了传统纸质媒介图书的内容边界,通过重构虚拟环境、还原虚拟场所,使读者身临其境,其沉浸性与交互感是传统图书所不能比拟的。数字出版是出版行业未来发展的必然形态,以科技创新为助力,不断变革发展模式。当下对于数字出版业而言,VR 技术的融入能够创造更为新奇的平台,形成新的产品,有利于数字出版形成新的视角。传统的纸质图书通过文字、图片等方式来呈现作者的思想与内涵,但这种方式是单一且静止的。而数字出版可以弥补这些缺点,通过多维的方式将信息传递给读者,实现阅读的立体化。由于技术的瓶颈使得电子阅读缺少新的发展点,VR 技术的出现恰好解决了这一问题,这种沉浸式阅读,增强了参与感,使整个过程更为生动灵活。因此,研究 VR 技术与出版的融合是非常有必要的,既跟随了时代发展的潮流,又拓展了出版业的产品目录,带领着读者进入新的虚拟交互时代。

国外也有不少在教育出版中应用 VR 技术的例子。美国霍顿·米福林·哈考特在 2016 年与谷歌的远征计划合作,为其学生提供"实地旅行"的虚拟现实项目,通过纸盒眼镜进行户外旅行。除此之外,该合作集团也尝试将现有的教育内容与 VR 技术进行融合,开发了包含地理、历史、经济等在内的多类课程。开发商 playing Forward 与斯坦·李合作的《霸王龙》在 VR/AR 平台 The Vroom 中为幼儿提供免费沉浸式体验。国外 Unimersiv 是教育类内容分享平台,利用 VR 技术打造沉浸式和体验式的教育类应用,如《历史老师去哪了?》。虚拟现实公司 z Space 打造 z Space STEAM 实验室,学生可以在实验室中对虚拟的三维物体进行操作,从而掌握工程和生物等学科的知识。目前,我国 VR 技术在图书出版的应用上,可分为线上和线下两种模式,线上即在线阅读,佩戴 VR 设备(如 VR 眼镜)即可在手机端或电脑屏幕前观赏;线下则通常是一些相关的 VR 阅读体验区或 VR 体验书店。

在下一节中,我们将讨论 VR/AR 技术应用于科普出版的实例。

五、VR/AR 的应用趋势

据 IDC(互联网数据中心)报告:2020 年至 2024 年全球 VR/AR 市场规模复合年增长率(CAGR)为 54％,2024 年将达到 680 亿美元。从 IDC 报告的全球 VR/AR 出货量及预测中可以看出,从 2020 年的年出货量不足 1 000 万台,到 2024 年将达到 8 000 万台。

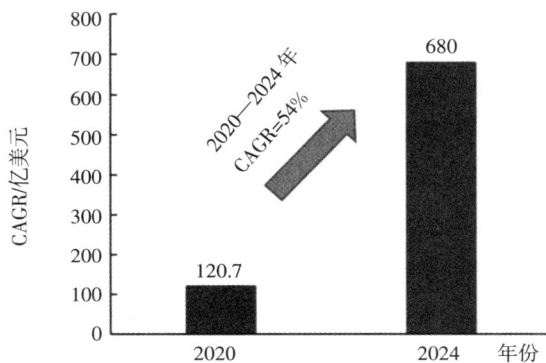

全球 VR/AR 市场规模 CAGR

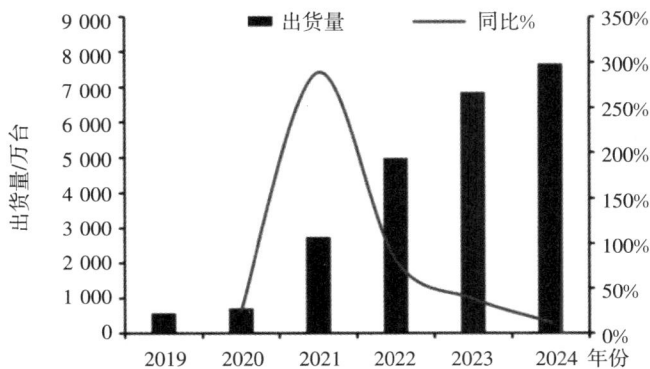

全球 VR/AR 出货量及预测

根据《2021 年中国虚拟现实(VR)行业分析报告》关于 2021 年 1 月至 8 月中国 VR/AR 企业大数据的分析可知,我国 VR/AR 相关企业主要集中在广东、北京、上海、江苏等经济发达地区。其中广东省 VR/AR 企业数量最多,拥有 266 家相关企业,领先于全国其他地区。北京、上海分别以 168 家和 117 家排名第二、第三位。2020 年至 2025 年中国

VR/AR 终端硬件市场规模预测中,CAGR(复合年增长率)为 51.7%,与全球的趋势相同。

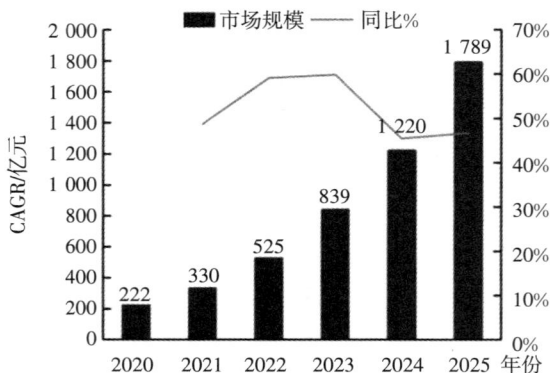

2020 年至 2025 年中国 VR/AR 终端硬件市场规模预测

第三节　VR/AR 技术应用于科普出版的案例

科普,或叫作科学传播,本身是个宽泛的概念。广泛的教育出版,可以归结为科普出版。当然我们承认,科普出版,尤其是科普图书的出版,有着其被大众公认的内核。在这一节中我们谈及的案例,都是 VR/AR 技术应用于这种内核的体现。因为案例较多,就不延展到大的教育出版领域。不过,让我们的视线先聚焦在 VR/AR 技术在教育出版领域的应用。

一、教育出版领域应用 VR/AR 的历程

1. 在科普类教育出版领域

2016 年 1 月,北京出版集团与北京易视互动传媒科技有限公司进行战略合作,依托 VR 技术开发出儿童科普可视绘本“大开眼界·恐龙世界大冒险丛书”,小读者们可以全方位体验恐龙世界,极大程度上丰富了阅读体验。同年,山东教育出版社在上海书展期间推出了《恐龙大世界》图书,图书利用 VR＋AR(虚拟现实＋增强现实)技术,集学习知识、游戏娱乐、阅读于一体。传统出版突破了印刷图书线性阅读方式,将阅读空间从一维拓展到多维。同样,安徽时代漫游公司涉足教育出版市场,其定位幼儿群体,开发了“豚宝宝系列”电子课程和家庭教育套餐“豚宝宝妙趣盒”。这套课程是基于 VR 技术,利用

触控感应与智能交互技术的幼儿园全媒体电子教材。2016年,由梦想人科技公司与江苏凤凰教育出版社联合推出的AR版《小学科学活起来》创造了不俗的销售业绩;2017年上海少年儿童出版社联手梦想人科技公司,推出AR版《十万个为什么》,也获得无数好评。2018年长江少儿集团下属的海豚传媒推出的《海底小纵队AR情境互动书》在京东平台创下14万＋的惊人评论数;同年由吉林出版社和酷思维品牌联合制作的"身临其'镜'"系列VR图书,除了《探秘太阳系》《探秘海洋世界》等宇宙、海洋探险题材外,还增加了"探秘神秘古迹"系列,既拓宽了儿童的眼界,又让儿童在观看的过程中,汲取到一些古迹人文的相关知识。

2. 在技术类教育出版领域

美国科学家与艺术家开发出用于解剖学的VR系统,并将其应用于教学中,学生们可以通过VR技术观察复杂的人体结构,用更为生动的方式学习解剖。比如通过心脏解剖图,用户不仅可以查看血流、血管、心室等部位,还可以观察不易探查的图层,并查看心脏的搏动。这种新兴的VR系统还被应用到普通的课堂教学中,比如系统可以清晰追踪学生们的动态,并加入"增强凝视"的功能让学生时刻感受到老师的目光,进而提升注意力,有效增强教学效果。在校园教育中运用VR技术,有利于激发学生好奇心,形成多感官刺激,全方位输入教学信息,还能有效避免在日常教学中真实实验带来的危险,同时也可以弥补部分地区教学设备的不足。例如,江苏凤凰出版传媒集团下属的职业教育图书公司与厦门创壹软件公司合资成立的凤凰创壹软件公司,根据职业教育的特点,将VR技术融入学科教学,先后开发出了机械、模具和汽车等多门学科的VR教学平台,利用三维动画演示,帮助学生从不同角度完整理解学科内容,同时,借助练习和测试模块,让学生在近乎真实的虚拟环境中进行操作试验,帮助学生提升技能训练水平。

3. 在文艺类教育出版领域

2015年,电子工业出版社出版了《凡·高地图》,用来纪念凡·高,该书一度在网络上掀起了"凡·高热",占据了当当文艺类图书首页推荐及新书热卖榜。电子工业出版社为了给此书做宣传,举办了国内第一场以"凡·高地图"为名的虚拟现实艺术展。总的来看,该出版社打破了"VR"只是虚有其表的噱头这一偏见,充分利用高精尖科技巧妙地将VR影像技术与图书丰富的文艺内涵相结合,实现了图书内容的充分展示,以及VR技术与出版领域合作的可实操性。人们意识到,VR图书对名画的临摹绘画、雕塑艺术品的复刻、历史建筑的解析,可以培养读者的艺术欣赏能力。

二、其他出版领域应用 VR/AR 的历程

经历观望期后,国内多家出版企业开始布局 VR/AR 市场。2016 年,地质出版社申报的"地球生命科学 VR/AR 项目"就获得了上百万资金支持,用于 VR/AR 在专业知识服务领域的研究。中国法制出版社在其"青少年法制动漫平台"项目中应用 VR/AR 技术,针对学生进行普法宣传。五洲传播出版社与戴尔公司联合建立 VR/AR 虚拟现实实验室,致力于 VR/AR 在新闻传播领域的研究和推广。接力出版社运营的"中国青少年多媒体阅读平台"第一期项目——天鹅阅读网,运用 VR/AR 技术、用户互动新技术在阅读体验和用户体验上获得好评。而 2017 年,北京出版集团发行了国内首部 VR 旅游图书《奇遇》和大型 VR 旅游系列纪录短片《奇遇(第一季)》,将图书与视频结合到了一起,这对 VR/AR 图书出版来说,无疑提供了一种新的思路。

三、将 VR/AR 技术应用于科普出版的重要性

1. VR 应用于科普出版的优势

在市面上的 VR 童书中,科普类型的 VR 童书所占比重较大,这是因为科普类童书自身具有天然的趣味性、探索性,是虚拟现实童书出版中最重要的选题方向和最适合与 VR 技术相融合的童书类型。童书出版市场具有三方面的特殊性:儿童的阅读能力相对较弱,儿童的理性思维相对较弱,儿童的求知欲相对较强。从当前 VR 科普图书市场的主流分类来看,和童书相关的主题主要有动物世界科普、地理知识科普、宇宙知识科普这三类,它们占据了 VR 科普图书市场的半壁江山。有了 VR 技术加持的儿童出版物,在内容上更加全面,更加生动;在阅读体验上,使儿童有了更加强烈的认同感,也更容易被儿童群体所接受。不仅如此,VR 技术的应用还可以激发儿童的创造力、想象力和专注力。

由于科普类图书具有知识性、逻辑性强的特点,在传统出版中通常以文字、图画、表格等形式进行知识的单向传播,在这种阅读模式下,读者极易感到枯燥乏味而丧失阅读兴趣。在科普类图书中应用 VR 技术,能在一定程度上解决这样的问题,读者佩戴 VR 设备后,即可进入虚拟世界,在这里,传统的文字阅读体验被扩展为视觉、听觉、触觉等多方面的体验,读者可以置身于不同的场景与环境,真切地与主人公交流并探索科学世界的奥妙。这种阅读形式突破了时间与空间上的限制,将一维阅读升级为多维阅读,为单调的知识赋予了新的生命活力,给读者带来超乎寻常的阅读乐趣,既满足了读者多样化的阅读体验需求,又增强了科普图书的传播效果。

2.AR 应用于科普出版的优势

AR 技术与青少年科普图书的有效结合让枯燥的科普文字生动化、形象化,更能引起读者的阅读兴趣。AR 技术在青少年科普图书中的应用优势表现在:可以更加形象地对一些抽象内容加以说明,可以增加青少年的课外学习机会,可以增加青少年的多人合作行为。

AR 技术在应用的时候能够将科学知识和特定的虚拟情境相结合,然后进行展现,为学生创造理解和认知的空间,让学生对于科普读物的内在知识有更深的印象。在使用AR 技术进行知识转化的时候,学生拥有一个新奇的学习和阅读的体验,对于即将要学习的知识有很浓厚的兴趣,例如:在学习达尔文《昆虫记》里的知识的时候,传统的科普读物会配上图片,对于学生来说,图片展示的内容吸引力很有限,但是通过 AR 技术可以将各式各样的昆虫虚拟立体地展示在学生的眼前,让其在既定的环境内了解伟大的《昆虫记》是如何诞生的,虚拟技术还可以将昆虫的各个部位更清晰地展示出来,挖掘学生探索和发现的潜力。与此同时,AR 技术的应用可以将大自然的活力展现出来,让学生多一次认识自然的机会,在这个虚拟的自然界内进行积极的互动,丰富学生学习科学知识的体验。

再如,读者在学习天文科普知识的时候,AR 技术可以将变幻莫测的天体展现在学生的眼前,让其对于神秘的宇宙有一个大概的认识;在介绍太阳系知识的时候,AR 技术可以将太阳系内的八大行星的运动轨迹展示出来,并为学生清晰地介绍太阳系内各个星体的不同特征,为学生展示熟悉的北斗七星的形状,各个星座之间的动向,让学生认识宇宙的方式不再是阅读科普读物上严谨的科学语句,而是通过更多的感官去学习和认识。在视觉和听觉的辅助下,学生能够从三维的视角感知科普读物内文字的内涵;面对文字讲解的时候,学生能够一一对应,将动态知识与静态讲述结合在一起,更深刻地了解高深莫测的天文知识。

四、科普出版中 VR/AR 技术应用实例

1.有益的尝试和准确的选材

2016 年 1 月,北京出版集团与北京易视互动传媒科技有限公司进行战略合作,依托VR 技术开发出儿童科普可视绘本"大开眼界·恐龙世界大冒险"丛书。

这是 VR/AR 技术在科普出版中应用的典型案例。首先,从选材上来说,未曾在现实世界出现过的恐龙是 VR 技术施展的最好对象。在阅读该丛书时,读者只要戴上 VR眼镜,拿起智能手机,就可以穿越时空来到恐龙世界,并在声音、影像的帮助下,直观了解

有关恐龙的各类知识。丛书分为 3 册,第一册《超级恐龙》,第二册《恐龙角斗场》,第三册《海天霸主》,分别从三个不同的维度通过"灵境"(虚拟现实/VR)技术"复活"了中生代世界,让巨大的恐龙活灵活现地行走在读者面前,使读者在感官上仿佛置身于远古世界之中。

丛书的主题策划也有一定新意,它把阅读群体定位于 7~10 岁的儿童,且并不是单纯地向读者介绍恐龙知识,而是通过精美绘本的形式,以一个孩子的视角,用神奇的方式穿越时空,让主人公带着读者去亲历恐龙世界的惊心动魄,通过与恐龙的亲密接触深入了解这个神秘的远古世界。《北京晚报》评价说,丛书把"读万卷书"和"行万里路"结合起来,带给观众穿越的乐趣和眼见为实的亲身体验,让读者仿佛置身于远古世界之中,感受中生代世界的奇观,借此激发小读者对大自然的兴趣,同时有利于培养"亲子阅读"的家庭学习习惯。

此后,以恐龙为主题的 AR 图书日益增多,当当网仅以"AR＋恐龙"为主题搜索,就有 2 521 件商品在售。

由此可知,VR 阅读的直观、互动体验,不仅弥补了传统纸质图书单调、枯燥的缺陷,而且是对二维数字阅读的补充,更能吸引年龄较小的读者,为他们提供更加个性化的阅读服务。

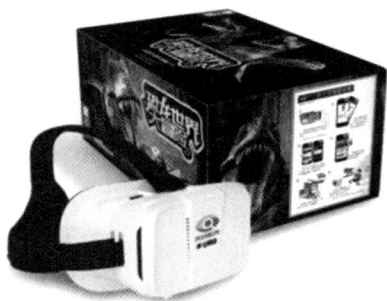

《大开眼界・恐龙世界大冒险》包装盒

2. 引进图书,初尝畅销的甜头

第二例是在 2015 年中信出版社从英国卡尔顿科普出版社引进的"科学跑出来"系列。

作为 AR 技术应用于科普图书的引进版图书,这套书的表现可圈可点。当时这套书是行销 32 个国家、销售册数达 150 万的畅销品种,由此我们得以看到当时世界上 AR 技术应用于出版的水准及方式。

首辑"科学跑出来"包含 4 册——《恐龙跑出来了》《宇宙跑出来了》《太阳跑出来了》《龙卷风跑出来了》，从书名易知其主要讲述的内容。想开启增强现实的阅读体验，你可以在书中找到标有"启动增强现实动画"字样的对页，然后启动 app(应用程序)，把智能移动设备(手机或平板)的相机镜头对准摊开平放在地板或桌面上的实体书，这样 3D 实体在现实环境中就能呈现出来，并能与读者互动。例如恐龙一册的宣传页上说："只要下载本书专属的 app，全书 5 个跨页可以用增强现实动画方式生动再现电影中最受欢迎的 5 种恐龙，将知识与体验完美结合。"该丛书的宣传页上还设置有视频演示的二维码，用科技增强孩子的阅读乐趣。可以说，此套书的成功引进和出版点燃了国内将 VR/AR 技术融于出版的热情和信心。它在国内的销量突破 100 万册，实现6 800 万销售码洋。

利用《科学跑出来》AR 效果拍照

在应用了 AR 技术的图书中观看 AR 场景的方式从此有了几个基本步骤：打开包装，通过特定位置的二维码下载以该书命名的 app，然后用 app 中的扫描提示功能，扫描书中特定的区域，这个区域或是二维码，或是可被识别为二维码的图片(现在多是后者)，这时读者就可以观看了。接下来读者只要在 app 中操作供观众与 app 互动的功能键即可。

3. 自创新技术图书的经验教训

2018 年，由吉林出版社和酷思维品牌联合制作的"身临其'镜'"系列图书也用到了 VR 技术。

2018 年版的"身临其'镜'"系列是主流选题应用 VR 技术的典型代表之一，它涵盖三大主流选题，共分为三册：《身临其"镜"探索海洋世界》《身临其"镜"探寻神秘古迹》《身临其"镜"探秘太阳系》。这三册书分别从自然景观、人造古迹、星际宇宙进行选题策划，对于这些很难让年龄层次较小的读者轻易观察到和随时随地游览的事物和景观，采用 VR

形式是非常恰当的。虚拟现实技术能够让小读者仿佛置身于海洋、古迹和宇宙之中,这本身是很好的想法和思路,可惜在执行时碰到了问题。

首先是文本的适配问题。这三本书的文本风格与其他大部分少儿科普类图书十分相近,采用科普性很强的说明文字,对景观和事物进行比较刻板和细致地描写。如在《身临其"镜"探寻神秘古迹》VR 图书的纸质内容中,对长城的介绍是"在世界的东方,欧亚大陆东部,一条矫健的巨龙时隐时现地穿梭于连绵的群山之中,又在茫茫的大漠中屹立不倒"。对金字塔的介绍是"这座屹立在吉萨高原的胡夫金字塔距今有四千多年的历史,也

"身临其'镜'"系列

是古代七大奇迹中仅存的一座伟大建筑"。该书对古迹的介绍逻辑清晰,由外至内,刻画完整,使用的修辞手法丰富,描述十分形象生动,但是图书文本内容的问题在于,该书针对的读者群体是 6~10 岁的儿童,这类读者还不具备较高的文字鉴赏能力,对于这个年龄段的儿童,他们阅读的基本需求就是读懂简单的语言文字和趣味化的科普内容;此外,书中的文字内容知识性过强,提出的思考让儿童难以理解,甚至文本中提到的想象问题还需要家长给孩子二次讲解,达不到辅助阅读的效果,对儿童读者来说可读性不强,如"想象一下地球南极到北极的距离有多远吧"。

第二,app 上的内容与文本内容不相符。VR 童书中,VR 板块的阅读需借助一款 app,"身临其'镜'系列"套装书共三个主题,在 app 中对自然景观、人造古迹、星际宇宙三部分的介绍都采用同一个故事设定和同一种文本风格——飞船旅行,设置了一个名为"伊万"的卡通角色,它带领读者们穿越空间和时间,来到书中内容的所在地。这一创意可能更适合"星际宇宙"选题的科普,其他选题依然使用这一创意则显得单一、违和。不过,这一点对国内刚刚涉足 VR 童书的出版单位来说,显然有一点苛求了。

第三,技术呈现出现三个适配问题。

(1)VR 眼镜使用复杂。"身临其'镜'"系列套装书随书附赠可简易折叠纸质 VR 眼镜,阅读前需要先将平铺的纸质 VR 眼镜折叠成"VR 眼镜盒子",然后使用手机扫描二维码下载安装配套的 app,再根据 app 的提示进行操作,最后将手机放置在 VR 眼镜盒子中进行观看。这种 VR 眼镜在图书销售时可以附在图书外包装上,但是折叠操作步骤复

杂,以硬纸壳为主要原料,纸板易损坏、镜片易磨损,不具备重复使用的质量。另外,"身临其'镜'"系列的三册书,每一册都配备了相同的简易折叠 VR 眼镜,对于购买整套书的读者来说,十分浪费,无形中增加了图书的阅读成本。

(2)VR 效果呈现粗糙。附赠的 VR 眼镜最终呈现的 VR 效果与商场或书店中成百上千元的 VR 眼镜呈现的 VR 效果差别是非常明显的。虚拟现实呈现的长城烽火台与关隘只是广角镜头下的全貌,细节不经考究,如砖石、射孔、箭窗等微小之处近看非常模糊,很难直接辨别,整体来说,虚拟现实呈现效果十分粗糙。

(3)VR 与图书结合感不强。当扫描完图书中的图像后,纸质图书就被搁置在一旁,VR 眼镜便可以独自使用,实现与图书的分离阅读,纸质图书的内容往往因此被忽视,VR 与图书并没有实现真正的结合。有些读者甚至只是扫描图书指定页观看 VR 图像,纸质图书翻也不翻。当读者观看完某一章的 VR 内容后,想观看其他章的 VR 内容时,则需取出手机,重新扫描其他指定页面的图像,重复的操作比较影响 VR 阅读体验。这样反复拿取手机,会让读者觉得操作烦琐、阅读不便利。

可以说,这是不太成功的应用 VR 技术的图书案例。VR 技术没有给图书带来附加值,反而导致角色不明,反客为主,与纸质图书争夺读者资源。另外,由于 VR 应用技术不过关和对图书文本的依赖,结果不上不下,这套书销量不佳的事实可想而知了。

4.走坚实的研发实验之路——AR 版《十万个为什么——神秘的星空问号》

"十万个为什么"这一图书品牌是由上海少年儿童出版社在 1961 年最早创建的。随着国家对科普教育、科普启蒙教育越发重视,上海少年儿童出版社也随之强化使命感,制定新的出版方针,紧扣时代发展的脉搏,洞悉读者对获取科普知识内容的需求变化,在坚持品牌战略的前提下,不断与时俱进,推陈出新。

如今,在信息时代,我们都与数字化产品亲近,面对的读者是在多媒体屏幕前成长起来的一代,单纯的纸质形式已经无法满足他们的需求了,而科学内容的传播,天然具有亲近科技的属性,这一品牌的系列图书内容呈现形式都具有一问一答的互动属性,新的 AR 技术带来的强科技感和强交互性特征与此系列图书自然而然地相互契合。因而,少年儿童出版社融合了梦想人科技有限公司的 AR 技术建设能力,共同进行了融合叠加 AR 技术的《十万个为什么》的再版,推出了 AR 版《十万个为什么——神秘的星空问号》。

最新版的《十万个为什么——神秘的星空问号》纸版图书于 2010 年出版,以精彩的原创知识故事集锦呈现奇妙的太空知识,其图书整体内容组成与传统的纸质图书没有差异。AR 版的《十万个为什么——神秘的星空问号》则于 2017 年出版,其图书内容结构较纸版而言,增加了数字媒体的部分,具体包括图像资源(页面背景)、音频资源(背景音乐、知识讲解）、3D模型、视频资源（3D模型＋动画）。除了在封面、封底都有明显的AR字样所设计成的图片、图标显示，AR版序言后比纸版多一页产品操作说明书，内容包含如何使用设备、纸质界面标识图片位置与说明、移动界面功能键位置与使用说明、供连接纸质与数字AR资源的工具下载二维码和资源包下载二维码。一般资源包下载二维码有一定的次数限制，以3~5次居多，这是早期AR出版物用以追踪用户使用情况和防止盗版的方式之一。其封底部分还明确地标出本书的AR属性和用"活"的形式传播科学的特点，明确地标出了能够顺利获得本书AR内容的设备类型要求等。

在行文风格和排版上，原版页面要么具有大段文字，从而在一定程度上限制了页面的趣味性；要么以大量的图片进行展示，而缩减了文字的篇幅，这样对于解释一些较为复杂的科学现象就有了难度。AR版的《十万个为什么——神秘的星空问号》纸质部分多采用跨页图片排版的形式，将星空的奇幻和恢宏展现出来，并在图片上适当地添加小贴士之类的说明内容，以明显、明确的"4D"标识提醒用户进行深度理解原理、解读延伸内容的交互动作，一般一个跨页固定展示一个问题，给少儿读者带来一种整体感和结构感的阅读索引体验。

所以，该例显示了VR/AR技术如何通过图书再版的方式进行技术叠加。新版出版物已取得良好市场效益，不改变原有纸质版本的内容，将其知识内容碎片化并分别叠加AR内容后进行封装出版。这与下面要谈及的例子正好相反。

《十万个为什么——神秘的星空问号》封面

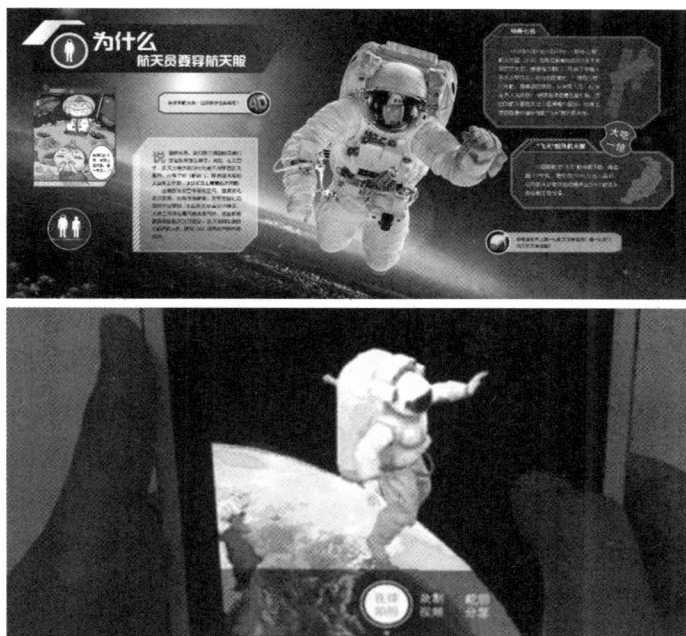

《十万个为什么——神秘的星空问号》内页及 AR 显示效果

5. 成熟技术的代表——《小学科学活起来——技术大爆炸》

"疯狂 4D"丛书"小学科学活起来"是
2016 年由梦想人科技公司和江苏凤凰教育
出版社合作出版的,面向小学生年龄层次的
读者,以 AR 技术的参与提升阅读体验。

(1)选题内容特征

《小学科学活起来——技术大爆炸》选
取了与天文学、物理力学、生物学、光学等学
科有关的入门科普专题 20 个,从国家重大
科技成就——天宫空间站,到日常可见的手
电筒、相机等,都进行了适合其科普属性的
内容加工和组织呈现。整体的专题顺序,由
远及近,由宏观及微观,从太空出发,描述了
人类在太空中可短期居住的空间站和从地
球去往太空的火箭发射过程,到空中可见的

《小学科学活起来——技术大爆炸》封面

飞机飞行技术原理和与之相关的全球定位技术原理，从古人智慧的结晶——日晷等的发明及原理，到现代新能源科技下风能和太阳能的技术原理，从潜水艇、轮船到相机、显微镜等不同应用场景技术的原理，到杠杆滑轮、手电筒开关原理等日常可见的小现象所蕴含的科学原理，进行了一一阐述和 AR 化呈现。

（2）整体设计风格

封面整体色调为蓝、灰等既明亮又带有科技感的颜色，标题设计上将"活"字进行了强化呈现以强调

《小学科学活起来——技术大爆炸》宣传页（部分）

AR 技术，页面点缀梦想人科技公司所推出的承载 AR 图书的移动应用"4D 书城"的客服卡通形象"小梦"，提升了整体页面视觉的活跃感和探索活力。每一个专题篇幅都为一个跨页，每个跨页内容包括标题"你知道吗?"小贴士、"扫一扫"提示，以及一张与主题有关的高清图片作为底图，也作为可识别出 AR 内容的标识图片。其中，较复杂或冷僻的文字部分会有明确的拼音标注，相关的问题引导话术和扫码引导话术，会附带与之传播指示功能相关的图标辅助理解和强化视觉吸引力。

（3）技术建设内容解析

《小学科学活起来——技术大爆炸》AR 版根据其所选取的选题内容和具体内容属性，配合了不同风格的 AR 数字内容，其中包含音频、视频、3D 模型三种形式，既有单独呈现的部分，也有混合呈现的部分。3D 模型音视频就是混合呈现的形式，在通过图像识别调出内容之后，即可观看默认形式下的动画和对应的音频解说，且对于不同风格的内容辅以相应风格的背景轻音乐，如在"火箭"这一话题下，有一整套完整描述火箭发射与返回地球的过程，依据不同的视频步骤进行断点互动，在读者理解了上一段内容之后，通过点触交互动作播放下一个步骤的视频。在视频播放过程中，读者可以随时拖拽、旋转得到不同角度下的模型画面，用手指进行放大、缩小来观看不同角度和不同细节的动态过程。

基于 AR 技术的移动端呈现还加入了基于智能手机自带的重力感应硬件功能。在初始进入数字媒体内容页面的时候，会有基于手持终端的角度进行水平画面感应。在读者将设备持于水平方位的时候，AR 内容正式接入，设备位于垂直角度时，页面四周会通

过左、右、上、下、左下、右下、左上、右上几个方位的动态箭头指示读者调整设备位置。

综上所述,此 AR 科普图书在选题上、叙事逻辑上、整体设计风格上和整体图书装帧上都呈现出不同于传统科普图书的特点,这也说明了 AR 作为新媒介技术的参与,对科普图书的内容策划、制作生产等过程产生了影响,也对用户"读书"的方式产生了革新。这是直接基于 AR 技术参与进行出版,即技术方案参与到内容策划和编辑环节中来,是新媒体技术与科普教育深度融合的积极探索和范例。

6. 华丽转身——从《海底小纵队 AR 情境互动书》到《KFC& 海底小纵队》

《海底小纵队 AR 情境互动书》在京东商城获得 14 万＋的评论,在 AR 图书中列第一位。面对这一奇迹,笔者对出版单位——长江少年儿童出版社的负责同志进行了专访。负责人坦诚地说:"单本书的评价没有那么多,是其他'海底小纵队'的书评论综合在一起的。"

原来,《海底小纵队》最早是英国 silvergate 公司旗下的动画作品,2010 年由央视引进翻译直播播出后受到广泛的好评。长江少儿出版集团旗下的海豚传媒拿到了该片的图书出版权。2015 年,全辑 50 册图书面世,取得了不错的销售业绩。海豚传媒把目光投向新兴的 AR 技术,于是选了 4 册书组成《海底小纵队 AR 情境互动书》,2018 年该书上市。

京东上《海底小纵队 AR 情境互动书》截图

《海底小纵队 AR 情境互动书》关于 AR 的宣传页

按照负责人的说法,该书当时制作上还是很讲究的,AR 技术呈现得也很精彩,每册书有
一个大场景和两个小场景,有音频、动画、3D,甚至还有互动游戏。然而,由于 AR 制作的
成本较高,该书的销量一般,所以据负责人透露,这套书利润并不高。

为什么同是优质内容,AR 版《十万个为什么——神秘的星空问号》能有不错的销售

《KFC & 海底小纵队》宣传页

业绩,而《海底小纵队 AR 情境互动书》却表现一般呢？也许可以从读者接受程度上分析其原因。《十万个为什么》原先只有纸质图书,没有其他音视频,增设 AR 功能的图书无疑会让读者眼前一亮,更容易被读者认可。而《海底小纵队》原来就是动画片,音视频齐全,增设的 AR 似乎只有 3D 模型能吸引人,附加值增加得有限。

在这种情况下,海豚传媒却另辟蹊径,华丽转身。据负责人介绍,2021 年,他们与肯德基合作,重新编写了 4 本《海底小纵队》,在这 4 本书中,沿用了《海底小纵队 AR 情境互动书》中的 AR 技术内容,出版了《KFC & 海底小纵队》,取得 150 万册的销售业绩,彻底扭转了颓势。

《KFC & 海底小纵队》销售宣传页

在这个例子中,与肯德基联手也许是图书销量转折的关键。但是,海豚传媒对于 AR 技术的再次利用却值得我们深思。沿用原来就制作精良的 AR 场景,作为图书在儿童用餐时赠送给孩子,给他们惊喜的同时,附加的 AR 又将这份惊喜立体化,别样的感受将孩子的胃口吊得高高的。AR 附加于图书出版的技术可以一举多用,让制作成本实现了平摊,又维持了原有的附加效果,受众的增多意味着科普的力度、广度增加,这是海豚传媒给我们的启示。

7. 一丝不苟做数字出版的典型——《新昆虫记——基于 AR 技术的青少年科普融媒体项目》(第一辑)

这套书是 2019 年国家出版基金项目,号称国内首套原创的昆虫科普融媒体出版物,已被列入国家新闻出版改革发展项目库,由湖北科学技术出版社出版发行。该书从策划—脚本—制作—出版—运营—发行都有自己的特色,下面做一一介绍。

(1)选题内容创意十足

丛书第一辑选取了具有中国传统文化底蕴的六种本土昆虫——萤火虫、蜻蜓、蝴蝶、蚂蚁、蚂蚱、蟋蟀,采用散文、游记、童话等多种体裁,生动再现了这些昆虫的亚种、形态、生活习性,着重体现了它们的现实生存环境以及和人类的关系。丛书的基调是"父母的乡愁,孩子的伙伴",体现昆虫特性和趣味的同时也传播科普知识。这既是对法布尔《昆虫记》的致敬,又是一次大胆的开拓和创新。为此,出版社聘请了中国昆虫学会科普工作委员会主任,全国昆虫学首席科学传播专家张润志担任主编,在全国范围内寻找并招募昆虫方面的新锐作者,形成了这套图书的文本创作团队。

(2)融媒体项目的设计完善

本套书最亮眼的是出版方将它打造为原创的融媒体项目——利用最新的技术手段,打造出纸质出版与数字出版相互依托、融合表现的科普产品。借助微信公众号平台和AR(增强现实)技术,多手段、全方位传播科学知识的同时,体现出了科学思想、科学方法和科学精神的有效传播。

采用融媒体出版方式意味着出版物除了纸质图书外,还有图片与视频资源库,以及H5和AR(增强现实)的数字产品。为此,出版社不仅申办了微信公众号"虫儿梦"收集相关昆虫的图片和视频,还采用H5的形式进行了相关昆虫的动画宣传。读者可以扫描书后的二维码获得相应的资源。

本套书的AR场景做得很讲究。读者扫描下载app后,对准书中图片扫描可获得AR体验,除了可立体观察虫体、近距离了解昆虫之外,还能观看平常难得一见的昆虫特性的动画场景。

如萤火虫中有一个场景:雄性萤火虫被蛛网捕到后,蜘蛛通过向雄虫体内注射毒素,降低其发光的频率,使其接近雌性萤火虫的发光频率,从而吸引更多雄虫扑到蛛网上来。面对观测到的这一全新现象,AR动画做了互动游戏的处理,要读者扮作蜘蛛给触网的雄虫缠丝

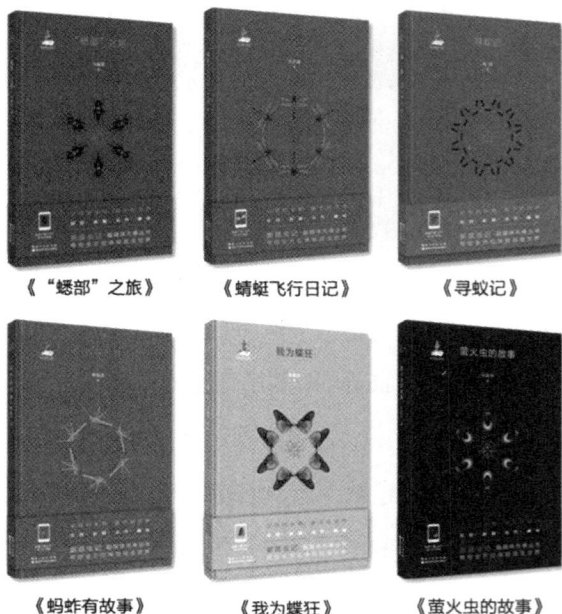

《"蟋部"之旅》　　《蜻蜓飞行日记》　　《寻蚁记》

《蚂蚱有故事》　　《我为蝶狂》　　《萤火虫的故事》

《新昆虫记》套书封面

和注射毒液,如果注射毒液不足或过量,则系统提示游戏失败;毒液适当则可进行到下一步,让读者亲身体验这一诱捕行为的"罪恶感",加深理解自然界中这一奇特现象。

再如区分雌雄蝴蝶:一只虎斑蝶正在访花,这只虎斑蝶是雌是雄随机生成,旁白有区分雌雄的小知识,这时请读者辨别,虎斑蝶是雄还是雌,答错了,蝴蝶直接飞走,再重复进行该步骤;答对了,进行下一步,观察蝴蝶寻找水源、饮水、排尿的过程。

(3)整体设计风格亮眼

该套书由朱赢椿整体设计,每类昆虫选取其中一种,以不同方式组成一个圆圈,将LOGO"新昆虫记"围在中间。LOGO 设计为一个虫形,背上有"新昆虫记"四个字。每本书设计一个单色背景,另外设计了腰封,突出"父母的乡愁,孩子的伙伴"的同时,在其上标注了 AR 标识,封底列出供安卓、苹果手机扫描获得 app 的二维码,还附上"虫儿梦"微信公众号,彰显了融媒体的"融"字。

《新昆虫记》关于 AR 的展示宣传

(4)全方位的宣传推广

好酒也怕巷子深。此书甫一出版,全社便调动一切资源做宣传推广。首先是作者在各自的"昆虫圈"中推广,由出版社提供宣传材料,取得了积极的效果。再就是发行部在当当网、京东网及淘宝网上的常规宣传操作。各位责编也被调动起来,在网页上发宣传软文,并鼓动相关人员撰写并发表书评。

（5）图书的整体创意收获颇丰

该书自出版以来，好评如潮。其中《蜻蜓飞行日记》入选 2019 年 7 月中国好书月度榜，中央电视台《读书》栏目曾专题报道。整套书入选 2019 年度国家宣传部数字出版精品遴选推荐计划名单，并获得生态环境部首届公众最喜爱的十本生态环境好书奖。图书的销量也不错，超过出版社的预期，《蜻蜓飞行日记》更是多次加印。

这一案例展示了在 AR 技术已经成熟时如何做到与科普出版的精细结合，总的来说，就是科普选题内容要新颖，易于用 AR 技术表现；此外，用到 AR 技术时要通盘考虑，仔细构建场景脚本，且最好把 AR 技术支撑的内容作为数字出版或融媒体出版的一部分。

第四节　影响与趋势

互联网、数字化、智能移动终端改变了媒体传播环境，人们减少了纸质图书的阅读，而电子和数字阅读则成为不可逆转的国民阅读趋势，传统出版面临转型的压力。据全球领先的支付服务提供商 Worldpay 的一项最新研究显示，中国消费者在接受虚拟现实（VR）和增强现实（AR）技术方面走在世界前列。其中，95％的中国受访者表示，过去三个月曾体验过 VR 或 AR 技术，这一比例是全球 AR/VR 使用率的三倍以上。

一、科普出版应用 AR 技术的影响与趋势

从技术交互方式看，绝大部分 AR 图书都是以"纸质书＋全媒体数字内容"的形式打造套系售卖，全媒体数字内容穿插于纸质内容的不同部分和页面，作为其增值内容而存在，一般需要辅以移动设备上的 app 作为获取内容的外壳，在这样的外壳下连接纸质内容中的图像标识接口，获取延伸内容。以目前的态势来看，各个自有技术的出版单位和 AR 技术公司呈现百家争鸣的状态，各自有独立研发的基于自身 AR 出版物技术规格的移动应用，在 2019 年前还未形成统一格式与规范的应用；不过，也有一些国内的 AR 技术团队或公司在逐步覆盖贴合出版模式的技术合作，或以内容版权获取的形式，自主发布出版 AR 电子图书，如苏州梦想人科技有限公司，以数字出版为依托，截至目前，他们的技术已广泛应用于 100 余家国内外一线出版机构，合作推出 AR 图书5 000 余册，发行总量累计 5 亿余册。

国家新闻出版署在 2019 年发布的《出版物 AR 技术应用规范》文件中明确指出了 AR 出版的七步流程，包括选题策划、素材制作、内容集成、输出展示、审核测试、发布推广，以及运营维护。这标志着出版物 AR 技术的应用正式进入标准化的 2.0 时代，从 AR

出版物的术语和定义,到出版与制作、管理与应用等一系列内容的升级。这一文件的发布意味着 AR 技术融于出版的成熟度较高,也将进一步规范 AR 技术在出版行业的标准化应用,推动关键技术研发,有效降低 AR 出版物的生产、运营成本,提高 AR 出版物的制作、管理水平,增强 AR 出版产品的市场竞争力,催生新的产业链条和商业模式,不断扩大产业规模,切实加强行业监管,防止盗版侵权,保障出版安全,加速推进 AR 技术与传统出版深度融合、一体化发展。

从目前的趋势上看,由于 AR 技术融于科普出版有着其独特的优势,这一领域成为众多出版社角力的焦点区域。AR 技术给图书带来的利润不同,加上出版社的运营方式不同,AR 的增值体现也就不同,因此,将会有出版社退出这一领域。当然,也会有尝到甜头的出版社继续扩展规模。

如果要评估 AR 和 VR 哪项技术更适于出版领域,笔者觉得在科普出版领域,AR 技术也许更适合,也更成熟。对于 AR 和科普出版的结合来说,前景是光明的,道路是曲折的。

二、科普出版应用 VR 技术的影响与趋势

科普图书应用 VR 技术在国内还是新的出版形式,投入出版的科普图书并不是很多。在当当网和京东网图书页面搜索时,VR 图书数量约为 AR 图书的 1/5,由此可见一斑。读者在阅读科普图书时,可以同步体验 VR 虚拟场景。目前主流的 VR 观看工具是 VR 眼镜,知名度较高的是 Oculus、Gear VR、暴风魔镜等品牌,读者通过其开发的专用或通用 VR 播放器,在出版社指定入口获取 VR 影片数据就可以体验。一般来说,科普图书出版社会开发独立的 VR 影片数据平台,使用者可通过出版社建立的 VR 网站、app、微信链接等入口,获得科普图书 VR 影片数据。

科普图书 VR 影片有别于普通 VR 视频,其需要结合科普图书+VR 影片体验,达到让读者获得科学知识的目的。在科普图书的 VR 内容制作上,出版机构应根据科普图书定位、受众需求、生理感受、成本来综合考虑,出版适应市场需求的 VR 科普出版物。不过,从现实情况看,VR 技术应用于科普出版有如下不足:一是 VR 制作费高昂,单个出版社科普图书内容生产和投入经费有限,各出版社独立开发 VR 资源平台和 app 将给出版社带来沉重的负担,而出版社 VR 资源平台寥寥无几的 VR 资源也影响读者的体验,无助于优化资源的配置。二是 VR 视频长时间观看会造成眼睛的疲劳和眩晕,读者的心理接受度有限。三是 VR 眼镜质次价低。VR 产业目前存在大量的瓶颈,正如第一节所讲,第一,硬件瓶颈;第二,图像技术瓶颈;第三,数据瓶颈。尽管这些是技术上的问题,然而会严重影响当下读者的体验。

未来出版社之间必然会成立 VR 联盟,统一建立 VR 图书资源平台、app 和专用播放软件,这样不仅能实现 VR 资源的整合,而且通过专用 VR 播放软件能实现科普 VR 的知识产权保护。在图书 VR 平台建设中,出版社也应考虑在电脑端和移动端同步建设,从用户的使用习惯和需求的角度进行开发。此外,还应重视与社交媒体工具的融合,尝试在微博、微信等社交工具上的 VR 体验。在科普出版领域,想来也会如此发展。

三、对未来的展望

笔者属于技术乐观派。随着技术的不断成熟和加速发展,科普图书出版融入 VR/AR 技术的成本将会降低;在人工智能、物联网、大数据、云计算、5G 技术等发展与融合的背景下,VR/AR 技术也将会迎来意想不到的发展机遇,科普图书在内容选择、呈现形式、运营机制上必然会有创新之举。以下属于笔者对未来科普出版发展的预想和展望。

第一,科普图书的出版仍然有纸质化和数字化图书,甚或有融媒体出版之分,但是以 VR/AR 技术做数字出版的比例将放大,甚至大大超过纸质图书的出版。因此,对于出版社而言,建立懂技术的编辑团队迫在眉睫。在策略选择上,在策划阶段将超出业务能力的难点外包给 VR/AR 技术公司,并指定编辑进行对接,不在技术弱项上盲目自信,最大限度强化 VR/AR 编辑流程,同时,编辑也要多加学习相关技术知识,避免因知识盲区而影响项目进程。

第二,结合 AR 技术的科普出版与结合 VR 技术的科普出版数量比例将会接近。也许少儿科普图书运用 AR 技术的偏多,实用类科普图书(如教材、教辅)运用 VR 技术的偏多,但这是暂时的。未来 VR、AR 技术也许会融合,你中有我,我中有你,难以区分应用的是 AR 还是 VR 技术,也许叫作混合现实(MR)技术更为贴切。

第三,一个头显足以应对所有新型出版物。随着技术的标准化,为迎合大众消费模式,学习、游戏、购物、求医等只需要一个 MR 头显,可接入不同的接口,注册唯一的账号。在科普学习或进行科普游戏时,随时切换 AR 或 VR,获得不同的体验。

第四,以科普图书出版为中心,留出广告投放位。如根据科普图书的内容与销售对象的人群构成,在 VR 影片中植入相关的贴片广告,通过在片头或片尾贴片的方式获得广告收入。此外,还可以针对畅销 VR 科普图书进行衍生产品营销,根据图书内容或核心元素推出玩偶,满足读者收藏衍生品的同时,增加科普图书的收入,如昆虫类图书可定制昆虫玩具,太空科技类图书可以开发飞船、星球、火箭等系列玩具。

第五,与人工智能、物联网、大数据、云计算、5G 技术等融合后,未来大众对科普内容的选择和获取方式将会大大改变。这就对科普出版提出了新的要求,如成立技术联盟,联合相同领域的不同出版社进行知识点编码和解码、内扩和外延,同国内外同领域出版社建立数据库联系,进行多类别数据整合,自觉成为数据库的一部分,与大型互联超市主动合作,等等。未来选题的内容也可能会来自大数据等统计分析的结果,寻得用户的难点痛点、热点疑点,实现定制化生产;通过智能搜索引擎和算法精准推送,了解用户的刚性需求和使用感受并落实到细节层面。

第六,知识产权保护的升级。目前出版业的数字化使得盗印、盗存更为快捷,让侵权的成本愈加低廉。使用数字水印技术,可以将重要的版权信息隐藏在图像中,表面并无法看出,但如果有人未经许可使用该图像,可以通过软件检测到版权信息。这一技术的唯一缺点是并不能事前防范,只能在事后取证。但我们相信,针对版权保护的技术措施会不断地发展,盗版者无法盗用服务。因此,数字技术固然重要,而开发数字产品的衍生价值则更为重要。

无论与技术融合深入到何种程度,新闻出版业与何种技术相"+",技术都是行业进步的手段和工具,而非主导。新闻出版业作为文化产业发展中的重要一环,是提升中华民族文化软实力的重要保障,是弘扬社会主义核心价值观、传播中华优秀传统文化的主力军,科普出版也不例外。出版业的核心优势在于传承优质的内容创意资源,丢掉了这个核心,出版者将在未来市场竞争中失去优势。各科普出版单位要正确认识技术在行业发展中的作用,既要未雨绸缪,又不能盲目跟风,要结合各自的实际需求为我所用,打造出符合时代需求、适应读者习惯的优质产品,更好地树立自身品牌,实现行业价值,推动产业健康、持续发展。

参 考 文 献

[1] 魏丹丹. 浅谈 AR 出版的现状及趋势[J]. 中国传媒科技,2018(5):112-113.

[2] 房文卿. VR 在教育类出版物中的应用现状及发展趋势[J]. 信息记录材料,2020,21(11):73-74.

[3] 杨阔. VR/AR 在教育出版中应用的现状与趋势研究[D]. 北京印刷学院,2018,1-65.

[4] 李晗琳,张利敏,曾幸. VR 技术的发展现状[J]. 科学中国人,2017(23):53.

[5] 尹思佳. AR 与 VR 的技术推进与发展前景探析[J]. 当代教育实践与教学研究,2020(4):243-244.

[6] 顾长海. 增强现实(AR)技术应用与发展趋势[J]. 中国安防,2018(8):82-85.

[7] 吴骞华. 增强现实(AR)技术应用与发展趋势[J]. 通讯世界,2019,26(1):289-290.

[8] 吴永春. VR 技术的发展现状及应用领域研究[J]. 电子制作,2017(24):77-78+76.

[9] 陈诗. 生态文明视域下 VR 旅游产业融合发展应用研究[J]. 产业与科技论坛,2021,20(17):16-1.

[10] 张喜贺,李博文,经晓彤. 全球视野下的 AR 技术发展与应用及发展趋势[J]. 记者观察,2020(2):123.

[11] 余艳红. 增强现实技术的研究现状及发展趋势[J]. 湖南大众传媒职业技术学院学报,2016,16(1):

55-57.

[12] 毕秋敏,曾志勇.基于增强现实技术的纸质出版立体化[J].出版发行研究,2014(2):52-57.

[13] 于翠波,李青,刘勇.增强现实(AR)技术的教育研究现状及发展趋势——基于 2011—2016 中英文
期刊文献分析[J].远程教育杂志,2017,35(4):104-112.

[14] 张桢.增强现实技术和产业发展现状及趋势展望[J].新材料产业,2021(3):41-44.

[15] 闫文瑞.VR 技术在出版领域的应用及发展探究[J].视听,2017(7):238-239.

[16] 李慧敏.VR 技术发展现状与未来趋势[J].参花(下),2019(1):142.

[17] 赵明朋.中国 VR 技术的发展现状、应用前景与对策探究[J].技术与应用视听,2018(1):209-210.

[18] 周丹.中国 VR 技术发展现状、应用前景与对策研究[J].电脑知识与技术,2018,14(20),254-256.

[19] 柯莹莹.我国基于 AR 技术的科普类图书创新出版研究[D].北京印刷学院,2018,1-47.

[20] 罗蓓.VR 技术在科普类图书出版中的应用研究[J].新闻研究导刊,2019,10(17):185-186.

[21] 党锐.浅谈增强现实技术在我国青少年性科普图书中的应用[J].质量与市场,2020(15):80-82.

[22] 邓建军,柴孝海,罗广桃.AR 技术在科普读物上的应用研究[J].科技创新与应用,2018(8):
144-145.

[23] 王杨."VR＋新闻出版"开启叙事新时代[J].传媒,2016(17):47-49.

[24] 韩枫朔.VR 技术与图书出版结合的应用研究[J].出版参考,2020(6):46-48,60.

[25] 袭旺.VR 技术应用科普类童书内容适配问题研究——以身临其"镜"系列套装书为例[J].新闻出
版导刊,2021,12(12):215-217.

[26] 杜耀宗.VR 技术在出版领域中的应用现状及对策分析[J].出版发行研究,2017(3):36-39.

[27] 张韵晨.VR 技术在教育出版中的应用研究——以青岛出版集团为例[D].浙江传媒学院,2020,
1-59.

[28] 韩思萌.出版行业中 VR/AR 技术的应用综述[J].新闻研究导刊,2020,11(15):184-185.

[29] 杜晓萍.论 VR 技术在出版实践中的应用[J].出版广角,2017(16):71-73.

[30] 周华清.科普类图书 VR 出版应用研究[J].科技与出版,2017(7):95-97.

[31] 周立,虞宁涛.AR/VR 技术与科普出版创新[J].中小企业管理与科技(下旬刊),2017(6):
192-194.

[32] 王昕晨.基于 AR 技术的专业出版平台构建研究[J].西部广播电视,2020,4(24):33-35,39.

第五章
科普出版中的音视频应用

第一节　音视频概述

一、音频概述

1.音频资料的特点

（1）音频资料的内容特点

其一，直观性。音频资料主要通过听觉器官——耳朵进行接收和利用，其与生活环境中的声流环境类似，能够直观地将资料中所包含的信息与情感传递给使用者。

其二，流动性。音频资料的内容呈单向的流线型，是一种流媒体资料。

（2）音频资料的制作特点

其一，制作成本低。音频资料的获得方式多样，录音机、录音笔等非专业级收音设备多成本低廉；剪辑制作亦可通过非付费软件完成；在互联网环境下，传播无须物质材料，进一步为音频资料的制作节省了固定成本。

其二，制作周期短。音频资料无须对内容进行校正，且文档容量较视频资料小，剪辑制作相对容易，因此整体所需制作时间较短。

（3）音频资料的传播特点

其一，使用场景多样化、移动化。不同于纸质阅读需有灯光条件和座椅等，音频资料的使用不拘泥于时间和地点，只要有播放设备，音频资料可以随时随地使用；由于使用音频资料无须用眼，对注意力的要求较低，因此使用场景更加丰富，可以实现在各种移动场合的使用。得益于物联网场景的普及，音频场景从移动端扩展至车载端、智能硬件端、家居端等各类场景,从而最大限度发挥音频载体的伴随性优势。

其二,媒介多样化。音频资料可以以 WAV、MP3、WMA、VQF 等多种格式,存储于 CD、VCD、DVD、MD、蓝光盘等多种介质中进行传播,用户则可以使用收音机、MP3 等音乐文件播放器以及智能手机等多种设备进行收听。

其三,高用户黏性。据《2021 中国网络视听发展研究报告》,网络音频的使用黏性仅次于短视频。

(4)在线音频传播平台概况

音频媒介是人的听觉系统的延伸,它和人的听觉一起构成独特的"媒介域"。近年来,在互联网高速发展与新兴技术快速升级的浪潮下,大众碎片化的媒介使用习惯与音频媒介强大的伴随性有机地结合,声音媒介以在线音频的形式实现了复归,声音资源得到进一步开发,带动了"耳朵经济"的崛起。2010 年豆瓣 FM 诞生意味着我国首家移动音频平台的形成,之后各移动音频平台陆续上线,音频产业进入了快速发展阶段。

根据 CIC 数据,中国在线音频行业市场规模由 2016 年的 16 亿元增长至 2020 年的 131 亿元,复合年增长率为69.4%。目前,我国在线音频行业平台可分为三个梯队。第一梯队为喜马拉雅 FM,优势明显;第二梯队为蜻蜓 FM 和荔枝 FM;第三梯队为猫耳 FM、企鹅 FM、酷我畅听、喜马拉雅极速版。其中,漫步者(002261)、拓维信息(002351)、恒信东方(300081),以及荔枝(LIZI.US)等在线音频公司已经陆续上市。2020 年在线音频平台第一梯队市场份额为 67.1%,第二梯队份额由 2019 年的 25.1%降为 18.6%,第三梯队市场份额为 9.6%。音频媒介市场在多元力量的推动下正显示出蓬勃的发展势头,价值空间仍在不断增长。

蜻蜓 FM 品牌 LOGO

"有声+车""有声+图书""有声+硬件设备",在线音频传播平台逐渐开始拓展业务边界。例如 2016 年上海图书展之际,喜马拉雅 FM 打造"有声图书馆"的概念,推出"3D 有声书",被媒体评为上海书展的"五大亮点"之一。2016 年 8 月,为打通有声阅读市场,蜻蜓 FM 与掌阅科技、酷听听书、朗锐数媒等建立合作关系,并买下多部小说版权。各大 FM 应用也开始与各大音频设备制造商展开合作,考拉 FM 发布智能音响考拉宝,覆盖汽车和家居两大场景,喜马拉雅 FM 于 2016 年高调推出 H8 降噪耳机、蜻蜓 FM 与黑格科技无线蓝牙耳机 UI 合作,种种迹象可见几大电台在音频硬件设备上发力。

二、视频概述

短视频,指时长一般在五分钟以内的视频,通常借助新媒体平台进行传播。短视频中占比更多的是长度在一分钟左右的视频,因其更符合用户碎片化阅读的习惯。短视频这种短、平、快的大流量传播内容随着移动互联网的普及,迅速获得各大平台、用户以及资本的青睐。

1.短视频资料的特点

(1)短视频资料的内容特点

其一,直观性。视频以连续的图像以及对应音频的复合形式对内容进行呈现,相对纯文字、音频等针对单一感官的资料形态,视频能够以视听结合的内容为用户提供更加直观、丰富的体验。

其二,碎片化。"短视频"顾名思义,时长相对于电影、电视剧、纪录片等视频类型最大的特点是"短",时长一般不超过五分钟,多数时长在一分钟左右。时间短,内容紧凑,用户花费较少的时间成本即可获取信息,"碎片化"时代,短视频时长更符合用户获取信息的习惯。

其三,知识内容深度较浅。与时长的"碎片化"相对应,短视频包含的内容容量有限,对知识的解读与介绍通常无法做到深入透彻,主要以快(快速)、平(平易)的普及性内容或娱乐性内容见长。

(2)短视频资料的制作特点

短视频制作的进入门槛较低。素材通过一部手机就可以进行拍摄获得,而利用手机商城中的初级剪辑软件即可实现对素材的再创造,此类软件功能齐全,可以快速准确地添加字幕、音乐,剪辑出可供发布的作品。短视频发布所需条件也相对简单,在平台开设一个账号,即可快速将短视频进行发布和传播。因此可以说,短视频的制作成本和发布成本都相对偏低。

(3)短视频资料的传播特点

其一,传播速度快,体现直线性。移动互联网时代,视频通过平台传播较为方便。只要有网络,用户就可以获得视频资料。5G 时代的到来,进一步加快了信息的传播速度,也相应加快了短视频的传播速度。短视频可以由生产者仅通过平台这一项中间环节快速传播至用户,实现生产、营销与运营的一体化,方便生产者通过互动等形式直接掌握消费者资料。

其二,传播范围广,具有全龄性、渗透性。目前,国内的短视频平台多样,比如专业的短视频平台抖音、快手等,主攻文字内容传播的同时提供短视频功能的微博、今日头条等,平台的用户分布在各个年龄层,用户在平台上浏览信息时接触到的信息各式各样。每个用户都有自己的人际关系网络,人际关系网络中的任何一个人刷到短视频并对内容产生认同,都有可能通过此人传播到网络中的其他人。短视频因为时间短、内容完整且比文字更加生动,在传播过程中比文字更易被人们获取和传递,文字内容的获取对于阅读能力稍差的人来说更为困难。

其三,传播效率高。短视频平台的信息获取途径除了"已关注"之外,更多的是"推荐"。平台的推荐机制一般为:感兴趣的、可能感兴趣的、现在不感兴趣的。"感兴趣的"是根据用户关注的以及经常浏览的内容推荐同类型视频。"可能感兴趣的"是根据日常浏览的视频或者信息通过算法向用户推荐与用户日常浏览内容相似、相关的内容,预测用户可能感兴趣的内容。"现在不感兴趣的"是指为用户推荐其未关注领域的内容,旨在为用户推荐新鲜的内容,吸引用户的目光,扩大内容受众群体的同时提高平台的竞争力。

2. 短视频传播平台概况

短视频在国内的发展可以分为三个阶段。

（1）萌芽与探索时期（2013—2015 年）

国内短视频出现较早,早期的短视频主要来源于对长视频的剪辑。短视频进入大众视野是从秒拍、微视、小咖秀等早期短视频拍摄与发布平台的出现开始的。2013 年 9 月 28日,隶属于腾讯旗下的微视短视频上线,这一版本的微视只能拍摄 8 秒的短视频,因为微视可以将视频同步分享到微信朋友圈、QQ 空间、好友,所以其主要用户是年轻人。同一时期,国内用户创作内容还处在图文阶段,阅读习惯也未从图文转变到视频,在网络和用户习惯的双重限制下,微视未激起太多浪花。2015 年 5 月 13 日,小咖秀上线应用商场,由一下科技推出的小咖秀定位是草根娱乐视频平台,即一个由用户生产内容的平台,小咖秀视频创作形式有对嘴、合演、原创、鬼畜四种,一下科技旗下的秒拍、小咖秀、一直播三款产品为用户提供了视频创作、分发、互动、社交互动的一站式互动平台,打造了一个专业的移动视频矩阵。因其简单易上手、有趣,且采用与明星互动的推广模式,小咖秀迅速打开市场,抢占了第一批短视频用户,在极短的时间内成为应用商店排名第一的软件。此后,短视频开始在国内发展,市场中的短视频软件也越来越多。

快手视频品牌 LOGO

（2）快速发展时期（2015—2017 年）

这个阶段短视频飞速发展,短视频平台层出不穷,且发展迅速。2013 年,快手从制作

GIF 的工具性软件转型为短视频社区。2015 年 6 月到 2016 年 2 月,在 9 个月的时间里快手用户数量增长了 2 亿,快手用户数量在 2017 年突破 5 亿,每天有数百万的短视频更新,快手的视频内容覆盖了生活的方方面面,且用户分布在全国各地,"社会平均人"的用户定位决定了其内容适用人群之广。

(3)成熟期(2018 年之后)

短视频行业在 2018 年之后,呈现出稳步增长趋势。随着短视频的热度不断提升,短视频平台不断涌现,每天更新的短视频数量庞大,但是创作人群覆盖了全国各个城市、各个行业,导致短视频的质量良莠不齐,整个行业对于优质内容的需求不断扩大。用户的短视频内容观看习惯已经养成,整个行业的用户规模基本稳定,接下来就是各个平台之间的用户竞争,优质的短视频内容更容易获得大量的流量。同时,平台对于优质内容的创作者加大扶持力度,行业的监管制度完善,用户付费意识逐渐建立,平台商业变现模式成熟。这一阶段,短视频行业监管变严促进了短视频的规范发展和运作。

第二节　音视频的主要出版应用

随着全媒体不断发展,出现了全程媒体、全息媒体、全员媒体、全效媒体,信息无处不在、无所不及、无人不用,导致舆论生态、媒体格局、传播方式发生深刻变化,新闻出版工作面临新的挑战。

传统主流媒体(如报、刊)需要深刻分析所面临的挑战和机遇,统筹处理好不同媒体之间的关系,加快建构全媒体传播体系。音视频媒介要想在媒体深度融合和全媒体战略中站稳脚跟,更需要积极适应"四全媒体"的要求。《人民日报》曾这样解读"四全媒体"——全程突破了"时空尺度"、全息突破了"物理尺度"、全员突破了"主体尺度"、全效突破了"功能尺度",可以借此思考音视频媒介面临的发展诉求。

一、知识付费:出版物内容的音视频转化——以喜马拉雅 FM 为例

1.音视频行业规模迅速扩大,与图书联动程度加深

在数字时代到来之前,音频市场以传统广播为主,互联网的迅速发展使得音频市场发生了巨变,在线音频市场迅速扩大。赛立信 2020 年 5 月的调查数据显示,音频媒介吸引的新用户中,超过 60% 通过手机智能终端在线收听广播,年龄基本集中在 25～44 岁。

2019 年中国网络音频行业市场规模为 175.8 亿元,同比增长 55.16%,移动音乐、有声读物、音频直播等各种媒介形式愈加多样,内容逐渐丰富。

而比起书评、"影视综"长视频等专业性的与图书相关的内容形式,短视频时长短,对内容生产者的阅读深度和理解力要求要低得多,较低的门槛使每个人都可以是内容生产者,使图书内容诠释的多主体参与、高频的内容共创成为可能。

此外,在短视频之前,文字、图片、音频、影视等媒介形式存在局限,图书中蕴含的诸多文化内容元素无法被一一解构出来进行传播,而短视频这一媒介内容形式恰能弥补这一点。图书成为短视频内容诠释的丰富来源,例如经典小说可以创作成 5 分钟以内的情景短剧,传统文化中的古诗词可以创作成脱口秀或者旅游风景类短视频,生活技巧类、教育类图书又可以创作成技能类、知识分享类短视频。因此,大量的短视频内容生产者通过拆解书籍中的系统化知识,运用图书、讲书人、场景和其他多种影像,配合音乐和各种动态的可视化创意,创作出大量的碎片化、浅思维的"轻知识"或"微话题"产品。从图书衍生出来的这些短视频信息质量通常较高,其整体的内容质量优于用户自娱自乐所录制的视频,容易获得受众的喜爱。

2. 喜马拉雅 FM 为出版机构拓展知识付费服务赋能

知识付费,是为获取有价值的知识内容而支付费用的行为。随着付费市场的扩大,付费的内容和方式也在不断地丰富和变化,产生了满足不同用户需求的不同内容付费模式,如订阅付费、知识问答、线上沙龙等。

喜马拉雅 FM 作为音频内容的集成与分享平台,汇聚了来自多类型知识内容生产者的产品。其之所以成为我国音频分享平台的头部媒介,在很大程度上依托于其丰富的内容矩阵。而多元化的内容背后是来自不同媒介机构、自媒体人、用户主播等不同的内容来源渠道。付费音频由于承载着更多的内容价值,在内容质量以及体验度上都远超其他的非付费内容产品。基于此,只有在内容生产上具有专业水准、声音质量高的音频内容才会有用户对其进行付费购买。2018 年,喜马拉雅 FM 的付费有声内容就已经超过了138 万条,并且每年的付费内容数量还在保持高速增长。

喜马拉雅 FM 平台的音频付费内容主要有四大来源:平台自制付费内容,专业用户主播生产,与出版社等内容生产商合作,以知识网红为中心的专业团队及机构。

音频付费业务模式和平台自身的日渐成熟壮大,反过来也为出版物生产端——出版机构创造了机遇:出版物的价值得到拓展,与音视频的融合,使得出版物内容得到又一次开发和利用,通过喜马拉雅 FM 等音视频媒介平台,出版物得以突破传统的文字载体,以更加多样的形式传播

喜马拉雅 FM 品牌 LOGO

至更广泛的用户群体之中,满足不同场景下的知识内容获取需求;同时音频媒体平台也为出版机构提供了新的营销渠道,使音频得以"反哺",带动传统出版物的销售。据此,音频知识付费平台与出版机构逐渐形成"共生"的生态。

2020年初前后,北京科学技术出版社联合北京天文馆,整合北京科学技术研究院的学术资源,成立了北京科学技术研究院天文科普研究中心,由北京科学技术出版社数字媒体中心承接具体工作。为打造天文科普传播平台,该中心首先将业务重心放在电子书、有声书之上,在喜马拉雅FM平台设立账号,迅速收获10万以上粉丝,通过天文科普音频节目的持续制作运营,为平台品牌的树立打开了局面。

而早在2015年,喜马拉雅FM便与阅文集团签署了版权合作协议,与全球最大的中文数字阅读平台——阅文集团达成排他性合作。协议签署后,喜马拉雅FM占有有声书版权市场份额的70%。次年8月,喜马拉雅FM又与中信出版集团、中南出版传媒集团、上海译文出版社、果麦文化等多家出版机构签订有声出版的合作协议。网络文学版权和出版物版权成了喜马拉雅有声书版权的主要来源,喜马拉雅FM由此俨然已经成为拥有最多有声出版版权的移动音频平台,越来越多的出版机构与之建立长期、稳定合作关系,让有声书等音频媒介为出版物内容产品赋予更强的生命力。

二、融合出版:音视频与文字阅读的感官融合——以凤凰出版传媒集团为例

1. 融合出版的发展背景

作为人类重要的信息接收通道,视觉和听觉一向是科普出版运营者抢占的发展高地。除了传统的文字、图片等视觉呈现形式外,2013年以来,移动有声书市场也被不断开拓。以懒人听书、喜马拉雅FM等为代表的听书app相继上线,中国移动听书业格局也初步形成。对听觉通道的开发一时成为出版社建立与读者之间亲密连接的重要举措,但在传统的科普出版发展进程中,出版社一直在深挖单一通道呈现的更多可能,而未能解决双通道的交互协作问题。场景的多元化是互联网时代人们生活的重要特征,多元化带来了科普出版亟待解决的问题,即实现科普出版的生活化就必须面对特定的场景与读者对巨大的科学信息需求之间的矛盾。

矛盾的解决有赖于信息的丰富,信息的丰富则有赖于视听感官的双重融合。受众的视觉通道和听觉通道对人类认知的塑造既是相互独立的,又是互为补充的。相互独立表现为认知空间的分野,信息双通道输入扩展记忆空间,节省认知资源,方便了大规模信息的加工。互为补充表现为效果的共赢,独立不意味着对立,视听渠道在大部分的生活场

景中总是相伴而生的,用户通过视听渠道可以实现对九成以上信息的理解,只听不看或只看不听都会弱化对信息要素的把握。

融合出版将多种媒介形式进行整合,让知识内容通过复合形态供用户利用,使其更好地通过视听渠道为用户所接收、理解。

2. 江苏凤凰出版传媒集团的项目实践

在此背景之下,出版物形态由纸电一体逐渐向媒介融合的全媒体形态转变。江苏凤凰出版传媒集团在融合出版领域进行了多方向、多层次的尝试。

早在 2011 年左右,江苏凤凰出版传媒集团就将眼光转向新媒体,将优质纸质图书资源电子化或有声化,快速储备了一批数字精品出版物。面向普通大众,江苏凤凰出版传媒集团同集团下各出版社合力打造了融合出版旗舰平台——"凤凰书苑",该平台汇聚了电子书、有声书、课程讲座、图书推荐等多样的信息资源,通过手机 app,结合图文、音视频等多种媒体素材,为广大读者提供了丰富的移动阅读和图书在线购买服务。

2020 年,集团旗下的江苏凤凰科学技术出版社出版《60 万米高空看中国》,该书由新华社副社长刘思扬主编,新华社卫星新闻实验室编著。2019 年,新华社首创卫星新闻全新报道样式——"60 万米高空看中国"系列报道,反响空前,一上线就获超 50 亿点击浏览、超 2 亿次转发和评论互动。2020 年,新华社与江苏凤凰科学技术出版社携手,将互联网数字技术与纸质图书有效嫁接,新媒体与传统出版物优势互补,《60 万米高空看中国》图书应运而生。该书利用 AR(增强现实)技术,扫描书中 AR 展示页,即可在关联 app 中观看高分辨率的风光图及视频影像;关联 app 中的内容持续更新,依托新华社卫星影像资源,不断为读者提供精美图像、音视频等多媒体形式的附加内容。出版后,该书入选 2020 年度"中国好书",获得业界充分肯定,也为科普图书的融合出版提供了范例。

图书《60 万米高空看中国》

立足在数学、物理、生物等基础学科上的优势出版资源,江苏凤凰科学技术出版社还打造了"凤凰数学网""苏科物理网""苏科生物网"等在线平台,将教材教辅在线阅读、知识问答、讲解视频、学科资讯等资源和服务全面整合,使平台服务与出版物产品销售相互促进,建立与用户之间的直接联系,向知识服务提供者的角色稳步转变,尤其值得一提的是,各在线平台的《视频》专栏，以"线上课堂"的形式为用户提供了便捷高效的知识讲解服务，大大增加了出版物附加价值，视频可以在线存取，让用户可以结合出版物产品，边看边学，结合当下的时代背景考虑，这一服务形式具有极强的优势与吸引力，值得借鉴与发扬。

"凤凰数学网"主页

"苏科物理网"教学视频资源

三、全媒介营销：音视频在图书推广中的运用——以人民文学出版社为例

1. 人民文学出版社的短视频营销实践

伴随着移动互联网的快速发展，当前社会的信息生产方式和传播途径发生了重大变化，人们接收与传播信息的方式也呈现出多样化。短视频是在移动互联网的基础之上的一种新型媒介，满足人们的碎片化阅读习惯。短视频具有内容碎片化、传播速度快、互动性强等显著特点，融合了文字、语音和动态影像，可以更加直观、立体地展示信息和知识内容，因此，短视频在短时间内迅速成为新媒体中不可或缺的一部分。作为一种进入门槛低、传播范围广的新型媒介，短视频被不断运用到各个行业中，出版机构纷纷试水短视频运营。

人民文学出版社基于其庞大的出版资源进行短视频运营，在抖音、微信、快手、今日头条等平台开设了视频号，同时在微博发布短视频，在运营过程中进行了多种尝试。作为较早一批试水短视频的出版社，在大多数出版机构短视频运营出现"水土不服"的情况下，人民文学出版社已经取得阶段性的成果。

人民文学出版社属于较早开始进行短视频运营的出版机构，人民文学出版社早在2016年10月就在微博上发布了第一条视频作品，但真正具有短视频运营的意识是从入驻专业的短视频平台开始的。早期人民文学出版社在微博平台发布短视频的频率极低，一年只有四五条短视频作品，在这少数的短视频中还存在随手拍摄分享实时动态的内容，例如，《哈利·波特与被诅咒的孩子》一书的新书发布会上，便将图片集合制作成了视频的形式；在《燕子最后飞去了哪里》新书发布会上，工作人员又随手拍摄了一段十几秒的发布会现场的视频。早期人民文学出版社还没有树立短视频运营的意识，只是跟随潮流尝试制作短视频，所以人民文学出版社真正开始进行短视频运营是在入驻抖音平台并发布第一条短视频作品时，其在抖音平台的第一条短视频作品发布于2018年的5月31日。

人民文学出版社在抖音、快手、微博、微信等平台都有自己的官方账号，其中快手平台的账号于2020年2月17日发布第一条短视频作品，截至2021年3月3日，已发布作品数为186，粉丝数2.1万。整体来说，入驻时间短，作品内容和抖音平台内容重复，运营方式也存在重复。人民文学出版社在微信视频号功能上线之后，获得了第一批的邀请码，开始了微信视频号的运营，账号已发布视频401条，简介为"用文学丰富生活"，微信视频号受关注度较低，点赞数多在50左右，少数视频点赞数破百，视频内容与抖音基本重复。此外，人民文学出版社还在哔哩哔哩开设了官方账号，账号已发布视频49条，其中超过10分钟的视频有17条，截至2021年3月3日，账号粉丝数为4 529，视频总获赞

数为5 430，人民文学出版社利用平台特性发布长视频，并设置相应栏目，如"在家勾书单""好书翻翻看""大神带你涨芝士""云游故居"等。视频样本较少且更新周期不稳定，故不作为主要研究对象。

抖音和快手两大短视频头部平台是短视频竞争的代表，相对来说，人民文学出版社的抖音账号运营时间更长、运营手段更加成熟。微博有别于专业的短视频平台，它更偏向于资讯平台，但是因为微博早在2013年就上线了秒拍功能，并在近几年的发展中不断更新、强化了微博的视频功能，人民文学出版社在资讯平台上进行短视频运营和专业的短视频平台运营情况如下。

抖音平台账号运营概况：人民文学出版社于2018年5月底在同名账号"人民文学出版社"发布了第一条抖音作品，截止到2021年3月3日，共发布作品490条，总获赞数为48.4万，平均获赞数为984，粉丝数为48.9万。商品橱窗开设时间较晚，目前自卖图书只有8种，推荐图书有22种，自卖图书指的是可以直接在抖音平台付款购买的图书，推荐图书需要跳转到购物软件才能进行购买。早期人民文学出版社在抖音平台发布作品的频率不稳定，有时一天发几条，有时间隔一两个月更新作品，这种不定期更新的模式难以实现用户留存。目前，该账号保持每天更新作品，在这个转变过程中，粉丝逐渐增加，作品的相关数据也在慢慢提升。同时，人民文学出版社在抖音平台开设了其他账号，如"人文社哈利·波特工作室""文学间谍""人文读书声"（人文社数科部），这些账号开设时间短，发布作品较少，但从2020年11月9日首次发布视频至同年12月27日，近一个月时间内累计发布视频40余条，粉丝量和获赞数也均从个位数增长至四位数。

微博平台账号运营概况：人民文学出版社同名微博粉丝数超95万，目前已发布微博9 700多条。人民文学出版社微博第一次发布短视频是在2016年，这之后的两年中发布过几次短视频作品，直到2018年，短视频作品数量才开始多起来，视频的内容和制作水平也渐渐专业起来，总发布短视频数量超过400条。

此外，人民文学出版社的相关账号有"人民文学外国文学""人民文学杂志社""人民文学出版社古典文学编辑部""人民文学出版社当代文学编辑部""人民文学出版社文化编辑室"等，这些相关账号也有短视频的运营，但是相对于"人民文学出版社"这个账号来说，属于一种业余的运营，人民文学出版社的短视频运营主要体现在同名账号的运营上。

2. 我国出版机构图书营销的短视频运营模式

目前，我国出版行业的短视频运营主要有以下三种模式。

（1）出版机构自主运营

出版机构组建自己的专业视频制作团队，并在短视频平台等社交媒体上开设自己的官方账号来发布作品。截至 2021 年 5 月,抖音平台上已有超过 400 个经过认证的出版社官方账号,其中粉丝量在 10 万以上的账号有 12 个,粉丝量过万的账号有 43 个。比如,磨铁图书于 2018 年 3 月在抖音平台开设同名账号,并于 3 月 20 日发布第一条视频作品,截止到 2021 年 3 月 3 日,磨铁图书抖音账号已发布作品 790 条,视频总获赞数达 1 016.1 万,平均每条视频获赞数为 1.2 万余次,粉丝数 86 万余人,并且已经推出多达 15 个的短视频合集系列,这些合集类型包括单本图书讲解系列、福利活动系列、图书预告系列、主播配音系列,以及经典台词搞笑系列等。出版机构有效利用自身的内容资源,将图书内容创造性地展示在视频中,创作出的视频质量有保证。出版机构自己运营短视频账号,更能够把握图书的内容,在讲解上更加专业,并且自主运营短视频账号有利于塑造出版机构的形象,提升品牌影响力。在自主运营的过程中,通过搜集、整理用户的评论及时了解用户的需求和喜好,还可以与用户沟通互动,增强用户黏性。

(2)出版机构与短视频达人合作

短视频平台会有一些头部主播,这些人一般拥有专业团队,账号粉丝数多,粉丝活跃度和黏性都有一定保障,一般被称为"短视频达人"。出版机构多与这些达人合作,通过达人的账号发布推荐图书的视频作品,开展短视频运营。在短视频平台上有不少做图书推荐的达人,比如抖音平台的"图书放映菌",迄今为止发布作品 342 个,作品总获赞数为 836.4 万,粉丝数量为 55.7 万。该账号将作品整理成不同合集,有"高甜小说"系列、"拯救书荒"系列、"创意书合集""立体书合集""大神推文"等。这些合集的播放量从几百万到一千多万不等,每一条视频都直接挂出图书购买链接,用户可以直接点击进入商品详情页,详情页中可以看到这些图书所属店铺包括磨铁图书、博集天卷、当当网、中信书店等,该账号推荐的图书多是来自合作出版机构的图书。这些图书推荐类账号的粉丝多是因为共同爱好集结在一起且对达人的信任度较高,出版机构通过这种方式进行的图书宣传能够产生更好的效果,有益于出版社品牌的建立和获取粉丝资源,进而促进流量转化,形成购买力。

(3)出版机构与短视频平台合作

与平台合作就是出版机构与短视频平台签订协议,短视频平台的专业策划团队根据平台特点来为出版机构定制并拍摄短视频。短视频平台的策划团队可以对其平台用户的需求进行分析,在此基础上进行策划、提出方案,并且在视频发布之后对视频的数据进行监控跟踪,获取视频信息的传播数据,根据不同情况采取相应的措施,以达到信息传播效果的最大化。平台的团队有资源优势,可以通过大数据分析和算法推荐,帮助出版机构更加了解受众,将短视频精准推荐给目标用户。中信出版社和抖音有过一次图书营销的合作,此次合作使得《S. 忒修斯之船》一书迅速成为平台的网红图书。此外,有出版机构在线上商店开展销售活动的时候也会借助短视频平台的影响力,比如,北京联合出版公司的"所谓情商高,就是会说话"书系、吉林美术出版社的《厚黑学》等图书在淘宝、当当等线上商店售卖时,会在书籍详情页面上标注"抖音推荐",借助短视频平台的影响力,为书籍贴上"网红"的标签。

目前,国内出版机构在运营短视频过程中大多采用自主运营的方式,而短视频的超大流量对于营销来说是一个很好的渠道,所以短视频运营成了图书营销中的一个不可忽视的途径,出版机构需要寻找更有效的运营手段来解决现有的问题。

四、全平台营销:出版行业引入音视频平台渠道——以抖音为例

1. 新媒体营销平台异军突起

近年来,在新媒体运营模式兴起的推动下,传统出版一直在探索从单纯的图书生产者向知识服务提供者转型的模式。对于传统出版机构来说,转型的深层意义不仅仅是提高销售业绩,更要求出版社在转型中具备立体的信息传播理念。以新媒体营销为代表的互联网营销、宣传的思维,已经渐渐深入出版行业,不断重塑着传统渠道。

2020年,疫情推动出版社迅速地进入了以直播为主要传播形式的新媒体营销的全新阶段,专家称其为全民直播爆发的元年。出版业出现了直播一片繁华的景象。《2020淘宝直播新经济报告》数据显示,淘宝直播成交金额增速 Top10 行业中,图书音像位列第三,仅次于汽车和大家电。

一时间,各大出版社纷纷进入网络直播带货模式,人民文学出版社、中华书局、中信出版社等大社,纷纷联合京东、当当、天猫、抖音等平台,策划直播活动。

2. 抖音引领网络视觉营销热潮

《2020年抖音数据报告》显示,抖音日活跃用户已超过 6 亿,成为排名第一的社交类短视频平台。基于抖音平台的图书营销模式可大致分为以下四类:

抖音平台 LOGO

(1)网络视觉的图书短视频营销

基于视觉的短视频场景营销是以互联网为媒介,结合用户的视觉习惯创建与用户日常生活相关的"消费场景",引入网络直播等互动形式,吸引用户注意力,将图书产品的特性和功能传递给用户的一种营销模式。通过建立图书产品和用户的连接,联结线上线下营销渠道,引导用户进行线上交流和消费。

"直播+出版"的网络运营模式已渗透进图书营销的各个环节,通过网络直播的互动

创新了出版机构与读者的线上沟通方式,线上"面对面"的直接交流构建了场景化的直播消费。出版机构也可利用直播形式将线下营销活动全面展现在读者面前,带来身临其境的真切感受,促使读者对出版机构和文化品牌形成全方位、立体化的认识。这一模式的优势在于,根据读者的实时评论反馈,出版机构可以及时优化和调整直播细节,精准把握读者需求。在直播带货的过程中,出版机构也可以通过分发优惠券、整点秒杀、点赞抽奖等互动活动持续吸引流量,激励读者消费购买。

(2)植入式图书短视频营销

植入式短视频场景营销是图书机构借助意见领袖、网红、热门博主的影响力,在短视频中植入广告,改变品牌形象,吸引用户购买的营销模式。核心环节是短视频场景中的人,使博主使用图书的感受与视频主题一致。将图书产品融入场景中,建立品牌与用户生活场景的连接,实现故事场景与生活场景的连接,进而传达图书产品的理念,提高图书的影响力和品牌知名度,引起用户对图书的兴趣。

(3)社群式图书短视频营销

社群式图书短视频营销基于目标用户对品牌和人格魅力的追求,以短视频方式通过社交网络媒体传播品牌和图书产品,获取大量的流量和粉丝群体,以此建立用户和图书的连接。借助于社交媒体平台的迅速化传播,引起不同社群成员之间的共鸣和对图书产品的认同感,实现高度转化。短视频场景营销基于社群力量来扩大营销范围,实现用户与图书的连接,并将其转化为消费群体。

出版机构通过设置热议话题和热门标签能有效聚焦用户关注内容核心,激发群体广泛参与短视频内容生产的热情。如出版机构积极参与抖音发起的相关热议话题的讨论不仅能获得平台支持,增加短视频推荐权重,提升曝光度,还能为内容生产提供创意和思路。

(4)UGC图书短视频营销

UGC图书短视频场景消费模式,指的是让消费者亲自参与,通过多种渠道回归消费者的生活场景之中,由消费者担任主导,制作并传播品牌信息。抖音等短视频运营平台采取了"PGC+UGC"的内容生产模式,专业内容生产者为打造爆款视频,形成流量热点,提供了内容支持和素材模板,配合较低的技术门槛,人人都可以打造爆款视频,成为流量中心,极大调动了用户参与内容创作的主观能动性,也为图书出版发行商利用短视频进行图书营销推广提供了技术支持。

新媒体传播手段,如音频、短视频以及直播节目,之所以能够吸引大多数消费者的注意力,是因为这种传播手段能够直接连通目前最主流的社交媒体形式。例如,交友及个人信息发布平台,如微信、微博平台,以及各类社交平台、网购平台,其用户覆盖面及信息传播速度远远超过传统出版行业目前利用的出版宣传渠道。

　　新媒体营销作为一种新型的信息发布和营销手段,因其突破了地理空间,便于操作、带货无障碍以及互动性强等,或将成为一种常规操作而持续存在,并很可能将会常态化、专业化。对传统出版来说,适应新型业态发展是反应速度的比拼,考量着出版社对自身发展格局、产品形态的整体战略布局调整的反应速度,同时考验着出版人应对新形势下出版业态的转型所必备的自身业务素质。如何在最短的时间内,以最快的速度,整合多年积累下来的内容资源,通过新型的传播手段,将出版信息发布在新媒体上,并将其转化为生产力和竞争力,是出版行业面临的全新挑战。

第三节　短视频的科普出版实例

　　随着场景时代的转化,科学与其他情境的适配度在不断提升,汲取科学知识可以成为日常生活中的一部分。除了普及教育功能外,科普出版也被受众赋予了新的角色期待。

　　科普读物需要生活化,需要在用户的生活场景下构建新的角色认同。为了适应人们日益碎片化的注意力,媒介产品的"短""微"特征越来越明显,而场景时代最突出的"短""微"媒介产品就是短视频。据艾瑞调查披露的数据,短视频的市场渗透率高达72%,覆盖了6.27亿用户。庞大的市场规模与突出的用户需要,使短视频为出版业科普出版形式的融合创新带来新的生机。

一、"科普中国":集合型科普出版资源平台

　　2014年,中国科协对科普短视频进行了定义,即"由机构或个人制作、版权清晰、无知识产权纠纷的,普及科学技术知识、传播科学思想和弘扬科学精神为主要内容的、时长为30秒至20分钟的小电影、动画片、纪录短片等视频作品",这标志着科普短视频首次从科

科普中国品牌LOGO

普影视作品的定义中分离出来,成为独立的数字科普出版产品形态。

经过数年的发展,科普短视频在科普数字化中扮演越来越重要的角色。中国科协在2014年12月发布的《中国科协关于加强科普信息化建设的意见》中明确指出,要综合运用短视频等多种形式,实现科普从可读到可视、从静态到动态的融合转变。2018年6月,中国科普研究所发布的《中国科普产业发展研究报告》也提及,包含 VR、AR、MR 的短视频新媒体科普渐成主流。2019年,腾讯新闻数据实验室与清华大学联合发布的《健康传播报告》则显示,2019年上半年,腾讯新闻中健康类图文科普阅读量为19亿次,短视频科普阅读量则达到22亿次,短视频在传播效果上已经实现了对传统图文的反超。这都表明在科普数字出版的进程中,科普短视频这一出版产品形态的优势、局限性和发展策略都极具研究价值。

"科普中国"是中国科学技术协会为深入推进科普信息化建设而塑造的全新品牌。它已经打通了科普的短视频渠道,成功创作了点赞百万的新型科普产品,赢得了形式创新的出版红利。"科普中国"关注环保与健康等与公共利益密切相关的出版领域,并打造了"旷野青春"与"轻健康计划"等系列短视频,以提升受众的环境与健康素养。"旷野青春"将科普课堂搬入自然原野,用真实的场景反馈科学的内容。"轻健康计划"则让受众与知名医学专家面对面,每天一则短视频及时解决受众关心的健康问题。

"科普中国"自设微信公众订阅号开始,截至2021年5月,该订阅号已发布有1251篇作品,日均发布3篇文章,每篇文章平均约10万阅读量,点赞量平均约400个,发布内容涉及健康知识、生活常识、食品搭配、新冠肺炎等内容,每篇文章均搭配多张图片,基本不超2 000字,内容以转载居多,主题皆是群众关心的话题。平台另设抖音账号,粉丝量为143.2万,获赞量为570.5万,发布作品909个,平均每天更新1~2条视频,基本是将已有视频稍做修改后发布,主题涉及健康知识、生活常识、食品搭配、新冠肺炎等内容。

"科普中国"这一平台将文字、音视频(以短视频为主)、研讨活动等多种科普资源汇聚在一起,既是传播渠道,同时也是科普创作的孵化器,能为公众提供多种视听形式的科普内容,助力科普产业整体繁荣发展。

二、"智汇三农":综合性知识服务平台

由中国农业出版社打造的"智汇三农"农业专业知识服务平台近年来先后入选2019年度数字出版精品项目、国家新闻出版署"读掌上精品庆百年华诞——百佳数字出版精品项目献礼建党百年专栏",荣获第五届中国出版政府奖网络出版物奖等荣誉。

中国农业出版社立足"三农"开展出版工作,在60多年的发展过程中积累了大量精品、权威的农业专业内容资源,面对新传播技术快速发展下"三农"领域阅读服务需求的

升级,为了创新知识服务模式、再次发挥内容资源优势,满足用户查询、阅读、学习等需要,出版社从内容资源整理加工、知识体系构建、新技术赋能入手,精心打造了"智汇三农"平台。

该平台包括"三农"书城、主题数据库、"三农"信息、出版服务、智汇园地等板块。其中,主题数据库包括中国农艺学全库、中国农业经济全库、中国农业年度数据库、中国农业图片库、中国农业视频库等九大主题数据库。点击进入中国农艺学全库,可以看到这个库按照作物品种分类,收录了各类作物种质资源、育种、栽培、施肥等信息,并且以图、文、视频等多种手段立体展示。

"智汇三农"平台在建设过程中摸清了资源及平台建设思路,把优秀的历史内容资源进行了梳理和加工,建立了一系列标准、完备的知识体系、主题词库等,利用最新的信息及互联网技术,形成了九大主题数据库。平台于 2017 年年初上线,主要向农业专业人员提供知识服务,包括农业院校、农业科研机构、图书馆、农业行政管理部门、农业企事业单位、重点实验室等单位人员。

"智汇三农"平台每年还在不断加入新的知识内容资源,特别是视频类、动画类等教学、培训、宣传急需的多媒体和图片内容资源。随着新传播技术和多媒体资源建设技术的发展,中国农业出版社专门加大了音视频、图片资源建设力度,在"智汇三农"平台开设了中国农业视频库和中国农业图片库,在视频库中提供了种植类、养殖类等实操类视频,在图片库中展现了粮食作物、经济作物等病虫害图片,以及畜牧兽医、水产养殖等原色图谱。出版社还将根据需求的不断变化加强多媒体资源建设,定期在平台中更新资源,以满足教学、培训等需求。

中国农业出版社的实践经验为广大出版机构基于自身优势、优质出版资源,开展短视频出版业务拓展及平台建设,提供了有益参考。

三、上海科学技术出版社:打造科普数字出版矩阵

感官融合为场景时代科普出版的转型升级提供了新的机遇,但现有的融合实践大多依然为"视觉+听觉"的简单叠加,没能真正打造出融合格局。

要想实现感官融合的理论期待与实际效果的一致性,就要牢牢把握融合出版的关键要素,从形式、内容与人才培养上寻求创新之道,真正打通科普出版的感官区隔,实现科普出版的双通道发展图景。

上海科学技术出版社的《科学画报》创刊于 1933 年,是我国历史最悠久、影响最广泛的综合性科普期刊。该刊近年依托其多年积累的科普素材,与专业团队合作制作 3D 科普短视频,作为数字期刊的补充。此外,《科学画报》通过在科普短视频中插入二维码的

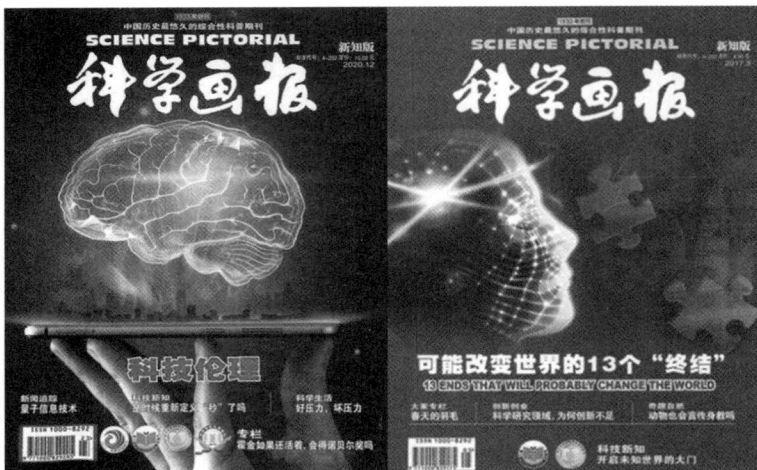

期刊《科学画报》

方式,借助科普短视频强大的传播力为其微信公众号和传统期刊吸引用户,并获得良好的融合传播效果。可见,科普短视频借助短视频平台兴起的传播红利,成为科普数字出版矩阵中强有力的宣传出口。

此外,上海科学技术出版社还打造了双新课程平台、夸课网、三维微视频数字出版科普平台"i 探索"、中国中医案例数据库、SKY 生物医药资源数据库等自营数字平台;开发了移动 T 台(以《上海服饰》杂志为基础的潮流资讯手机应用)、认识地球、认识太阳系、高中物理数字教材、《大众医学》(以《大众医学》杂志为依托的医学手机应用)、医学英汉词典等多个 app 应用产品,从而构建起引领行业潮流的科普数字出版矩阵。

第四节　影响及趋势

一、在全媒体传播格局下,阅读行为感官融合程度日益深化

在顶层设计的宏观指导下,在服务意识不断增强的社会背景下,越来越多的出版社开始关注以数字出版为引领的融媒体发展趋势,这是全新的价值探索,也是在出版行业主观意识层面全新理念的实际体现。

在全媒体传播格局下,音视频媒介的媒介形式、内容生产、价值体现都产生了相应的变化。全媒体传播体系建设为音视频媒介的发展指明了方向,新技术应用、新消费场景、新用户群体为"耳朵经济"和"短视频经济"打开了巨大的价值空间。随着全媒体传播体系的不断深化与成熟,音视频媒介将会有更多、更新的应用场景并将不断下沉市场,以更

加丰富的内容和灵活的服务融入人们的社会生活当中，并与传统出版行业产生更深层次的融合，进一步改变人们的阅读行为与习惯。

在感官融合的趋势背景下，未来出版行业在推进科普出版时应侧重对内容场景化的考量，通过场景、角色、观感互补的建构来输出知识。可以还原场景的知识设计使其更符合受众的认知原理，让受众更好地接受科学知识，强化科学理念，最终达到科学传播的主要目的。在内容选择上需要权衡感官的适配性，调动更多感官的内容以达到更好的传播效果。出版社在内容生产前应策划好内容的感官选择，选择画面搭配解说或音频叠加文字。哪一种感官搭配与科普内容的融合度越高，就采用哪种出版形式。出版行业应力求从内容切入受众日常生活中，给受众带来强烈的内容冲击力与影响力。

二、社会阅读推广短视频化给图书线上销售带来的机遇与挑战

抖音、快手等短视频社交媒体平台的兴起，为社会化阅读推广提供了全新的渠道蓝海，同时也促使线上销售渠道迎来大变革：实体渠道在用户注意力缺失、线上渠道折扣压制等压力下进一步萎缩；传统电商平台也遭分流，规模受到一定挤压，开始寻求引入短视频传播、直播售书等模式。

在此背景下，出版机构逐渐摸索建立双矩阵图书营销模式。图书营销的内容输出在于将读者由"浅阅读"向"深阅读"、由潜在读者向忠实读者转化。短视频平台作为图书营销矩阵中的一环，在于将具有图书"浅阅读"特质的视频以碎片化的形式进行传播。双矩阵图书营销模式主要包括两个方面，其一是出版机构官方抖音号与个人图书营销抖音号之间建立的矩阵模型，不同的传播主体之间建立的图书营销矩阵主要表现为"一号对多号"及"小号养大号"的模式，各个图书营销抖音号的功能各不相同，出版机构抖音号重在推广宣传，个人抖音号重在引流带货；其二是短视频与其他媒体之间建立的图书营销矩阵模型，不同的传播媒介之间建立的图书营销矩阵表现为短视频平台与微博、微信、今日头条、当当、喜马拉雅等媒体平台形成的传播格局达到"1＋1＞2"的良性效果。

三、短视频直播平台的快速崛起使出版物销售倒逼生产环节改革

在抖音、快手等短视频直播平台引流能力爆发的背景下，适应此类别平台主要用户的消费特点，许多出版单位已开始陆续制定具有适应性的销售策略，甚至一批专门面向特定平台的"抖音书"陆续诞生。

根据用户画像，二三线城市的中产阶层是抖音的主要用户群体，针对其消费水平、消费习惯、审美习惯等，严格控制产品固定成本率，以达到"高定价、低折扣"，实现低价走量的"抖音书"逐渐萌芽，这类产品因出版周期较短、对成本控制要求较高，因此，内容及印

刷质量较难有保证且在低价书、低折扣书占领渠道主流后,其余产品在渠道中的生存空间进一步遭受挤压,造成"为售而售,越售越亏"的行业乱象。

渠道变化倒逼生产改革,这是用户本位方针下产业发展的必然趋势,也是出版企业积极适应市场需求变化、寻求经营突破口的良性尝试。"直播售书热""抖音书"等现象的产生,表明出版行业已脱离"闭门造车"的封闭状态,进入更深层次的市场化经营阶段,真正将"读者导向""用户思维"落到实处,打造真正适应公众精神文化需求的文化产品。但同时,也要警惕渠道对出版行业的反噬,特定平台的运营并不具有稳定性,各出版单位不应过度依赖、跟风投入过多精力;对于不适应平台主流用户消费需求的产品,其营销费用与人力等难免被侵占,造成出版资源分布不均,出版布局失衡;此外,一味地迎合相对中低端的阅读需求,不是一种引导读者进步、引领文化发展方向的良性发展模式,不具有可持续性,无法充分体现出版单位的社会责任与担当。故即使在行业热潮之中,各出版机构也应理清思路,审慎做出业务规划与方针决策。

四、泛娱乐化后,知识性内容回归诉求日益突显

伴随着移动互联网的飞速发展和移动智能终端设备的大量普及,短视频在我国实现了快速发展。以抖音、快手为代表的短视频社交平台,成为大众获取知识、信息、社交娱乐的重要途径。随着短视频社交平台的兴起,"泛娱乐化"的现象也从过去的电视媒介扩展到了社交媒体平台上。长期以来,短视频平台的泛娱乐化内容过剩,搞笑、猎奇、刺激眼球的内容往往获得更多的转发和关注。在泛娱乐化的背景下,传统的科普内容制作成本高、内容冷门、播放时间长等劣势慢慢暴露,有价值的科普内容也逐渐被碎片化的信息流所淹没,受众越来越陷入小众"圈层"的算法推送机制中,从而导致公众只能收看、收听到符合算法的同质化内容,逐步被自身的"信息茧房"所包围。

但与此同时,这一类短视频社交媒体平台也为新的科普内容提供了传播"战场",给科学传播带来了机遇。当前,我国正处于创新驱动的发展阶段,科学传播的重要性不言自明,科学传播被看作是与科技创新同等重要的"两翼"。随着信息化技术的不断发展,公众对于科普的需求显著提升,创新科学传播方式、有效提升科学传播效果成为社会普遍关注的话题。

随着社会信息化程度的提高和我国多年科普工作的积累,公众的科学素质和媒介素养不断提升,我国的科普环境有了很大的改善,但伪科学、谣言等信息依然存在于互联网的各个角落。短视频在社会教化方面具备突出的优势,"科普中国""智汇三农""回形针"等一系列优秀科普品牌已为我们做出有益的探索,下一步我们还需建设传播效果更好、架构体系更加完善的科普传播矩阵,相信科普短视频出版将大有可为。

参 考 文 献

[1] 张聪聪. 出版机构短视频账号运营众生相[N]. 中国出版传媒商报,2021-10-29(005).

[2] 吴凡. 短视频社会化阅读推广的发展动因、传播价值及反思[J]. 图书馆,2021(10):63-69.

[3] 亢姿爽. 书业抖音短视频影响力指数排行榜[J]. 出版人,2021(10):64-66.

[4] 张雪娇. 多形态融合多渠道传播[N]. 中国新闻出版广电报,2021-09-27(005).

[5] 王迪. 有书有景 720 度沉浸式体验出版业拥抱新科技[J]. 民生周刊,2021(20):50-51.

[6] 谷雨. 浅析传统出版行业与新兴媒体融合发展的突破口[J]. 编辑学刊,2021(5):18-24.

[7] 陆朦朦. 图书推荐类短视频叙事策略及其传播效果研究[J]. 出版科学,2021,29(5):71-79.

[8] 孙开晗. UGC 模式下移动音频产品的生产与传播分析——以喜马拉雅 FM 为例[J]. 视听,2021
    (9):180-181.

[9] 莫军生. "云听":音频传播的融合创新[J]. 传媒,2021(17):29-31.

[10] 杨帆. 出版行业新物种[J]. 出版人,2021(9):15-22.

[11] 郝建伟. 图书出版机构的融媒体建设和创新[J]. 传媒论坛,2021,4(16):93-94.

[12] 陈禹安. 短视频、长直播:出版机构视频账号探索[N]. 中国出版传媒商报,2021-08-20(010).

[13] 孙浩瀚. 传统出版向数字出版的转型及创新[J]. 中国传媒科技,2021(8):106-108.

[14] 朱子悦. 移动互联背景下音频媒介的发展研究[D]. 济南:山东大学,2021.

[15] 李琳. 移动网络音频平台的付费内容研究[D]. 贵阳:贵州民族大学,2021.

[16] 龚康,徐萍. 浅谈音频分享平台在移动互联时代的生存现状——以"播客"为例[J]. 今古文创,2021
    (16):117-119.

[17] 郑乐乡. 融媒体背景下新形式科普读物策划创新[J]. 新闻文化建设,2021(7):53-55.

[18] 赵伦,卜彦芳. 全媒体传播背景下音频媒介的价值挖掘[J]. 视听界,2021(2):16-20.

[19] 郝培茹. 我国少儿科普图书发展现状与策略研究[D]. 青岛:青岛科技大学,2020.

[20] 薛小情. 互联网时代的科普畅销书出版传播研究[D]. 上海:华东师范大学,2020.

[21] 杨琳,张昊云. 数字科普出版视域下短视频发展策略研究[J]. 科技与出版,2020(5):49-53.

[22] 周敏,林苗. 科普出版:从通道叠加到感官融合[J]. 科技与出版,2020(2):102-106.

[23] 伍思璇. 论科普类图书如何借力融媒体转型树立精品品牌[J]. 科技传播,2019,11(24):150-151.

[24] 张俊,刘洋,翟红村. 少儿科普图书的现状及发展策略分析[J]. 内江科技,2015,36(12):120+62.

[25] 王宁. 少儿科普图书的现状及发展策略研究[J]. 出版广角,2014(10):112-113.

[26] iResearch. 中国短视频行业研究报告 2017 年[R]. 艾瑞咨询系列研究报告,2017:12.

[27] iResearch. 中国短视频企业营销策略白皮书 2019 年[R]. 艾瑞咨询系列研究报告,2019:12.

[28] 张琨. 浅析智媒时代新浪微博的短视频传播特征[J]. 西部广播电视,2020(08):35-36.

第六章
科普出版中的数据库技术及应用

第一节 数据库概述

一、数据库的基本概念

计算机的发明大大地改变了人们的生产、生活方式,对人类社会产生了深远的影响。计算机不但推动了经济领域的变革,它还推动了文化、科技和生活等领域的变革,从而使人类迈进信息社会。

从 20 世纪 50 年代开始,计算机由科学计算逐渐扩展到数据处理的各个领域。到 20 世纪 60 年代末,数据库技术作为数据处理的一种新手段迅速发展起来,成为应用最广泛的计算机应用技术之一,也是计算机信息系统和应用系统的核心技术和重要基础。

数据库(database)是在计算机设备上存储和管理数据的"仓库"。"数据库"的定义为以一定方式储存在一起、能与多个用户共享、具有尽可能小的冗余度、与应用程序彼此独立的数据集合。

接下来,让我们了解一下数据库系统的几个基本概念。

1. 数据(data)

数据是存储在数据库中的基本对象,机器可以将其识别为用于记录实际信息的符号。在计算机领域,数据的概念不再局限于一般意义上的数字,数据是人们记录下来的、反映客观世界的可识别的物理符号,如文字、图形、图像、声音等可由计算机接收和处理的符号。

信息是通过对数据的解释、推理、归纳、分析和综合而获得的有意义的内容。因此,数据是信息存在的形式。只有经过解释或处理的数据才能成为有用的信息。

2. 数据处理(data processing,DP)

收集到的数据可以被处理、组织和转换,以获得有价值的信息。数据处理是指将数据转化为信息的过程,是以各种形式收集、存储、处理和传播数据的活动的集合。

3. 数据管理(data management,DM)

数据处理中的关键是数据管理。数据管理是对数据进行有效的收集、分类、存储、检索、处理、维护和应用的过程。

数据管理历经了三个阶段,分别是:

(1)人工管理阶段(20 世纪 50 年代中期以前)

计算机出现的初期,主要用于科学计算,当时的计算机没有大容量的存储设备,只有磁带、卡片和纸带。人们把要计算的数据通过打孔的纸带送入计算机中,计算的结果由用户自己手动保存。处理方式只能是批处理,而且数据不共享,不同程序间不能交换数据。数据没有任何独立性。

(2)文件系统阶段(20 世纪 50 年代中期至 20 世纪 60 年代中期)

有了磁盘等直接存取的外部存储设备;操作系统中有文件系统可以对数据进行管理,数据采取文件组织的方式;数据可以长期存储在计算机里,并且可以实时联网处理。

(3)数据库系统阶段(20 世纪 60 年代中期以来)

计算机应用越来越广泛,数据管理的规模也越来越大。同时,硬件价格的不断下降使软件开发和维护的成本比例不断上升。采用文件系统作为数据管理的手段已远远不能满足应用的需求了,虽然比人工管理要先进得多,但还存在着数据结构性差、共享度低、冗余度大以及数据独立性差等缺点。

IBM 公司 San Joe 研究所的 E. F. Code 发表了论文《大型共享数据库的数据关系模型》,提出了关系数据库模型的概念,奠定了关系数据库数据模型的理论基础,开创了数据库的关系方法和关系规范化的研究。

4. 数据库(database,DB)

数据库是以特定的组织形式存储的相互关联的数据的集合,可以由多个用户共享。数据库是一个存储数据的"仓库",而这个"仓库"驻留在我们计算机的存储设备上。

数据库中的数据按照特定的数据模型进行描述、组织和存储,具有最小冗余、数据独立性高、易于扩展的特点,可供用户共享。例如,图书馆可能同时有描述图书的数据(图书编号、书名、单价、作者、出版社)和图书借阅数据(图书编号、书名、单价、借阅者、借阅时间)。在这两个数据中,图书编号、书名、单价是重复的,称为冗余数据。

5. 数据库系统(database system,DBS)

数据库系统包括与数据库相关联的整个系统,是基于数据库进行数据管理与信息服务的软件系统,主要由用户、数据库应用程序、数据库管理系统和数据库组成。

一般来说,数据库系统中有两种类型的用户:程序员和终端用户。程序员编写数据库应用程序。应用程序根据需要发出数据请求,数据库完成工作。终端用户以交互方式从他们的终端或客户端向系统转发各种操作请求,并访问数据库中的数据。

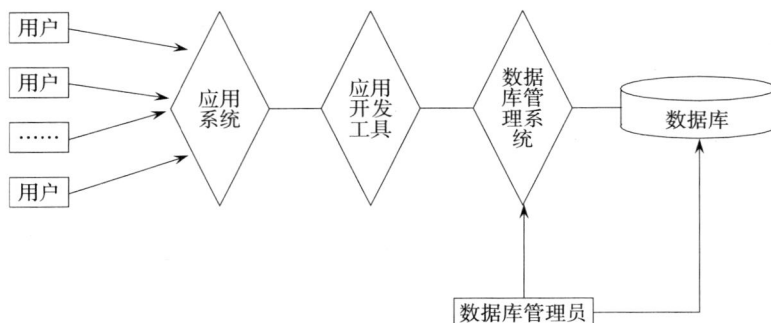

数据库系统构成

6. 数据库管理系统(database management system,DBMS)

数据库管理系统是用于建立、使用和维护数据库中的数据的一系列软件的集合,它对存储在数据库中的数据,进行统一的管理和控制,方便对数据进行访问,并能够保证数据的完整性、安全性和共享性。这种管理机制的描述加上数据库本身,构成数据库管理系统。

数据库管理系统是数据库系统的核心组成部分,主要对数据库进行操纵与管理,实现数据库对象的创建,数据库存储数据的查询、添加、修改与删除操作和数据库的用户管理、权限管理等。

常见的数据库管理系统产品有 Oracle、SQL Server、MySQL、Access、达梦数据库等。

(1)Oracle

Oracle 于 1983 年发布,是世界上第一个开放式商品化关系型数据库管理系统。它采用标准的 SQL 结构化查询语言,支持多种数据类型,提供面向对象存储的数据支持,具有第四代语言开发工具,支持 Unix、Windows NTOS/2、Novell 等多种平台。除此之外,它还具有很好的并行处理能力,主要用于满足银行、金融、保险等企事业单位开发大型数据库的需求。

（2）SQL Server

SQL Server 是微软公司开发的大型关系数据库系统。SQL Server 的功能更加全面和高效。它可以用作企业的数据库平台。与其他大型数据库产品相比，它在可操作性和交互性方面是独一无二的。由于 SQL Server 可以与 Windows 操作系统紧密集成，使其可以大大加快应用程序开发和处理系统事务的速度。SQL Server 可以借助浏览器实现数据库查询功能，并支持内容丰富的扩展标记语言（XML），提供了全面支持 Web 功能的数据库解决方案。

（3）MySQL

MySQL 是瑞典公司 MySQLAB 开发的小型关系型数据库管理系统。目前，MySQL 被中小型网站广泛使用。它具有体积小、速度快、总成本低的特点。MySQL 数据库最受好评的特性是它的开放式架构，甚至允许第三方开发自己的数据存储引擎，这吸引了大量第三方公司。

（4）Access

Access 是一个在 Windows 操作系统上运行的关系数据库管理系统。采用 Windows 编程理念，使用 Windows 特有的技术设计、查询用户界面和报表等数据对象，并提供图形查询工具、屏幕和报表生成器。用户不需要编程或理解 SQL 语言即可创建复杂的报表和界面。但在数据定义、数据安全可靠、数据有效管控等方面，远不如前述数据库产品。

（5）达梦数据库

武汉达梦成立于 2000 年 11 月。它的前身是华中科技大学数据库与多媒体研究所。2008 年，中国软件技术服务有限公司投资达梦数据库，成为公司第一大股东。达梦数据库产品已成功应用于国防、军事、公安、电力、电信、审计、交通、电子政务、税务、国土资源、制造、消防、电子商务等 20 多个行业和领域。装机量超过 10 万台，在华中、华南地区具有相对比较明显的优势。

一个典型的数据库设计开发一般有以下几个步骤。

1.需求分析

完成对应用环境的需求收集和分析。在需求阶段收集到的基础数据和数据流程图是进行下一步概念设计的基础。一般包括以下四个方面。

（1）收集资料

由数据库设计人员及用户共同完成，强调各级用户的参与。

（2）分析整理

对收集到的数据进行抽象。

（3）数据流程图

用数据流程图描述系统的数据流向和对数据的处理功能。

（4）数据字典

除了数据流程图外,还要从原始的数据资料中分析整理出以下数据信息:数据元素的名称、同义词、性质、取值范围、提供者、使用者、控制权限、保密要求、使用频率、数据量、数据之间联系的语义说明、各部门对数据的要求及数据处理要求等。

2. 概念结构设计

在信息结构和概念模型的设计中,对需求分析得到的用户需求进行抽象的过程就是概念结构的设计,包括实体集的定义、关系的定义、属性的定义,以及全局实体关系图（entity relationship diagram）的设计,并尽量消除冗余。

3. 逻辑结构设计

将概念框架设计阶段设计的全局实体关系图转化为特定 DBMS 支持的数据模型的过程。要考虑具体的 DBMS 性能和数据模型的具体特征。它分为三个过程:实体关系图向关系模型的转换、数据模型的优化和用户子模式的设计。

4. 物理结构设计

它是为给定的逻辑数据模型选择最适合应用环境的物理结构的过程。此过程通常分为两步,一是确定数据库的物理结构,主要指关系型数据库中的存取方式和存储结构;二是评估物理结构,注重时间和空间的效率。

5. 数据库的实施

开发者根据确定的逻辑设计和物理结构,对应用程序进行编译和调试,组织数据入库并进行试运行。

二、数据库的发展历史

1. 国外数据库发展简介

数据库产生于 20 世纪 50 年代,当时的数据管理非常简单,数据通过机器打孔卡进行处理,机器将运算结果打印在纸上或制成新的打孔卡。而数据管理就是对这些打孔卡的物理存储和处理。

1950 年,雷明顿兰德公司(Remington Rand Inc)的一台名为"Univac I"的计算机装备了能够每秒输入数百条记录的磁带驱动器,从此彻底改变了数据管理。1956 年,IBM公司生产出了第一个真正意义上的磁盘驱动器——Model 305 RAMAC。该驱动器有 50个磁盘,每个磁盘的直径为 60.96 厘米,可以容纳 5 MB 的数据。使用磁盘的主要优点是可以随机访问数据,而穿孔卡和磁带只能按顺序访问数据。

IBM Model 305 RAMAC 磁盘驱动器

到 20 世纪 60 年代,数据库技术进一步发展。计算机开始被广泛用于数据管理,这对数据共享提出了越来越高的要求。当时的文件系统已经不能满足人们的需求,能够以集成方式管理和共享数据的数据库管理系统应运而生。

数据模型是数据库系统的核心和基础,任何一种数据库管理系统软件都是基于特定的数据模型开发的。因此,传统的数据库管理系统一般根据数据模型的特点分为三类,分别为网格模型数据库、层次模型数据库和关系模型数据库。

1964 年,通用电气公司的查尔斯·巴赫曼成功研制出世界上第一个网状数据库管理系统——集成数据存储(integrated data store,IDS),为网格模型数据库奠定了基础。在数据库发展的漫长历史中,集成数据存储发挥着重要的作用。

1968 年,IBM 公司推出了层次模型的信息管理系统(information management system,IMS)数据库系统,并于 1969 年在美国数据系统语言协会的数据库工作组发表了一系列报告,提出了这一概念。

20 世纪 70 年代和 20 世纪 80 年代,数据库技术快速发展,一些网络模型数据库系统和层次模型数据库系统应运而生,并进行了大量的关系数据模型的研发工作。关系数据库理论和关系模型数据库系统日趋完善。关系模型数据库由于其优势,逐渐取代了网络模型数据库和层次模型数据库。关系模型数据库系统仍然是目前最重要的数据库系统。

在 20 世纪 70 年代,数据库的数量和规模急剧增加。到 1975 年,数据库总数已超过 300 个,而在 1975—1980 年,数据库的数量增加到 600 个。与此同时,除了美国政府部门正在开发的数据库外,商业公司也开始开发制作数据库。许多数据库开始注重人们的普遍需要和关心的内容,并且内容变得越来越多样化。例如,书目数据库,含金融、经济、销售和工业制造商目录;非书目和全文数据库,如参考指南等,开始受到人们关注。

在这个阶段,美国数据库的联机检索技术在进步,联机检索可以随机访问数据,使人们更容易获取信息。同期,欧洲国家也开始创建数据库。

20 世纪 80 年代,美国数据库行业发展迅速,数据库数量迅速增加。仅在 1980—1984 年,数据库的总数从 600 个增加到 2 400 多个,数量翻了两番。在此期间,书目和非书目数据库以及期刊等专业数据库数量也快速增长。随着互联网技术的发展,网络数据库逐渐增多,普遍受到公众的欢迎。到目前为止,专业数据库已经受到越来越多的来自学术界和工业界的欢迎。

到 20 世纪 80 年代,美国垄断数据库的情况已经改观。英国、法国、德国等欧洲国家的数据库产业和日本等亚洲国家的数据库产业都开始快速发展,其中法国开发了 100 多个数据库。而到 1985 年,日本的 1 290 个数据库中有六分之一是在日本国内开发的。此外,苏联、加拿大、澳大利亚等国都根据本国数据库产业的发展情况制定了规划纲要。

20 世纪 90 年代,随着互联网的飞速发展,美国已经有了 3 万多个数据库。迄今为止,专业数据库数量已经显著增长。斯普林格出版公司、约翰·威利父子出版公司等传统出版企业通过国际化和数字化发展战略逐步成长为国际数据库出版集团,在世界数据库出版领域处于领先地位。

层次、网状、关系数据库优缺点

	优点	缺点
层次模型数据库	数据结构比较简单、清晰,查询效率高,提供了良好的完整性支持	结点之间的多对多联系表示不自然;对插入和删除操作的限制多,应用程序的编写比较复杂;查询子女结点必须通过双亲结点
网格模型数据库	能直接描述现实世界,存取效率较高	结构复杂、用户不易使用。应用程序访问时必须选择适当的路径,这加重了应用程序的负担
关系模型数据库	无论实体还是实体之间的联系都用统一的数据结构来表示;操作方便,在关系数据模型中操作的基本对象是集合而不是某一个元祖;存取路径对用户透明	查询效率不高、关系必须规范化

2. 国内数据库发展简介

20 世纪 70 年代,我国国防部、气象局和石油工业等部门开始使用数据库。而我国数据库技术的真正普及始于 20 世纪 80 年代初,比美国晚了大约 20 年。国内数据库发展主要有以下三个阶段。

(1)学习起步阶段(20 世纪 70 年代至 20 世纪 80 年代)

这个阶段国内数据库开始发展,引入并学习欧美国家数据库发展成果。1975 年,北京文献服务处引进了美国政府研究报告 GRA 数据库,供用户使用。1978 年,机械情报研究所从英国引进了两个数据库,为用户提供信息查询服务。

(2)吸收借鉴阶段(20 世纪 80 年代至 20 世纪 90 年代初期)

这个阶段我国在借鉴国外数据库的基础上,自主开发了一些中小型数据库。在这个阶段,我国并没有停止引进和学习国外数据库的开发经验。例如,1986 年国家海洋局引进了两种 CD-ROM 光盘数据库,1987 年北京图书馆引进了 ERIC 光盘数据库。我国从 1979 年到 1992 年,通过多种方式,从全球引进了 120 多种数据库,其中磁带 50 多种,光盘 70 多种,共 3 000 多万条记录。

在此基础上,我国此时开始建设中小型数据库。1979 年,科技部建立了中国制药数据库。1980 年,中国化工部建立了中国化工文献数据库,1986 年 4 月,我国建立了中国高等学校学报论文文摘(CUJA)磁带文献数据库。1992 年,我国建立了中国科技期刊数据库和中国专利公报数据库。

(3)快速发展阶段(20 世纪 90 年代中期至今)

以技术服务为主导的专业数据库的数量自 20 世纪 90 年代中期开始显著增加。自那时起,互联网在中国迅速发展,互联网上的中文信息资源数量不断增加,对数据库信息的需求不断增长,数据库的数量也迅速增长。截至 2004 年 2 月,中国的在线数据库总数约为 17 万个。到 2007 年,中国数据库的数量占世界总数的十分之一。比较有名的有中国知网、万方、维普三大数据库,被称为"中国数据库的三驾马车"。

随着中国数字经济的蓬勃发展,作为数字产业的核心引擎和基础软硬件设施,数据库不仅是产业数字化转型的关键,也是构建国产自主 IT 底层生态和数字信息安全的底座。特别是近年来,随着金融、能源、医疗、电信、交通等行业信息化的快速发展,对企业数据库管理系统的需求也在迅速增加。我国数据库行业有望迎来新一轮的增长,据预测,2025 年我国数据库市场规模有望接近 700 亿元。

3.数据库在各行业中的作用

数据库的发展对各行各业都产生了很大的影响,随着我国经济和社会的发展,数据库技术得到了非常迅速的建设和完善。数据库广泛应用于我们的生产活动和日常生活中,在提高整个社会的生产力和促进经济发展方面发挥了重要作用。

(1)数据库在金融行业的应用

目前,国内金融行业使用的数据库仍以国外传统的商业数据库产品为主。Oracle、DB2 等国外商业数据库被多家金融机构大量使用,包括大型国有银行、股份制银行、城商行、农商行等。由于其良好的处理能力和可靠性,被主要应用于大型银行的核心银行系统。金融行业数据量巨大,各类数据庞大而复杂。通过数据库将各类数据统一加工与存储,进行数据分类、汇总,根据下游业务部门需求建设相应的应用,如管理、报表、SAS 系统、CRM、反欺诈、风险预警等。

(2)数据库在教育业中的应用

其一,学习数字化。利用数据库使学习跨越到了"数字化"的领域。数据库的发展使学习资源和学习方式数字化,从而拓展了学习的内涵。

其二,教育资源共享化。数据库实现了全球教育资源的数字共享,这样一来,教育和学习就很容易地跨越时间和空间,使学习人性化、个性化、终身化。

其三,方便教育资源存取。利用数据库技术有效实现了教育资源的最优存取。它避免了资源的重复保存;有效实现了资料的迅速查阅和提取;允许开发使用教育资源,且不会发生任何冲突。

其四,有利于教学教育管理。通过数据库得到的数字化的教学教育资源,把管理者从繁重的数据录入、数据分析等数据库系统可操作的工作中解脱出来,而且准确、快速,从而提高了教学效率以及管理效率。

(3)数据库在医学中的应用

其一,在医学科研工作中的作用。科研工作标志着医学的发展水平,医务人员进行科研时,可通过数据库检索国内外文献资料,对拟定的方向进行全面搜索,以了解国内外最新医学信息,确定出科研方向和课题论证,使得科研课题具有先进性和超前性,避免了重复现象的发生。

其二,在临床医疗服务中的作用。医院医疗水平的高低不仅取决于医院学科带头人的专业水平,还和医院整体素质有关,更依赖于每一个医务人员自身的业务素质。医院的每个医生在临床工作中,需要随时借助文献信息资源与便捷的查询工具,得到知识的补充和技能的提升。

第二节　数据库技术的主要出版应用

一、数据库出版概述

数字技术改写了人类的知识结构、知识地图、知识体系，以及人类的认知关系和逻辑关系，也改写了人类出版的历史和现实图景。数据库出版作为一种集成式出版业态，其产品和服务基础主要以海量的出版内容为主。

数据库出版是一种基于层次模型、网格模型和关系模型逻辑的数据收集、记录、存取和管理系统，其数据包括数字、字母、文本、图形、图像、音频、视频和其他媒体领域。数据库出版通过汇集这些零散的信息、知识和经验，以高效和快速的检索方法使这些信息资源更容易获取。

1.数据库出版的三种主要类型

数据库技术至少在三个方面拓展了出版的边界，分别是以下三个方面。

（1）文本型数据库出版

对于以数字、字母等文本数据为基础的传统出版，数据库出版拓展了其领域。这些文本无论是书籍、报纸、期刊论文、统计数据，还是引文索引、联合目录等，绝大多数在纸质出版领域是无法再出版的，甚至还有相当数量的文本是无法进入出版领域的，而数据库出版则将这些文本重新进行编辑定义，以一种新的出版形式进行了传播呈现。

（2）多媒体数据库出版

出版的内容形式也在发生变化，出现了多媒体数据库，如视频数据库、数字音乐数据库、图片数据库或者多媒体综合型数据库，为出版商、内容提供商开辟了新的出版资源。

（3）即时数据大数据出版

建立在即时采集数据信息基础上的大数据库，为内容、信息提供商提供了充分的服务想象空间。用户生成数据库和设备采集生成内容数据库更引起国家及机构的关注。

现在，用户行为数据库已经成为现实，如用户消费、用户地理位置、用户社交媒体、用户金融信息、用户创造的网文和微博及微信内容、用户评论及交流内容等，均已经成为大数据库内容数据挖掘的一部分，由数据挖掘而形成的商业模式已经成熟并得到了商业应用。毫无疑问，大数据库将出版的边界拓展到了新的方向和境地。

2.数据库出版的主要商业模式

（1）B2L2R 模式

传统的数据库出版商业模式基于 B2L2R（从出版者到图书馆再到读者）商业模型。

（2）B2B 模式

随着大型数据库、数据挖掘、人类和用户行为量化分析以及文化和商业趋势搜索和分析的兴起，数据库出版可能会转向政府、机构和公司用户。

这种商业模式的转变必然会导致一系列信息内容、传播形式、用户阅读使用等方面的迁移。这些因数字技术而引起的内容迁移，将成为未来出版文化的重要组成部分。

近年来，随着国家政策的积极推行，以及信息技术和网络载体的蓬勃发展，虽然新闻出版领域的数据库产品起步较晚，但数据库出版已步入快速发展的轨道。

我国早在"十一五"规划中就明确表示，将鼓励发展数字内容产业，积极发展信息服务产业。随着用户需求的增加，出版商越来越重视综合服务，越来越多的数据库朝着汇集各种资源的综合数据库方向发展。数字内容产业在各个领域都在发展。在发展过程中，各种文化和资源与最新的数字技术相结合，创造新的生产和消费模式，促进形成新的产业群，培育了新的消费模式和群体，并创造了令人难以置信的社会和经济价值。

二、主要数据库出版商及产品

目前，数据库出版商主要分为以下五类。

1.传统纸媒出版商转型数据库出版商

最典型的是爱思唯尔集团公司。成功转型的还有汤姆森学习出版集团、斯普林格出版集团、麦格劳希尔公司、牛津大学出版社等。这些传统出版商大多依然从事纸质出版，但它们的数据库出版业务正在夺取越来越多的市场份额和利润。

2.政府机构、大学或志愿者所创建的免费数据库

美国教育部教育资源信息中心创建了教育评审委员会数据库（ERJC），它收录了980多种教育及和教育相关的期刊文献的题录和文摘、部分全文教育文献数据库；美国国立医学图书馆下属生物信息技术中心创建了免费的 Medline 数据库（文稿类医学文献）；瑞典隆德大学图书馆创建的开放存取 DOAJ 数据库，所收期刊超过1 500 种。免费数据库经营者、志愿者们还联合创建了合作型数据库，如 Repec 是由分散于全球 51 个国家的 100多名志愿者无偿建立的，主要搜集与经济学相关的预印本论文。

建立免费数据库是国家对学术生态的一种保护措施,也是高校和学者对数据库出版者高收费的一种学术斗争。

3. 各种学科性学会、协会成为专业数据库提供商

英国机电工程师学会(1871年成立)创办的 INSPEC 数据库,是以物理、电子与电机工程、计算机与控制工程、信息技术、生产和制造工程为主要专业方向的理工学科数据库。美国数学学会(1888年创办)依托全球 600 多个学术机构会员和 3 万名个人会员创建了数学专业数据库 American Mathmatics;美国化学学会(1876年成立)是世界上最大的科技协会之一,个人会员超过 16 万人,学会整合全球顶尖学术资源,创建了 ACS 美国化学学会全文数据库,可检索自 1879 年学会化学期刊创刊以来的所有论文。

4. 新兴专业数据库出版商

新设立的专门以数据库出版为主营业务的出版商。中国知网以中国期刊全文数据库为主要出版方向,其产品进入中国的各个大学;北京万方数据股份有限公司与中国科学技术信息研究所合作,以万方数据库为主要产品,该数据库已成为市场广受欢迎的大型综合型数据库;美国斯坦福大学图书馆于 1995 年创立 Highwire Press 数据库,目前已是全球最大的提供免费全文的学术文献出版商;英国的 Ingenta 公司于 1998 年创建学术信息平台 Ingenta 网站,先后兼并多家信息公司及其数据库,目前此网站已成为全球学术信息服务领域的一个重要的文献检索系统。这些新的数据库出版商更有活力,使学术数据更加一体化。

5. 数据库集成商

美国的 EBSCO 公司是一家具有 60 多年历史的大型学术信息专业服务公司,开发了 100 多个在线文献数据库,内容涵盖自然科学、社会科学、人文科学、艺术等学术领域;美国的 Proauest information and learning 公司是一家数据库集成商,其所创建的综合性学术期刊数据库 Academic research library 颇具影响力;中国搜库(esocoo. com)科技公司是国内首家商业数据库整合服务商,创建了覆盖 100 多个行业和地区的专业数据库联盟。每一个数据库的构建,其背后肯定依托着一家强有力的机构或团体,这是数据库出版与其他出版形式显著不同之所在。

三、主要的数据库出版应用类型

1. 不同文献类型的数据库

按文献类型划分,数据库出版可分为图书、期刊、报纸、检索平台、搜索引擎、多媒体、数据、商业信息、索引、名录、参考工具、百科全书、专利、技术标准、技术报告、政府出版物、会议论文、预印本、法律法规、学位论文数据库等。其中应用最为广泛的数据库出版应用类型包括以下三种。

(1)期刊数据库

大量的专业需求和高集中度的馆藏使期刊数据库领先于图书、报纸等数据库。同时,学术出版中心也从书籍走向学术期刊,以论文为基础的学术评价体系为期刊数据库提供了广阔的社会基础。期刊数据库出版的发展和繁荣是由外部检索的需求、同行之间频繁的交流以及对学术前沿和以往学术成就的了解等因素推动的。

如美国科学引文索引(science citation index,SCI)、科技会议录索引(index to scientific & technical proceedings,ISTP)、电气电子工程师学会(institute of electrical & electronics engineers,IEEE),以及中国的中国学术期刊全文数据库、维普中文科技期刊数据库、中国知网等都是有名的期刊数据库。

(2)图书数据库

专著是衡量学者学术水平的重要标准之一。一方面,书籍是学术研究,特别是社会科学和人文科学研究的坚实基础。它们往往是材料、观点和思想的来源。另一方面,书籍是最便于数字化的纸质媒体,使纸质出版与数字出版更容易同步。所以,图书数据库也占据了重要地位。

EEBO(早期英文图书在线)、NetLibrary 电子图书、超星电子图书馆、书生之家数字图书馆、方正电子图书数据库等都是典型的图书数据库。

(3)多媒体数据库

对数值、字符串、文本、图形、图像、音频和视频等信息进行管理、运用和共享的数据库就是多媒体数据库。多媒体数据库正在剧增。这一技术直接影响到高校教学和研究生态,也直接推动了多媒体教学和在线教学,而教学和研究的数字化需求又为多媒体数据库出版提供了市场动力。因此,多媒体数据库和在线教学平台将日益成长为数据库出版的主力之一。

如美国探索教育视频库、新东方多媒体学习库、云图有声数字图书馆就是典型的多媒体数据库。

2.不同学科领域的数据库出版

从内容资源挖掘的深度和所涉及的学科领域的广度,数据库出版又可分为理工学科、人文学科、社会学科、经济学科和法政学科等数据库。

(1)理工学科数据库

理工学科数据库化的程度最高。医学、化学、生物、计算机、数学、物理、机械、工程等学科均已形成全球性的十分专业的学科数据库。理工学科数据库得到了学科全球性学会或协会的支持,这些学会或协会汇集了世界主要的作者资源以及论文和专著资源。权威性和前瞻性是这类数据库从一开始就追求的目标。总体而言,理工学科数据库的高利用率与理工学科内容的高度集中化密切相关,也与学者们追求其目标学术前沿性密不可分。理工学科数据库已经成为理工学科的研究和学术基础。

如 ASCE 美国土木工程师协会电子期刊、ASME 美国机械工程师协会电子期刊、AIP(美国物理联合会)、ACS(美国化学学会)、国家科技图书文献中心等就是其中的代表。

(2)社会学科、人文学科类数据库

社会学科、人文学科类数据库具有追溯性、工具性等特点。相对于理工学科数据库的即时性和前沿性,社会学科和人文学科更强调数据库内容的历史性、文献性、综合性,以及工具化。这两类数据库除少数专业性强的学科主题数据库,大部分数据库是综合性的,它们往往是多种学科汇集在一起的共同学术内容平台。如综合型人物传记数据库,百科全书、联合书目、索引、数字图书馆、年鉴、工具书、电子报纸等形式的数据库构成社会学科及人文学科数据库的出版主体。社会学科、人文学科数据库还具有明显的文献性特点,如电子书籍及期刊、过刊图片、档案性文献、史料及古籍、会议文献等数据库多是以其重要的文献价值、史料价值而创建的。

CMMC(传播科学全文数据库)、HIC(全球人文全文数据库)、IBT(表演艺术文献)、中文社科引文索引、中国人民大学复印报刊资料、皮书数据库、中国国家调查数据库、国务院发展研究中心信息网、当代中国社会生活资料库、国家哲学社会科学文献中心等是社会学科、人文学科类的数据库。

3.不同数据详细程度的数据库

数据库按数据详细程度可分为二次文献数据库和全文数据库。

(1)二次文献数据库

二次文献是将分散、零乱、无序的一次文献进行整理、浓缩、提炼,并按照一定的逻辑顺序和体系加以编排存储,使之系统化,以便于检索利用,如目录索引、引文、文摘等。它的重要性在于使查找一次文献所花费的时间大大减少；它能高效率地捕捉有效信息，全面、系统地反映某个学科、专业或专题在一定时空范围内的文献线索，是积累、报道和检索文献等资料的有效手段。随着信息技术的发展，利用数据库技术对某特定领域的二次文献（文摘、题录、目录等书目数据）实施管理，并以数据库形式为用户提供服务，称为二次文献数据库。

美国的CA（化学文摘）、MEDLINE（医学文献数据库）、SCI（科学引文索引），英国的SA（科学文摘），中国的中国生物医学文献数据库、全国报刊索引、中国社会科学文摘、中国物理文摘、中文社会科学引文索引等都是典型的二次文献数据库。

（2）全文数据库

全文数据库即收录有原始文献全文的数据库，以期刊论文、会议论文、政府出版物、研究报告、法律条文和案例、商业信息等为主。全文数据库免去了文献标引著录等加工环节，减少了数据组织中的人为因素，因此数据更新速度快，检索结果查准率更高。同时，全文数据库由于直接提供全文，省去了找原文的麻烦，因此深受用户喜爱。

根据全文数据库中的信息内容呈现形式划分，全文数据库的类型主要有电子图书、电子杂志、电子报纸等。

如中国知网、维普、万方、加利福尼亚大学国际和区域数字馆藏、剑桥大学机构知识库、发展中国家联合期刊库等都是典型的全文数据库。

另外，按照数据库存储方式划分，可以分为磁带数据库、磁盘数据库、光盘数据库、网络数据库；按照语种可分为中文数据库、外文数据库；按照容量可分为连续出版的动态数据库和静态出版数据库；按照范围可分为综合性数据库和专门性数据库；按照经济特征分为自用数据库、商业数据库和公益数据库等。

第三节　科普数据库出版案例分析

数据库出版产品的内容既有自然科学知识，也有人文科学知识。相比一般娱乐性的大众出版，其内容具有一定的专业性，内容来源于科学研究和科学事实，要求数据准确可靠，往往需要专业人员进行专业的事实查证和数据稽核，同时数据库出版的内容也大量应用于科学研究和应用实践，具有科学传播和知识普及的作用，一般意义上，均可以归入科普出版的范畴。

数据库出版的数据按详略程度可主要分为两大类：一类为全文数据库，数据主要来源于书、报、刊等公开发表的研究论文文献资料；另一类为文摘索引数据库，数据比全文数据库简略，主要为文献的题录、文摘、目录等二次文献信息。

全文数据库的内容主要为历史上在书、报、刊公开发表的研究论文与文献资料，一般采用全文数据库形式对外发布，这类数据库在国内比较知名的有三大学术文献数据库——中国知网、万方数据和维普数据库。国外比较知名的则是五大学术期刊出版机构——英国爱思唯尔（RELX Group）、德国斯普林格出版社（Springer-Verlag）、美国约翰威立父子出版公司（Wiley & Sons Inc.）、美国世哲出版公司（SAGE Publishing）、美国电气和电子工程师协会 IEEE 等，均有自己的综合性数据库平台。

文摘索引数据库，也称二次文献数据库，包括文摘、索引、目录等类型的数据库，常见的是评价各类学术期刊影响力的引文信息数据库，国内比较知名的有中国科学院文献情报中心与中国学术期刊（光盘版）电子杂志社联合主办的中国科学引文索引数据库（chinese science citation database，CSCD）；中国医学科学院医学信息研究所开发的中国生物医学文献数据库（CBM）等。国际上具有较高影响力的三大期刊学术评价指标，背后均依托二次文献数据库。如科睿唯安公司（Clarivate）出版的科学引文索引（science citation index，SCI），依托的是 Web of Science 数据库；爱思唯尔出版的工程索引（engineering index，EI），依托的是 Scorpus 数据库；科技会议录索引（index to scientific & technical proceedings，ISTP），依托的则是 Web of Science Proceedings 数据库。

除以上二者之外，市场上还有一类信息情报数据库，数据既有来自实际科技应用中产生的诸如材料数据、临床医学数据、药学数据、工程数据等科学技术类数据，也有来自社会经济发展中产生的诸如经济发展、司法案例、知识产权文件等社会科学类数据，类型非常多。国内知名的如中国医药工业信息中心开发的药物综合数据库 PDB 和新药研发监测数据库 CPM，知识产权出版社出版的中国专利数据库等。国际上如英国爱思唯尔旗下的理工类数据库 Knovel 理工专业数据库、Reaxys 化学数值与事实数据库，瑞士 Key to Metals 公司开发的 Total Materia 材料数据库等。这些数据库的数据来源广泛，提供商既有出版机构，也有行业管理机构或商业机构。本书不做专门分析。

目前，市场上的数据库出版商主要集中在专业出版社或者专业学术期刊社，这类出版机构长期深耕某一专业学科领域，汇聚了某一学科领域大量的专家学者、研究人员。市场上的数据库出版商出版了大量学术专著、研究论文，对于某一专业学科领域的数据资源占有得天独厚的优势，具有较高的品牌影响力和市场地位。对于具有相应市场需求的客户形成了一定的垄断优势，商业性价值较高，产品具有较高的利润率。

这类数据库出版商，又可分为两类，一类是横跨多个学科领域的综合性数据库出版商，另一类是聚焦单个学科领域的专业性数据库出版商。下面分别介绍。

一、综合性数据库出版案例分析

综合性数据库收录内容跨越多个学科领域，往往以在线平台方式向公众开放，汇集多种信息资源，数据内容全面，应用领域多样，检索功能完备，用户对象广泛。下面简要介绍一下其中两家。

1. 中国知网

（1）基本情况

中国知网，全称为中国知识基础设施（china national knowledge infrastructure，CNKI），由《中国学术期刊（光盘版）》电子杂志社有限公司、同方知网（北京）技术有限公司、同方知网数字出版技术股份有限公司等单位联合运营，是一家中外文大型知识资源总库。

中国知网自 1995 年起建设，由最初的《中国学术期刊（光盘版）》、中国期刊网发展至今，已经成为国内首屈一指的对外提供数据库服务的学术内容知识服务平台，主站网址为 www.cnki.net。

中国知网提供的数据库服务，既有研究论文文献数据，也有引文数据等情报数据，但以文献全文数据库为主。为保护其数据内容，提供的文献采用了其独家开发的 CAJ 格式，同时也提供通行的 PDF 格式供用户阅览。

（2）内容资源

中国知网内容资源极为庞杂，数据来源涵盖报纸杂志、博士论文、硕士论文、会议论

中国知网首页

文、工具书、年鉴、专利、标准、成果、学术辑刊等多种信息源。

中国知网与国内多家学术出版机构,包括出版社、学术期刊等单位合作,收录了95%以上正式出版的学术资源,包括《中国法学》《经济研究》等几千家独家与唯一授权期刊,已经是中国最大的学术电子资源集成商。网站介绍其收录的主要数据库数据列表如下。

中国知网主要数据库数据情况表

序号	数据库	总数	文献量/万	覆盖率
1	中国学术期刊网络出版总库	7 800 种	3 300	99.9%
2	中国博士学位论文网络出版总库	400 家	16	91%
3	中国优秀硕士学位论文全文数据库	600 家	120	96%
4	中国重要会议论文全文数据库	17 000 个会议	160	96%
5	中国重要报纸全文数据库	600 种	1 000	100%
6	中国专利全文数据库	3 类	530	99.9%
7	中国标准数据库	3 类	15	100%
8	国家科技成果数据库	35 个单位	50	100%
9	中国年鉴网络出版总库	2 300 种	1 400	99%
10	中国工具书网络出版总库	4 000 种	1 500	99.5%
11	中国大百科全书全文数据库	70 卷	8	100%

除国内正式出版的学术文献外,中国知网同时还与530多家国际出版社进行了版权合作,整合了数百家学术数据库,包括爱思唯尔(Elsevier)、斯普林格(Springer)、泰勒-弗朗西斯出版集团(Taylor & Francis Group)、PQDT 国际学位论文数据库(ProQuest)等重要的国际学术出版机构。

(3)功能特色

内容组织。参考前文提到的中国知网主要数据库列表,可以看到知网的数据库主要是从文献来源划分的,如期刊全文库,会议论文库,学位论文库,以及报纸、标准、年鉴全文数据库等分类。

作为综合性文献数据库,每个数据库内容都涵盖多个学科,内容庞杂,但其内容组织杂而不乱,均是按照十大门类划分的,其文献内容分类及收录数量情况列表如下。

中国知网内容资源分类表

专辑分类	涵盖学科	文献数量
基础科学	自然科学理论与方法、数学、非线性科学与系统科学、力学、物理学、生物学、天文学、自然地理学和测绘学、气象学、海洋学、地质学、地球物理学、资源科学等 13 个学科	400 多万篇
工程科技 I	化学、有机化工、无机化工、石油天然气工业、冶金工业等 14 个学科	近 900 万篇
工程科技 II	机械工业、铁路运输、新能源、建筑科学与工程、电力工业等 15 个学科	900 多万篇
医药卫生科技	中医学、中药学、中西医结合、基础医学、临床医学、肿瘤学、口腔学、生物医学工程等 28 个学科	近 900 万篇
信息科技	无线电电子学、电信技术、计算机硬件技术、自动化技术等 10 个学科	500 多万篇
农业科技	农业基础科学、农业工程、农艺学、植物保护、农作物、园艺、林业、畜牧与动物医学、蚕蜂与野生动物保护、水产和渔业，共 10 个学科	400 多万篇
哲学与人文科学	哲学、宗教、中国历史、文化、考古等 24 个学科	近 700 万篇
社会科学 I	马克思主义、中国共产党、政治学、政党及群众组织、军事、公安、法理法史、宪法、行政法及地方法制、民商法、刑法、经济法、国际法等 17 个学科	近 800 万篇
社会科学 II	社会学及统计学、学前教育、职业教育等 13 个学科	900 多万篇
经济管理	金融、证券、保险、管理学等 24 个学科	1 800 多万篇

　　这种内容组织方式决定了用户可以打通不同数据来源，根据学科门类检索专业研究文献，符合其最主要用户群体——学术研究用户的实际需求。

　　检索技术。为了方便用户使用，知网总库提供的检索方法包括高级检索、专业检索、

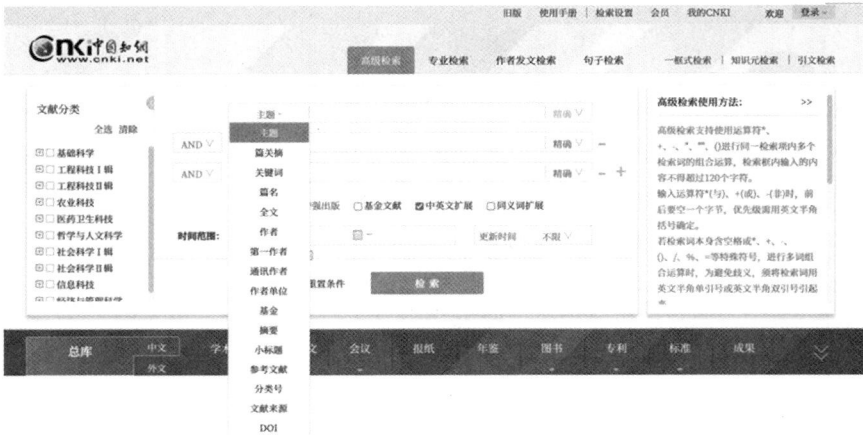

中国知网高级检索页面

作者发文检索、句子检索、知识元检索、引文检索等。高级检索支持常规的字段限定检索，提供的检索项包括主题、关键词、篇名、全文、作者、第一作者、通信作者、作者单位、基金、摘要、参考文献、分类号、文献来源等，同时支持文献分类检索和布尔逻辑检索。

学术评价工具。基于结构化处理后的海量学术文献数据，应对主要的用户群体——学术研究群体的学术评价需求，中国知网还推出了两项极受欢迎的学术评价功能服务——中国学术不端文献检测系统和中国引文数据库服务。

"中国学术不端文献检测系统"主要针对的群体是需要发表毕业论文的本科、硕博士群体，其主要服务是论文查重。该系统依托《中国知识资源总库》和斯普林格（Springer）、泰勒-弗朗西斯（Taylor & Francis）期刊数据库等资源作为对比库，基于语义分析技术，根据文献和图表相似性开展重复率表征和检测，查重准确率高，能够满足各大高校和科研机构的论文查重需求。

作为重要的学术评价手段，文献引用数据是通行的评价研究人员在各学科领域的科研能力和学术影响力的重要参考。为满足专业学术研究用户的实际需求，中国知网还提供了引文数据库服务，提供文献引用检索服务，分析文献引用情况，帮助专业用户进行学术评价。

中国知网引文数据库首页界面

（4）商业模式

通过前文分析，我们可以看到，中国知网具有海量、独家、专业的学术数据资源，丰富、强大、专业的学术检索功能，同时还能提供极具特色的学术评价工具和数据分析服务,对于其主要客户群体——学术研究人员,主要是高等院校、科研机构、科研人员等用户群体,具有极高,甚至是难以替代的价值,这就为其商业运作提供了强大的保障。

机构用户服务。服务于学术研究机构用户,中国知网主要提供数据库包库服务。各机构如需使用中国知网数据库,可以向知网采购数据库服务。如2021年,中国政府采购网项目编号为0667-211JIBEP6065的《南京大学中国知网(CNKI)数据库成交公告》显示,南京大学采购中国知网(CNKI)数据库服务,服务时间为2022年1月1日至2022年12月31日,成交金额为103.4万元。

此外,前面提到的中国知网"中国学术不端文献检测系统"也是面向机构客户提供服务的。2021年,中国政府采购网发布的一份《教育部同济大学单一来源采购"中国知网"TMLC学术不端文献检测系统征求意见公示》显示,同济大学此项采购预算金额为140万元。

个人客户服务。服务于学术研究个人用户,中国知网主要是通过论文全文下载提供服务。其针对个人用户提供会员卡,论文下载按页收费。

中国知网曾经的母公司是清华同方,后更名为同方股份。2019年,清华控股通过股权转让,让出控股股东身份。同方股份作为上市公司,其年报对外公开,能够让人方便地了解中国知网的商业运行整体情况。

根据中国知网2020年提供的数据,中国知网用户覆盖全球56个国家和地区的3.3万家机构,个人读者2亿人,日访问量1 600万人次,全文年下载量23.3亿篇。

根据同方股份公开年报显示,2018年到2020年,中国知网的主营业务收入从99 929万元增长到116 758万元,毛利率由59.01%降至54.93%。本书成稿前最近的一次2021年同方股份半年报显示,中国知网的毛利率为51.30%。

2. 爱思唯尔

(1)基本情况

总部位于英国伦敦的爱思唯尔出版集团(Reed Elsevier PLC)的学术出版历史可以追溯到1580年,这一年,荷兰的出版商路易斯·爱思唯尔(Louis Elsevier)创办了一家小型出版公司,借此开辟多种语言的学术图书市场。1951年,现代意义的爱思唯尔出版公司(Elsevier NV)在荷兰成立。

1991年,爱思唯尔以4.4亿英镑收购了英国麦克斯唯尔集团旗下拥有400种期刊的培格曼出版社(Pergamon)和柳叶刀杂志社。这次合并扩大了爱思唯尔出版的期刊的范围(涉及社会科学期刊),使其占据了科学、技术和医学类市场的领导地位,并基本上形成了爱思唯尔业务的国际布局。

1993 年,该公司与英国的励德国际公司(Reed International PLC)合并为励德·爱思维尔集团(Reed Elsevier),并投资设立了励德·爱思唯尔出版集团(Reed Elsevier PLC),负责集团内所有图书出版和线上资料库等业务。

1994 年,励德·爱思唯尔引入了数字化平台技术,如交叉搜索、订阅收费系统和工作流技术。公司将这些技术转用于科学期刊部门,特别是科学和医学文献信息平台(science direct,SD)。1998 年,SD 全文数据库投入商业运营并获得成功,科学期刊订阅从印刷版逐渐转向在线。目前 SD 科技与医学类的电子版全文文献,约占全球总量的1/4。

1997 年,励德·爱思唯尔收购美国《细胞》出版社和生物医学数据库。2001 年,医学全文数据库 MD Consult 加入励德·爱思唯尔。2007 年 12 月,励德·爱思唯尔收购了临床实践模式资源中心。通过这一系列的并购,励德·爱思唯尔极大地丰富了自己在生物医学方面的资源,成为全球最大的科技和医学出版机构,其地位至今无法撼动。

2000 年,爱思唯尔投资 4 000 多万美元启动过刊数字化项目——斯高帕斯索引数据库(Scopus)。这一项目是将励德·爱思唯尔之前近 200 年时间里积累和出版的 400 多万篇文章全部数字化。如今,斯高帕斯已成为全球最大规模、回溯时间最长的文摘和引文数据库。

2015 年,"励德·爱思唯尔集团"(Reed Elsevier)更名为"励讯集团"(RELX Group),涵盖集团励德(Reed)、爱思唯尔(Elsevier)、律商联讯(Lexis Nexis)、励展博览(Reed Expo)四大品牌。股票在伦敦证券交易所、阿姆斯特丹证券交易所和纽约证券交易所上市交易,并入选富时 100 指数、金融时报全球 500 指数和泛欧交易所 100 指数成分股。励讯集团已经成为全世界最大的出版集团之一,拥有世界权威医学期刊《柳叶刀》(The Lancet)、《细胞》(医学方向)(Cell)、有机化学期刊《四面体》(Tetrahedron)在内的2 996 种学术期刊;出版包括《格雷解剖学》(Gray's Anatomy)等权威学术工具书在内的51 010 种图书。

此外,励德·爱思唯尔还与全球各国合作,根据当地实际,发行"地方版"。在中国,励德·爱思唯尔与多家科学、医学类出版社建立了学术合作关系,包括人民卫生出版社、北京大学医学出版社、科学出版社等中国科学与医学领域的顶级出版社。

励德·爱思唯尔也通过在线方式向公众提供其数据库服务,其主站网址为 www.elsevier.com,其中文网址为 www.elsevier.com/zh-cn。

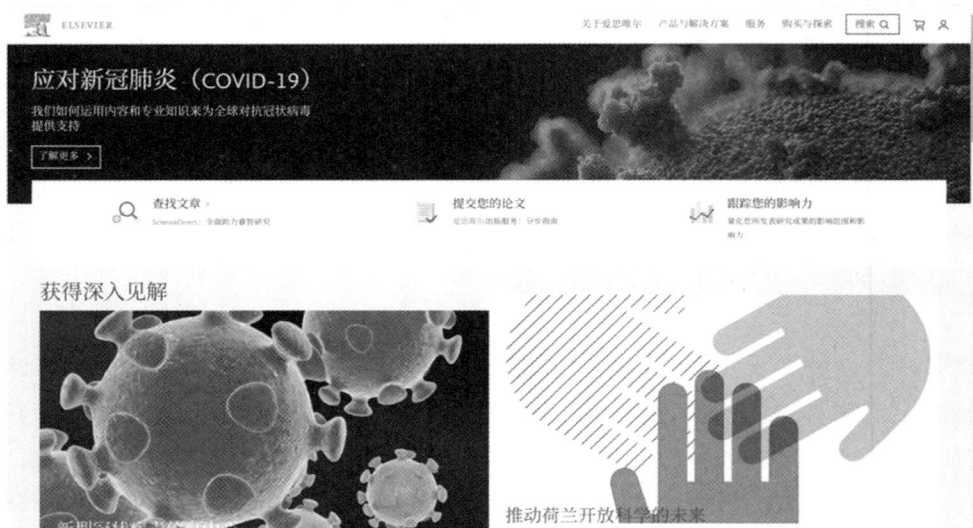

爱思唯尔中文网首页

（2）内容资源

作为全球顶尖的综合性数据库服务提供商,励德·爱思唯尔提供的数据库产品既有研究文献全文数据库,也有引文数据以及信息情报类数据。其提供的主要数据库产品列表如下。

励德·爱思唯尔主要数据库产品列表

数据库名称	主要数据类型	主要数据资源
Science Direct 全文数据库	科学、技术与医学全文数据	全球最大的经过同行评审的基础科学和医学研究数据库,涵盖近37 000部图书和3 800多种期刊,包含图文、音频、视频、数据等多种资源类型。Science Direct上的图书涵盖24个学科门类,例如生物化学、遗传和分子生物学、化学、临床医学、工程学和兽医学等
斯高帕斯索引数据库（Scopus）	科技文献摘要和引用数据	斯高帕斯有7 300万条记录,由独立的外部学术顾问从5 000多家出版商的24 000种期刊里挑选出来
Knovel理工专业数据库	工程学和应用科学数据	涵盖35个工程和理工学科领域,超过10 300多本顶级参考工具书、手册、百科全书、学术专题,以及超过100 000种互动表格、图解和公式

续表

数据库名称	主要数据类型	主要数据资源
Reaxys 化学数值与事实数据库	化学数值与事实数据	涵盖贝尔斯坦（Beilstein）、专利化学数据库（Patent）和盖墨林（Gmelin）三家化学类数据库资源，包含了 2 800 多万个反应、1 800 多万种物质、400 多万条文献 贝尔斯坦数据库（CrossFire Beilstein Database）是世界上最全的有机化学数值和事实数据库，包含与化学结构相关的化学、物理等方面的性质，与化学反应相关的各种数据，详细的药理学、环境病毒学、生态学等信息资源 专利化学数据库（Patent Chemistry Database）覆盖了 1869—1980 年的有机化学专利。盖墨林数据库（CrossFire Gmelin Database）则是无机化学和金属有机化学数值和事实数据库
Clinical Key 临床知识数据库	医学数据库	收录了爱思唯尔旗下 676 种医学期刊，1 005 本医学经典图书，550 余篇临床综述（Clinical Overview）等海量资源

可以看到，励德·爱思唯尔旗下五大数据库，涵盖科学、工程技术、理工、化学、医学等不同学科数据，数据资源既有一次文献全文数据，也有二次文献引文数据以及自然科学类生成数据。与中国知网一样，其数据主要来源于专业图书与学术期刊。

（3）功能特色

内容组织。前面介绍过中国知网的内容组织模式，主站内容主要按照数据来源，如硕博士论文、会议论文、期刊论文等进行分类组织，但是所有内容均按照一个完整的学科体系进行分类，这样保证了学科知识的跨来源互通。

励德·爱思唯尔与中国知网的资源组织方式不同。在内容组织上，励德·爱思唯尔的数据库主要按照学科进行分类，不再按照数据来源，各大数据库，如 Science Direct、Scopus 等分别拥有各自的主站。

这种数据库产品的内容组织方式与其公司的发展历程有一定关系。回顾前面介绍的励德·爱思唯尔的发展历史可以看出，与中国知网一个主站独立发展的模式不同，励德·爱思唯尔当前提供的各大数据库服务是按照不同用户群体、不同学科内容，在全球收购基础上，独立发展而来的。因此，按用户群体与学科内容，独立形成主站就成为其主要的内容组织模式。

作者服务。中国知网作为第三方平台，与各大学术期刊、出版社等学术出版机构合作，获取数据资源，本身并不直接参与内容的编辑出版。而励德·爱思唯尔不仅是一个整合数据的第三方数据库出版平台，同时也是许多顶尖学术期刊和学术图书的实际出版方,拥有自己的编辑团队,直接参与内容的编辑出版,提供内容出版服务,其与用户的连接更加深入。

围绕作者发表文章这一需求,爱思唯尔旗下数据库分别承担了不同功能。斯高帕斯索引数据库提供研究信息,发现研究线索;Science Direct 全文数据库则可帮助作者深入学习。除此之外,爱思唯尔还提供了一款服务于用户的工具软件——Mendeley。

学术用户在学术论文创作过程中,需要阅读大量的文献资料,在写作时,也需要及时找到参考文献。Mendeley 正是满足这一需求的一款免费的跨平台参考文献管理软件,用户可以在 Mendeley 上管理、搜索、阅读、标注和引用世界各地的学术文献。此外,Mendeley 也是一个学术社交网络平台,用户可以在里面与有相同研究兴趣的用户进行交流、分享。

Mendeley 软件界面

学术评价服务。服务于用户的学术评价需求,爱思唯尔基于旗下斯高帕斯文献摘要与引文数据库,提供了多种学术评价指标,供用户评价文献、期刊与研究者的影响力。

其中,影响较大的是期刊指标引用分(Cite Score)。引用分是爱思唯尔基于斯高帕斯数据库,于 2016 年 12 月推出用来评价学术期刊质量的新指标。在国际学术期刊评价指标中,影响力较高的是汤森路透基于 Web of Science 数据库每年出品的《期刊引证报告》(*Journal Citation Reports*,JCR)中的影响因子(Impact Factor,IF)指标,计算的是某期刊连续 2 年论文在第 3 年度的篇均引用次数。斯高帕斯计算的是期刊连续 3 年论文在第

4 年度的篇均引用次数。

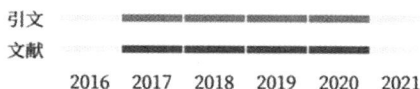

Cite Score 2020 计算方法

除提供各种客观指标外,爱思唯尔还设立了各种研究奖项。奖项主要分为三大类,第一类是国际影响力较大、由集团设立的面向全球或部分国家研究人员的奖项,如杰出审稿人奖(Outstanding Reviewer Prize)、Reaxys 化学数值与事实数据库博士奖(Reaxys Ph. D. Award)、爱思唯尔发展中国家早期职业女科学家奖(Elsevier Foundation Awards for Early-Career Women Scientists in the Developing World)等;第二类是爱思唯尔和各国政府或机构合作设立的针对该国研究人员的奖项,包括中国高被引学者榜单(Most Cited Chinese Researchers)、斯高帕斯年轻研究员奖(The Scopus Young Researcher Awards)系列、斯高帕斯突出贡献奖(The Scopus Outstanding Researcher Awards)等;第三类是爱思唯尔旗下期刊所设立的奖项及以人名命名的纪念奖项。这里面针对中国用户发布的"中国高被引学者榜单"是 2015 年起爱思唯尔以斯高帕斯作为中国学者的科研成果统计来源,与上海软科教育信息咨询有限公司联合发布的,每年评选一次,受到国内外众多媒体和学者高度关注。

(4)商业模式

与中国知网一样,爱思唯尔面对全球机构客户,主要采用的服务模式也是数据库订阅服务,其收费服务包括两项,一项是付费订阅阅读,一项是文章出版费(article publishing charges,APC)。

在付费订阅方面,爱思唯尔的机构客户主要来自全球各大高校和科研机构。如 2020 年,中国政府采购网公布的一份《国家知识产权局专利局单一来源采购 2020 年通过中国图书进出口(集团)总公司订购威立全文数据库与爱思唯尔期刊全文数据库征求意见公示》文件显示,国家知识产权局采购威利全文数据库和爱思唯尔期刊全文数据库,预算金额为11 083 260 元。

开放获取模式与 APC。APC 这一商业模式则与开放获取(Open Access,OA)这种新的学术出版模式相关。

开放获取是一种新的学术出版模式。在开放获取模式下,经过同行评审的学术内容的电子版不受通常的版权和许可的限制,公众和科研人员可以免费阅读。

按开放时间,开放获取主要分为金色开放获取(Gold OA)和绿色开放获取(Green OA)两种。金色开放获取是论文即时完全免费开放,绿色开放获取则指作者自存档,作者自存档通常有 6~12 个月或更长的延后公开期,绿色开放获取也称为延后开放获取(Delayed OA)。

根据文章属性,期刊可分为完全开放获取期刊(Full OA Journal)、混合期刊(Hybrid OA Journal)和传统订阅式期刊(Closed Access Journal),还有传统订阅式期刊向完全开放获取期刊过渡时期的形态——翻转期刊(Transformative Journal)。

在完全开放获取模式下,期刊出版内容全部为开放获取模式,开放获取费用来自版税、赞助或者机构经费。2014 年 Nature 杂志旗下的《自然通讯》(Nature Communication)开始转为完全开放获取。

混合开放获取则是传统的订阅式期刊允许作者、研究机构或基金提供者,向期刊出版商支付一笔"文章处理费",补偿出版商的出版费用,以便立即开放文章全文的浏览和下载。很多主流期刊其实都是混合开放获取期刊。翻转期刊是指做出了承诺,要在一定时间内从订阅式期刊转为开放获取期刊的过渡期期刊。

开放获取模式得到了各国政府的支持。美国国会在《2008 年统一拨款法案》中规定,公立卫生机构要将国有资金资助的论文在出版后 12 个月内提供开放获取;欧盟研究委员会在 2008 年公布了《欧洲研究委员会科学委员会开放获取指导方针》,要求其资助的论文在出版后 6 个月提供开放获取;2012 年英国政府拨款 5 000 万~6 000 万英镑专款资助开放获取期刊和数据库。

在国际学术出版开放获取的浪潮之下,爱思唯尔唯有跟进。根据爱思唯尔网站提供的信息,2019 年,爱思唯尔有超过 370 种期刊提供完全开放获取,此外还有 1 900 种混合期刊提供开放获取选项。

此外,为了应对开放获取出版模式的挑战,爱思唯尔开始转型,收购了许多服务于科研价值链其他环节的平台和工具,包括 2012 年,收购了记录研究人员研究活动的研究信息管理系统 Pure;2013 年,收购了拥有 350 万用户的参考文献管理软件 Mendeley;2016年,收购了电子实验室专用笔记软件 Hivebench 和拥有 80 万篇研究论文的开放获取在线论文预印社区网站 SSRN（社会科学研究网络）；2017 年，收购了机构知识库平台 Bepress；2018 年，收购了出版电子商务平台 Aries Systems。

现在，我们登录爱思唯尔网站可以发现，其提供的数据库产品和解决方案已经多达 31 种，这些工具和平台使爱思唯尔所服务的用户延伸到大学科研管理部门、科研资助机构、政府部门和科研人员，大大超出了爱思唯尔的传统图书馆市场。因此，爱思唯尔的业务延伸到科研价值链的上游和下游，获得新的市场和收入来源，并抵消来自开放获取商业模式的冲击。

经过价值链延伸，爱思唯尔已经从一个传统的科技期刊出版商转型，成为一个服务于科学研究价值链上每个环节的平台和服务供应商。

爱思唯尔母公司励讯集团也是上市公司，其财务年报对外公布，可以查到其利润率不如中国知网，但也有 30％。其客户分布全球，营收更高。励讯集团 2021 年中期报告显示，其 2021 年总营收达到 33.94 亿英镑。

二、专业性数据库出版案例分析

专业性数据库收录内容聚焦某一学科领域，面向某一行业专业用户开放，围绕某一专业领域汇集多种信息来源，数据内容全面，应用领域集中，对于专业用户有极高的价值。

这类数据库内容，既有聚焦自然科学与工程科技领域文献资料的，也有聚焦人文科学与社会发展领域文献资料的。由于专业应用领域划分细致，这类专业垂直类数据库有广阔的发展空间。

下面分别选取以自然科学与人文科学领域知识为主要收录内容的数据库各简要介绍一家案例。

1. 人卫 Inside 知识库

（1）基本情况

人卫 Inside 知识库是人民卫生出版社人卫助手系列知识服务数字平台推出的一项产品，其内容既有专业研究文献，也涵盖了部分医药类知识数据。人卫助手系列知识服务数字平台是国内权威医疗卫生内容专业出版机构——人民卫生出版社转型数字出版推出的产品，与前述综合类文献数据库相比，作为专业垂直领域的数据库，其开发时间短，但也有一定的优势。其产品开发时，正值国内数字出版建设启动期。同时，国内手机移动互联网浪潮兴起，人卫助手系列产品也跟上了这一波浪潮。其内容专业权威，产品形态丰富，应用场景广泛，产品设计理念较为先进。

人卫助手系列知识服务数字平台,以人卫社多年积累的权威内容为基础数据,服务医务工作者和医务应用场景。该产品根据用户分为个人客户端和企业客户端,其个人客户端主要产品形态是手机移动 app,包括人卫临床助手、人卫用药助手、人卫中医助手;其企业客户端产品包括人卫 Inside 知识库、人卫临床决策辅助系统(clinical decision support system,CDSS)等。

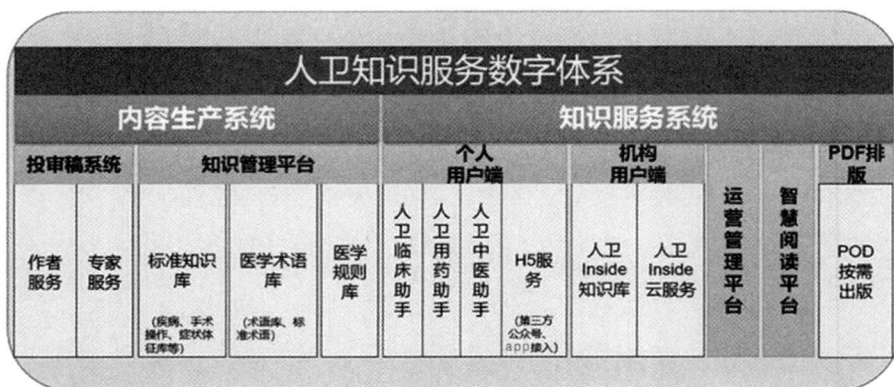

人卫知识服务数字体系

2015 年,人卫助手系列产品启动研发;2016 年,该产品逐步推出;2019 年,人卫社成立全资子公司人卫智数科技有限公司,负责建设和运营该产品。该产品自推出以来,先后荣获多项荣誉。2019 年,入围国家新闻出版总署数字出版精品项目;2021 年,入选国家新闻出版总署评选的"百佳数字出版精品项目献礼建党百年专栏"。

(2)内容资源

人卫 Inside 知识库是人卫知识服务数字体系的重要组成部分,目前包含疾病知识库、症状体征库、药物信息库、用药问答库、用药案例库、中药方剂库、经络腧穴库、诊疗规范及指南库等 30 余个专业子库。现开放数据库情况列表如下。

人卫 Inside 知识库数据库列表

数据库名称	主要数据类型
临床医学知识库	提供全科疾病、典型病例、症状体征、手术操作、检验检查等知识
药学知识库	提供药物信息、药物相互作用、配伍禁忌、抗感染用药、常见病处方、用药案例、用药问答等知识
中医药学知识库	提供各科室常见疾病中医疗法、古今名家医案,以及中药、方剂、经络、腧穴等知识,包括中药性味归经、方剂组成、经络遁形、腧穴定位等条目
循证医学及多维决策知识库	提供循学医学证据以及临床路径、实践指南、基本药物、医保目录、临床伦理思维、医疗损害防范法律法规等知识

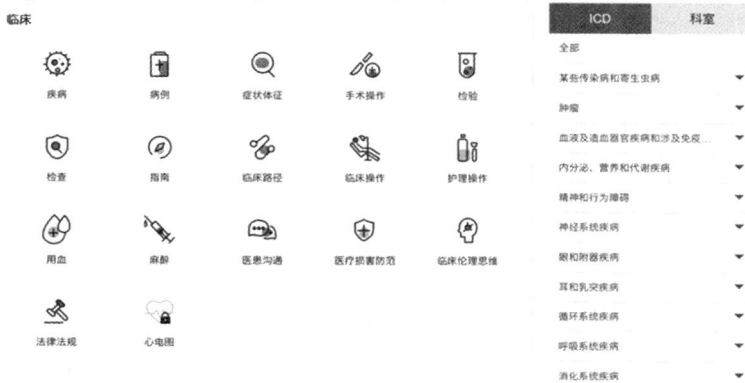

人卫 Inside 知识库首页

（3）功能特色

编写内容专业权威。作为一款面向专业特定用户的专业垂直文献数据库，编写内容专业权威是产品的竞争力所在。人卫社在保证产品内容的专业性上，建立了一套完整的

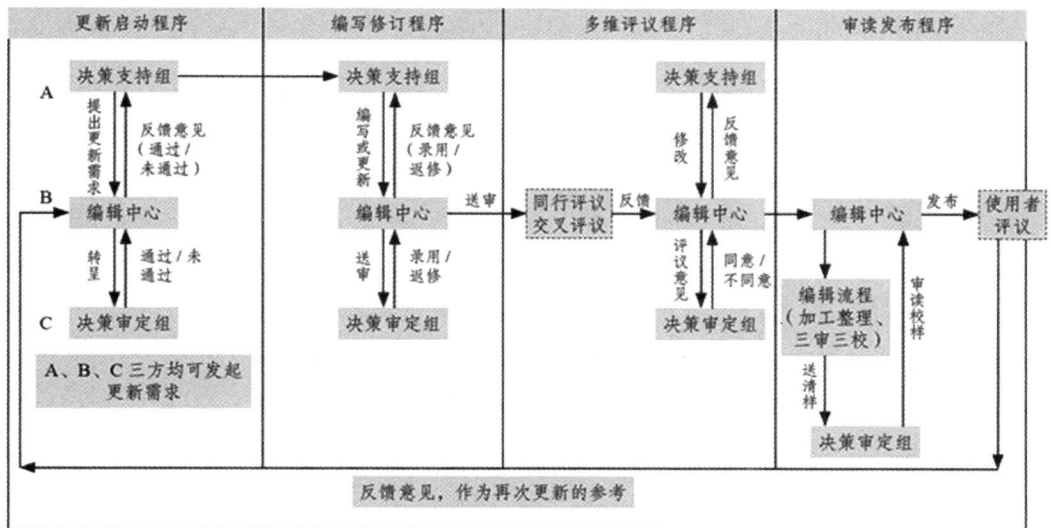

医学学术知识服务专业内容组织模式

流程体系,区别于图书编辑,所有流程均在线进行,在保证内容专业性的同时,也保证了内容更新的即时性。

应用场景明确。人卫 Inside 数据库服务对象明确,应用场景也非常明确。软件可单独安装,为医生用户提供知识查询服务,也可搭载第三方渠道,与医院 HIS 系统、病历系统、CDSS 系统等进行对接,提供知识查询、数据调取服务。

人卫 Inside 知识库主要有两种展现形式,通过 API 接口与机构内的其他信息系统进行联动的人卫 Inside 机构版;服务于医联体、社区医院、乡镇卫生所、村医、乡医、家庭医生、医学院校、图书馆等多场景的人卫 Inside 云服务。

人卫 Inside 知识库有明确的服务对象和应用场景。其产品设计有四个服务场景,一是 C 端用户;二是与医院 HIS 系统、病历系统、CDSS 系统无缝对接,为医生工作站提供辅助诊疗、合理用药、知识查询等便捷服务;三是面对机构用户,提供镜像、打包等服务方式;四是图书增值,把用户从线下引到线上,提供新的服务。

提供移动端服务。如前文所述,人卫助手系列产品赶上了国内移动互联网开发浪潮,其设计之初考虑了移动互联网的应用需求,人卫 Inside 知识库也支持智能手机和平板电脑(iOS 和 Android)服务,阅读设备不存储内容,所有内容读取自云端服务器,同时还支持语音输入。

移动终端支持可以让该产品的主要用户对象——医务工作者随时随地访问数据库,在病房查房、门诊接诊,甚至手术室中都可以进行快速查询并获取针对性的解决方案。

提供用户交互服务。用户交互服务包括三种,用户点评,针对知识库文献内容发表意见或者见解;同行关注,展示热门关注话题,促进同行讨论;用户、编辑、作者互动,方便纠错,促进沟通。

(4)商业模式

2019 年,北京人卫智数科技有限公司总经理贾晓巍的一篇文章中透露,该产品个人用户下载已达 55 万次,企业用户也达到 50 余家。

其商业模式目前主要为医学相关机构采购,如中国政府采购网公布的一份《包头医学院人卫临床知识库采购项目采购公告(项目编号=包采单〔2018〕681 号)》显示,2018年,包头医学院针对人卫临床知识库的一单采购,预算金额达到 46.3 万元。

2. 皮书数据库

(1)基本情况

皮书数据库是社会科学文献出版社面向社科研究人员推出的中国与世界经济社会发展数据库,数据库提供的内容既有研究论文文献,也有信息情报数据。

"皮书"特指 20 世纪末以来,由中国社会科学院所属的社会科学文献出版社出版的系列公开出版物,包括蓝皮书、绿皮书、黄皮书等一系列权威研究报告。

1996 年 11 月出版的首本经济蓝皮书——《一九九七年中国:经济形势分析与预测》是社科文献出版社打造皮书系列的开山之作,随后社会蓝皮书、农村绿皮书、人口与劳动绿皮书、世界经济黄皮书、欧洲蓝皮书等多个皮书品种相继被推出。

按年度连续出版的皮书属于连续出版物,具有如下特点:长期编辑,连续出版,如社会蓝皮书和经济蓝皮书,已经连续出版 16 年;在一段时期内,有相对固定的题名;其内容有相对固定的专业范围和学科领域;有年份标识,皮书大多会冠以年份,以突出时效性,并且区别于上一年度的同类皮书;出版周期相对固定。

2003 年 12 月,每本皮书均随书附赠一张电子光盘。这张光盘不仅完整收录了该本皮书的全部内容并有全文检索功能,而且还可自动累加其他光盘的内容。这一举措正式开启了皮书系列的数字出版之路。

2005 年 12 月,皮书系列的门户网站——中国皮书网正式上线运行,网址为 www.pishu.com.cn。2007 年 7 月,皮书数据库(个人用户版)正式上线,首次将皮书系列图书全部数字化并提供搜索查询和数字化阅读服务。2009 年 5 月,皮书数据库(机构用户版)正式发布,开始试水机构用户市场。2009 年 12 月,随书附赠的电子光盘变成皮书数据库的阅读卡,意在更多关注皮书用户。2011 年 3 月,全面整合个人用户版和机构用户版的皮书数据库(二期)正式上线,在完善产品建设的同时尝试向学术平台建设方面转型。2014 年 6 月,皮书数据库(三期)上线发布,包括基本子库、特色专题库和定制子库等不同类型子库。

皮书数据库自推出以来,深受业界肯定,获得了一系列荣誉,如 2016 年,入选国家新闻出版广电总局"十三五"国家重点电子出版物出版规划骨干工程;2019 年,成功入围国家新闻出版总署 2019 年度数字出版精品遴选推荐计划等。

(2)内容资源

皮书数据库全面整合了改革开放近 40 年的中国经济社会发展年度报告,涵盖了中国社会、经济、行业、区域、文化传媒、世界经济和国际关系六大主题研究文献,产品理念定义为"当代中国研究的智库成果整合、发布与知识服务平台"。

其数据库分类列表如下。

皮书数据库分类表

数据库名称	数据类型
中国社会发展数据库	涵盖宗教、社会、人口、政治、外交、法律、文化、文学艺术、医疗卫生、资源环境、教育、体育等 12 个子库

续表

数据库名称	数据类型
中国经济 发展数据库	涵盖宏观经济、产业经济、农业经济、工业经济、劳动经济、财政金融、房地产经济、企业经济、城市经济、交通和旅游、商业贸易、区域经济等12个子库
中国行业 发展数据库	涵盖农业、能源矿产、制造业、交通运输业、通信和IT业、批发零售业、旅游住宿餐饮业、金融业、房地产业、科学研究、租赁和商务服务业、环境和公共设施管理、居民服务、卫生和社会保障、教育、文化体育娱乐业、公共管理和社会组织等17个子库
中国区域 发展数据库	涵盖区域概述、地区、省份、港澳台地区、城市、农村等6个子库
中国文化 传媒数据库	涵盖文化事业、文化产业、电影、群众文化、图书馆事业、档案事业、语言文字、历史地理、教育、体育、新闻传播、广播电视、出版事业、博物馆事业、宗教、文学、艺术、娱乐等18个子库
世界经济与国 际关系数据库	涵盖世界经济、国际政治、世界文化与科技、全球性问题、国际组织与国际法、区域研究等6个子库

　　根据皮书网站发布的《皮书数据库影响力指数——皮书报告使用量 TOP100》一文披露,截至 2021 年第三季度,皮书数据库内容规模达 50 亿字,累计访问量超 3 370 万次,海内外机构用户 1 500 余家、个人用户 20 余万人。

皮书数据库首页

（3）功能特色

数据标引。皮书数据库由图书发展而来，但作为数据库，其数据以单篇文章为建库原则，打破一本书的条框限制，实现知识的重组利用。

皮书数据库标引体系建设的常用规则有以下几种：

细化知识分类：通过对主题分类的整理，皮书数据库在几大类主题下，将知识分类细化为12种，分别为宗教、社会、人口、政治、外交、文学艺术、医药卫生、资源环境法律、经济、文化、教育、体育。

拆分章节片段：拆分章节得到的知识点，不能单独存在，需与上下文关联。

图表提取规则：将皮书中的插图、表格、属性及其文字说明提取出来作为元数据进行结构化。

摘要提取规则：利用语义分析和数据挖掘技术，从皮书内容的大段文本中摘取关键信息作为知识点，若多篇相同领域文章有同一个知识点的呈现，根据算法、规则、逻辑集成多个规则，将相同内容、不同属性的资源合并提取，当然亦可提取不同知识点的摘要关键词。

这样细致的数据标引细化了数据知识的粒度，为用户精确检索提供了便利。

检索功能。皮书数据库支持常见的位置检索、字段检索、布尔逻辑检索等常规信息检索技术。用户可以根据数据库子库、皮书分类、中图分类、区域分类、行业分类进行检索，也支持全文、标题、作者或机构、主题词、关键词、摘要等作为搜索类别进行检索。

皮书数据库检索界面

（4）商业模式

与人卫 Inside 知识库类似，皮书数据库同时对机构客户和个人客户开放。机构客户主要来自国内外研究机构。据其网站介绍，其用户遍布全国 20 多个省市和地区，使用机构国内超过 1 500 家，海外超过 100 家。北京大学、中国人民大学、复旦大学、首都师范大学等全国重点院校，哈佛大学、牛津大学、耶鲁大学、普林斯顿大学等世界知名院校都是皮书数据库的忠实用户。

据中国政府采购网 2021 年公布的一则采购公告《北京师范大学〈皮数据库〉单一来源采购项目单一来源采购公示》显示，北京师范大学采购《皮书数据库》预算价格为 26 万元。

第四节　数据库出版技术的影响及发展趋势

数据库出版具有较高的专业价值。区别于其他分散式的出版产品，数据库出版能够汇集海量的数据内容，较为集中地传播自然科学知识和人文科学知识，特别适用于专业领域知识数据汇编出版。同时，对这些数据库出版产品的内容进行了结构化处理，方便用户检索，具有一定的工具性，对于专业的科研工作者具有重要的专业价值。

数据库出版还具有较高的商业价值。数据库出版，可在海量数据基础上建立学术评价体系，为学术研究提供综合评价，推动学术研究，具有较高的市场影响力，也能够高效传递前人研究经验和研究成果，帮助用户集中学习、掌握前人的研究思路，指导应用实践，因此具有极高的实际应用价值。种种因素叠加之下，数据库出版市场上涌现了大量成功的商业化应用。

但是，我们也应该看到，数据库出版实践起来并非易事。数据库出版，专业、技术、资金这三大要素缺一不可，这些因素决定了数据库出版具有较高的门槛。数据库出版内容具有科学性与专业性，需要开发商具备相关专业资源和品牌信誉。同时，产品开发周期长，前期投入大，需要一定的资金和技术优势，我们看到爱思唯尔、中国知网这些商业上的成功案例都历经了数十年的不断积累。

尽管如此，前面分析的案例仍能充分说明，数据库出版是一种在商业上不断得到验证的数字出版模式，值得尝试。前文分析的后两个案例——人民卫生出版社和社会科学文献出版社在专业性数据库道路上的实践经验就值得借鉴。

目前看来，以版权内容资源为核心切入数据库出版，这一模式可能成为中小型专业出版机构探索的主要可行路径。

下面介绍一家出版社建设专业数据库的实践案例，上海交通大学出版社建设《东京审判文献数据库》。

2011 年 5 月 3 日,上海交通大学建立了世界上第一家东京审判研究中心,同年 10 月,依托东京审判研究中心的学术支持,《东京审判文献数据库的建设与应用》在上海交通大学出版社正式立项,数据库建设有了内容资源专业方面的支持。

在技术和资金方面,这一数据库的实现依靠的是与专业技术机构合作。中国政府采购网 2014 年发布的一则信息显示,上海交通大学出版社有限公司东京审判文献数据库的建设与应用项目,分为系统建设和数据采集两个包,分别由同方知网(北京)技术有限公司和深圳市点通数据有限公司完成,两个包的成交金额分别为 78 万和 27.1 万元,技术开发成本为 105.1 万元。

经过近 5 年的努力,2016 年 1 月 6 日,在远东国际军事法庭成立 70 年之际,《东京审判数据库》在北京书展上正式对外发布。2016 年的新闻表明,该产品一年之内有 60 余家客户采购,销售金额已过百万。不仅如此,该数据库产品还获得了第四届中国出版政府奖网络出版物奖。

目前,登录上海交通大学出版社数据库云平台(网址:http://www.datahistory.cn/)可以看到上线的数据库有《中国地方历史文献数据库》《犹太难民与上海数据库》《东亚笔谈文献数据库》《中国司法档案数据库·江津卷》《中国商会档案数据库·保定卷》等。

东京审判文献数据库界面

依托出版机构的专业出版资源,借助外在技术力量,以小的资金成本切入具有市场应用前景的专题数据库内容,实现销售并滚动发展,是一种可持续发展的数据库出版实践路径。上海交通大学出版社的数据库出版实践,值得中小型出版机构借鉴。

参 考 文 献

[1] 耿相新,全球数据库出版图谱,2013,百道网.

[2] 中国政府采购网:http://www. ccgp. gov. cn/cggg/zygg/cjgg/202112/t20211228_17456998. htm

[3] 中国政府采购网:http://www. ccgp. gov. cn/eadlynotice/202106/t20210608_16388086. htm

[4] 王悦. 励德·爱思唯尔对中国出版业的启示[J]. 新闻研究导刊,2015(5):181.

[5] 爱思唯尔网站:https://www. elsevier. com/zh-cn/search-results? labels=journals

[6] 郁林羲,郑晓南,丁佐奇. 爱思唯尔出版集团全球设奖情况及策略评述[J]. 出版科学,2020,28(2):108-114.

[7] 中国政府采购网:http://www. ccgp. gov. cn/eadlynotice/202003/t20200317_14020796. htm

[8] 爱思唯尔网站:https://www. elsevier. com/zh-cn/open-access/supporting-open-access

[9] 练小川. 爱思唯尔的价值链延伸[J]. 出版科学,2020,28(2):22-28.

[10] 励讯集团官网:https://www. relx. com/media/press-releases/year-2021/interim-results-2021

[11] 贾晓巍. 全媒体时代下的学术出版转型融合发展实践——以"人卫助手系列知识服务数字平台"为例[J]. 中国编辑,2019(12):74-78,83.

[12] 中国政府采购网:http://www. ccgp. gov. cn/cggg/dfgg/dylygg/201901/t20190125_11567233. htm

[13] 胡涛. 立足品牌　专注质量　打造精品——皮书数据库建设之路[J]. 出版广角,2014(12):30-32.

[14] 皮书数据库网站:https://www. pishu. cn/zxzx/xwdt/572200. shtml

[15] 中国政府采购网:http://www. ccgp. gov. cn/cggg/dfgg/dylygg/202110/t20211028_17092544. htm

[16] 中国政府采购网:http://www. ccgp. gov. cn/cggg/zygg/zbgg/201404/t20140410_4092085. htm

[17] 上海交通大学官网:http://www. sjtup. com/news? nid=807

第七章
科普出版的前沿技术与应用展望

随着技术的进一步发展,物联网、人工智能、区块链和 5G 通信等更多的新技术应用于科普出版。通过物联网技术,可以实现出版传媒与设备器具的关联,比如,家居知识科普、消防设备知识科普、健康护理知识科普、园艺知识科普等;人工智能技术催生了智慧出版,比如,人脸识别的健康咨询、科普机器人、在线智能问答、远程应急科普、算法推荐等;区块链技术有助于实现内容和服务方面都可信的科普出版;基于 5G 高速宽带通信技术,可以实现高清视频传播、远程 VR(虚拟现实)体验式科普、无延时的科普游戏等,带来科普出版新机遇和新业态。本章主要介绍物联网技术、人工智能技术、区块链技术以及 5G 高速宽带通信技术的发展及对科普出版的影响。

第一节 物联网与科普出版

1999 年,物联网的概念被首次提出,其最初含义是指把所有物品通过射频识别(RFID)、激光扫描设备等信息传感设备与互联网连接起来,实现智能化识别和精准的物品信息动态管理。

2005 年,国际电信联盟将物联网的概念进行了扩展,提出物联网是任何时刻、任何地点、任意物体之间的互联,不仅将本来不具通信能力的万事万物连接到一起,还将人与物通过互联网延伸连接成网络。如今,物联网技术和系统已经应用在车号识别、店铺进货、烟草供应链跟踪和图书发行等物流领域,同时,在家居信息管理、消防设备知识科普服务、人类健康信息监测管理等方面也得到了实际应用。在北京、杭州、重庆、武汉等地,云计算、大数据、人工智能、RFID、传感器、二维码、无线传输等技术广泛应用在公共安全、节能减排、交通物流、电力安全等方面,打造基于物联网的智能城市、智慧乡村、智慧生活、智慧商贸、智能制造等。

本节主要探讨国内外的物联网发展、物联网技术及其对出版业的影响，以及科普图书出版和科普数字出版的物联网应用。

一、物联网的发展概述

物联网的发展分四个阶段，在 2010 年之前，RFID 主要应用于零售、物流和制药领域；随着物与物之间连接的进展，2010—2015 年实现了一定范围的物体互联；2015—2020年，物体互联进入半智能化；2020 年之后，物体互联打破连接壁垒，进入全智能化。目前看来，虽然不同物联网系统之间的融合还面临着颇多的困境，但是"万物互联"的目标已经取得巨大的进展，物与物之间的普遍链接仍可期待。

为了推动物联网的发展，欧盟与美国等发达国家和地区制定了相关政策措施。2009年，名为"物联网——欧洲行动计划"的物联网行动方案正式发表，该方案指出，作为一个广泛包容性的新范例，物联网可以帮助人们解决今天面临的诸多社会挑战。比如，健康管理系统帮助解决老年社会的困境，连接网络的汽车帮助减缓交通堵塞。物联网在提升居民生活质量、带来商业机会和创造新的竞争优势方面大有裨益。此外，该方案还就物联网涉及的公共干预、隐私保护、信任安全等方面提出了新的愿景和期待，并希望通过国际对话将物联网这一可预期的技术组合在现实应用中不断落实。

2008 年，IBM 提出了"智慧地球"战略，将传感器嵌入到人们生活所见的各种物体中，这些物体在网络的串联下被普遍连接，通过超级计算机将这一"物联网"进行整合，从而实现人类社会与物理世界的整合。这一计划得到了美国政府部门的普遍关注。2009年，IBM 向美国政府指出，通过对信息通信技术（ICT）的投资，可在短期内创造就业机会，制定一系列政策鼓励物联网的发展政策，推动能源、宽带与医疗三大领域的物联网技术应用。

物联网在国外的应用非常广泛。2009 年，思科公司研发出了名为"智能互联建筑"的先进物联方案，为智慧城市建设提供了重要的支持。比如，据研究，该方案可以为硅谷的网域存储技术机构节约 15％的能耗。作为物联领域的重要参与者，IBM 提出的"智慧地球"方案涵盖电力、医疗、交通、银行等多项基础设施建设的智慧物联网应用。在边境管理方面，美国政府则计划依托传感器网络技术，制定"虚拟边境"的建设方案。

物联网在中国的发展几乎与世界同步，2010 年被称为中国的"物联网元年"。2010年 5 月，国内首支物联网产业基金"中国物联网产业投资基金"成立；同年 6 月，中国物联网标准联合工作组在北京成立；同年 8 月，我国提出和推动制定的物联网界首个国际规范发布；同年 10 月，北龙中网公司推出的我国首个物联网标识公共服务平台启动。2010年 10 月 18 日，物联网被纳入"十二五"规划的重要发展目标。自此以后，雄厚的资金保障、全面的政策支持、明确的组织标准促进了我国物联网迅速发展。同时,物联网技术在生活中得到了较广泛应用。比如,物联网传感器在机场管理、大型会展(上海世博会、济南国际园博园等)的应用、污水处理物联网(城市污水处理、医疗污水处理、养殖污水处理等),以及通过网络控制的智能交通系统(ITS)、智能家居(电器)等。2022年,北京冬奥会成为物联网产品的"展览馆",比如,数字创可贴(具有监测体温等功能)通过传感器收集运动员体温数据、指导运动与防疫;数字胸牌通过电子墨水屏幕,让运动员可以随时在胸牌上查看场地、场馆、赛事等信息;还有二维码点餐、无人化轨道系统上菜、自动送餐机器人等应用。通过物联网技术,可以实现冬奥会场馆基本环境、设施设备、人员行为以及异常事件的统一管理,实现奥运园区的智能运维。

二、物联网的基本原理

物联网的核心技术包括物品标识与编码技术、物品标识解析与信息发现技术、物联网应用技术,以及与之相关的二维码、电子标签(RFID)、全球定位系统、红外感应器、激光扫描器等技术。通过对物品对象加贴标识(比如二维码、电子标签等),从而把任意地区的任意物品与互联网相连,在互联网的信息流之中进行意义交换。在信息交换的过程中,精确识别、精准定位、实时跟踪和全时监控得以智能化实现。在多种标识技术中,与条形码、二维码不同,电子标签由于内置芯片搭载,可以接收RFID阅读器发出的信号,并将电子标签所标识的物品信息显示给阅读器,实现对物品信息的识读和联网。因此,RFID系统由阅读器、电子标签以及应用软件等三个部分组成,阅读器接收到电子标签标识的数据后,就送给应用软件做相应的应用处理。电子标签有无源和有源两种形式,所谓无源,是指电子标签的使用无须电源,可以随时随地长周期使用;所谓有源,是指电子标签包含电源,会随着存留和使用时间的增加而日益损耗。

电子标签的制作成本较高,因此,我们在日常生活中接触最多的物品编码还是一维码(条码)、二维码。二维码具有信息容量大、误码率低、编码范围广、制作成本低和使用简便的特点。2006年,中国开始在商业领域逐渐应用二维码,受限于智能终端的普及程度,当时并没有大范围地推广。随着智能手机的不断普及,2012年,中国开始广泛应用二维码技术。如今,二维码的应用已经遍及各行各业,其应用模式也丰富多样。例如,利用二维码查询商品信息。当工作了一天的人们回到家发现生活用品消耗殆尽时,只需用手机对准所需商品的二维码进行扫描,马上就可以得知这个商品的价格、促销活动以及最近的线下购买地点或线上购物商城。又如,利用二维码进行消费,有直接消费和间接消费两种。直接消费主要指支付宝、微信、云闪付等平台推出的二维码快捷支付服务,用户只需打开付款码,就可直接在商家终端进行付款消费。间接消费主要通过电子优惠券核销的方式进行商品购买。当前,美团、抖音等 app 推出了多种团购服务,用户在线上购买相应的产品后,平台会将电子优惠券实时发送到用户的手机上,在线下消费时,通过商家的终端识读扫描,就可以立即核销优惠。此外,通过二维码还可以进行商品溯源。在有些电商平台,顾客购买进口产品,在收到货之后,可以扫描商品快递包装外的二维码,查看商品从国外采购到通过海关以及运输路线的全过程,确保商品是海外采购的正品。如果产品出现什么问题,通过二维码溯源可以使问题一目了然。

　　二维码的广泛应用极大地节约了人力和物力。这种应用模式也完全可以用于图书的出版和销售领域。在图书出版过程中,运用二维码可以管理图书的校订、装册、分发、运输等流程。一个地区有多少家书店,每个书店上新了多少本书,哪些图书已售罄,都可以通过二维码进行监控。在图书营销过程中,可以推出二维码电子优惠书券刺激书籍消费,也可以在图书中直接插入其他媒介信息,实现延伸性阅读。

三、物联网的出版应用

　　电子书籍能节约宝贵的纸张资源,被再复制时几乎不会产生环境负担,电子书的另一个好处是不仅能容纳传统书籍记录的文字和图像,还能包含声音和视频,但对阅读器要求较高。即便是用了最好的屏幕,目前的阅读器还是达不到纸张的所有效果,比如,要体验到书本上油墨的清香,以及书本可以随意卷曲、抗压、手感等拟物性能,目前的阅读器不能做到。当然,有些功能需求或许是阅读习惯造成的,那些从小就接触电子书的人可能没有这样的需求。随着物联网技术的普及,除了传统的纸质阅读,人们早已通过个人客户端与出版业产生了联系。

1. 基于物联网的个人阅读客户端

　　所谓的物联网个人客户端,是既添加了二维码或者 RFID 码识别功能又能连接到互联网的阅读器。如今,物联网个人客户端可以经由智能手机硬件功能的支撑,直接以应用 app 的方式被植入到智能手机上。例如,在想要了解报纸、杂志、图书、广告等平面媒体的基本信息时,用户可以直接利用智能手机扫描印刷在这上面的二维码或者 RFID 码,在网络条件良好的情况下,不出片刻,平面媒体的基本信息便会呈现出来。

2. 利用物联网客户端连接纸媒和数字媒体

　　物联网发展,使传统书籍的延伸性阅读成为可能。例如,当读者阅读到一本书时,可以扫描书本包装页的出版社微信公众号二维码,以了解更多同类型出版物的信息。此外,许多书籍在特定的地方都配有延伸性阅读二维码,包含图文介绍、音频、视频等多种媒介呈现形式。读者对某位作者的经历不甚了解时,扫描二维码便可详细了解作者的写作生涯。读者想要一探某种乐器的美妙乐音时,书中的二维码便可带上读者跨越媒介的边界,延伸听觉的独特体验。读者阅读到景区的山明水秀时,可以用智能手机扫描书页旁的二维码,便可立即欣赏高清的视频图像,领略大自然的鬼斧神工。

物联网使读者和出版的联系愈发紧密,通过二维码和电子标签,读者可以与和出版相关的机构、作者、编辑产生积极的互动。这些书籍被赋予了"超文本"阅读的功能,使互联网上的"超文本"转移到了传统媒体之上。在网络的公共互动平台上,例如豆瓣等网络论坛,读者可以通过二维码直接与作者联系,还可以对书籍的内容抒发自己的见解,与其他读者共同讨论。

物联网应用到出版传媒领域还有一种形式,就是在特种设备和装置上设置二维码或电子标签,通过扫码器或者阅读器,可以监测其状态,还可呈现与该设备装置有关的科技知识和使用指南等出版内容。全国各类专业设备装置类型多、数量大、分布广,通过物联网可以将物、人和媒体连接起来,这将是一个新的出版领域。

3. 物联网技术是推动出版业发展变革的重要途径

物联网技术可以改变出版业数据采集方式,改进目前"ISBN+条码"技术方案存在的不足。"ISBN+条码"是一种非连续性编号,本身信息容量小,加上一码多用、一码多书等问题,破坏了书号和条码的唯一性,给图书出版和发行的信息管理和数据交换造成混乱,影响出版、发行单位的工作效率,是当前出版业供应链中存在的瓶颈,增加了出版管理的风险。

与传统条形码的被动式读取相比,基于电子标签的物联网 RFID 技术,可以非接触式地采集数据,并进行远距离数据识别和读取,为流通、仓储、销售等环节的数据采集提供支持,更好地提高图书进入物流环节后的数据生成效率和准确性,实现基于云计算服务的互联互通和财务结算。应用 RFID 技术为每本图书植入唯一的电子身份证,能够及时获取图书生产、运输、销售全流程的数据。可见,有了 RFID 技术,可以对出版物出版印刷发行、跨媒体传播实现全流程的监管,有效防止盗版出版物的出现。出版社通过物联网可以迅速掌握每本书在各个销售渠道的销售情况,提升出版的市场预估能力,减少浪费、库存和退货,提升管理和物流信息化水平,提升物流作业效率。书店可以推进门店基于物联网的智慧化建设,实现智能化高效管理。出版行业将加快向数据化发展,通过数据在产业链上下游的交互,进一步促进出版产业链的良性互动融合,最终为建立出版行业大数据提供基础。图书馆可以利用物联网技术改进图书编目、查找和借还服务,在 2006 年,集美大学的诚毅学院图书馆就引入了 RFID 技术。当前,RFID 技术在我国的图书馆领域已有较为成熟的广泛实践和应用。

随着物联网技术与人工智能技术的不断发展和结合,物联网赋予了电子出版逐渐步入"智能时代"的可能性。在传统出版和电子出版之间,出版人正在尝试搭建一个新的智能化的出版平台,用兼容两者的形式构建一个新的出版物和出版生态,比如,多媒体印刷阅读出版物(MPR)、"现代纸书"等。这一新的出版生态建立在传统出版的基础之上,保持着传统出版文化的优势,同时,又能通过物联网技术将传统阅读延伸至电子阅读。在线上和线下的合力互动中,读者能够对书籍本身以及书籍作者产生更为全面的认识,获取到更多的内容和体验。在线上互动的社区中,也能够结识更多志同道合的书友,分享阅读心得。当然,这种出版生态的建构需要解决一些基本的问题,例如,书籍上链接到的网站内容怎样建设、由谁建设;网站链接的更新如何同步到已出版的书籍;网站链接的稳定性由谁维护等。

第二节　人工智能技术与智慧出版

一、人工智能概述

1.人工智能简述

"人工智能"一词最初是在 1956 年达特茅斯学会上提出的。人工智能(AI)也被称为机器智能,根据智能化程度,通常被大致划分为弱人工智能、强人工智能和超人工智能。人工智能集各学科之大成,是多学科融合发展的结晶。1941 年以来,得益于电子计算机的迅速发展,人们能够依靠现有技术创造出人工智能。人工智能技术的应用将信息技术转化为了高效的生产力,对于人类社会的福祉大有裨益。

20 世纪 80 年代初期,钱学森等人主张开展人工智能研究,自此,我国的人工智能研究日趋活跃。2019 年,我国发布了人工智能治理原则,从顶层设计方面搭建了人工智能治理的框架,并从发展理念上规划了人工智能的行动指南。

2.人工智能的主要应用

随着社会发展和技术进步,人工智能已经逐渐渗入各个行业,并走进我们的生活,不仅为各行各业带来了巨大的经济效益,也为人们的生活带来了社会福祉。

(1)人工智能与人脸识别

人脸识别技术是 20 世纪 70 年代出现的技术,其发展较为迅速。人脸识别技术的发展可以分为三个阶段,分别是半机械识别阶段、人机交互识别阶段、全自动人脸识别阶段。在半机械识别阶段,人工智能将简单的命令和数据库中的脸谱比对,还要结合指纹识别技术,全程需要融入操作人员的测算、检验和分析。在人机交互识别阶段,研究人员可以运用算法完成人脸的高级识别,但是仍需操作者的一定参与。在全自动人脸识别阶段,顾名思义,操作人员无须全程"陪同","全自动"的机器识别得以实现。

如今,人脸识别技术已经产业化,产品已广泛应用于金融、公安、司法、军事、航空航天、电力、政府、教育、医疗等众多领域。比如,在 2018 年张学友的两次演唱会上,警方通过演唱会入场安检的人脸识别系统,成功识别并抓获两名逃犯。但关于人脸识别的伦理问题也备受关注。

(2)人工智能与机器翻译

机器翻译是自然语言处理技术的一个分支,注重利用计算机技术实现一种人类语言到另外一种人类语言的自动翻译或转换。例如,借助于人工智能技术,翻译者和技术人员首先对机器的整体翻译方案开展均匀抽样;然后采用蒙特卡罗等方法模拟具体文本的翻译过程,计算每种排布方式下的机器翻译效率,从而生成大数据翻译样本供人工智能算法学习,进而采用合适的算法和技术高效地拟合出翻译架构排布与机器翻译效率之间的关系;最后结合遗传算法寻找机器翻译的最优排布方式。

目前,人工智能技术已经广泛应用于以机器翻译的领域中。其中,即时翻译以谷歌翻译、百度翻译为代表,用户可以直接通过网页粘贴文本的形式快速获得翻译文本;专业翻译以译星、雅信译霸为标杆。通过网络共享功能,人工智能可以通过对海量网络翻译数据进行精确算法分析,从而提升人工智能系统的自我学习能力,使机器翻译的质量越来越接近人工翻译。在未来,人工智能系统依靠强大的学习能力和数据处理能力将帮助机器翻译更好地完成工作。

(3)人工智能与声纹识别

声纹识别技术是一种能够辨别声音的技术,主要通过对声音的多语言信号特征进行分析,实现对个体声音特征进行针对性识别的生物技术。声纹识别系统通过计算机系统建模对声纹中的语音信号进行分析,并从中提取出关键性特征,与系统数据库中的全样本进行对比,以实现身份识别判断。每个人的发音控制器官和发音频率都具有自身独特的属性,因此,每一个人的声纹都是独一无二的。声纹的唯一性、独特性、不可复制性以及可辨识性等特点,使声纹的识别研究成为人工智能研究比较集中的领域。基于人工智能技术的智能声纹识别系统不仅使声纹数据特征分析更为精准,误差概率更小,其应用性和可靠性也得到极大的提高。

通过人工智能技术,声纹识别系统将更加智能化,能够通过模拟人的大脑处理信息的思维逻辑,对声纹信息进行智能化分析和处理,进而为实现智能声纹识别系统的有效应用奠定坚实的技术基础。当前,人工智能技术在声纹识别系统中的有效应用尚处在发展阶段,计算机技术人员可以通过优化人工智能算法,提升智能声纹识别系统的工作效率,进而全面推动声纹识别系统的智能化发展。

（4）人工智能与无人驾驶

无人驾驶汽车是指汽车行驶过程中无须人为操控,可借助车载智能系统准确感知周边环境,高效处理获取信息,并规划行驶路线的技术形式。该技术能够自动控制汽车,带领乘车人顺利到达目的地。

现代汽车已经具备较为完善的导航系统,能协助驾驶员规划行驶路线,但在实际运用中我们会发现,导航系统规划的路线不一定是最佳路线,这就降低了车辆的出行效率。人工智能系统通过预先判断交通概况,可以对交通路线做出合理的规划,从而显著提高了交通路线规划的科学性与准确性,最大限度地消除驾驶车辆时受交通拥堵的负面影响,让行车变得高效有序。世卫组织数据显示,每年全球将近130万人因道路交通事故死亡,在交通事故酿成的惨祸中,驾驶员行车技术水平有限和疲劳驾驶是两大诱因。运用无人驾驶技术,车辆能够在无人驾驶模式下解放驾驶员,规避了很多行车风险。当然,目前无人驾驶汽车还不成熟,相信人工智能的快速发展能够为人机交互和人机协作提供更多可能性。

（5）人工智能与个性化内容推荐

个性化内容推荐最早由 Resnick 和 Varian 于 1997 年提出,通过计算机信息系统向用户提供满足其需求的相关信息。通过分析和影响用户的消费行为,个性化内容推荐能够产生可观的经济效益。目前,基于大数据的信息整合和汇聚,今日头条等新闻客户端已经推出了个性化内容推送服务。根据用户平时的阅读偏好,今日头条的新闻客户端能够在新闻资讯发布的第一时间将信息推送给用户,并且附带相关资讯的其他内容,使得用户能够在个性化内容推荐的机制下,花费较少的精力获得更多的偏好内容,节约了在海量内容中搜寻信息的时间成本。抖音、快手等短视频平台则依托个性化内容推荐的算法机制推送用户可能喜欢的短视频,与今日头条的信息推送类似,算法推荐的短视频满足了用户独具特色的信息需求。由此可见,基于人工智能的信息推荐系统也可以用于数字化科普出版传播服务。

个性化推荐历经基于统计、基于内容、基于协同过滤、基于社交网络和混合式推荐的发展历程,虽然已取得了一定效果,但是仍然无法令人满意。当前的个性化推荐缺乏对用户个性的全面关注、缺乏对用户需求的科学挖掘,存在信息茧房问题,存在数据来源单一、评价指标单一和缺乏对隐私及安全的关注的缺点。随着人工智能技术的应用,个性化推荐会变得越来越贴近用户的需求。真正实现机器"想你所想，及你所及"的智能化程度。

二、人工智能技术的出版应用

当前出版业正从传统纸质出版转向纸质出版与数字出版融合发展，出版物的形态和出版产业链正在发生巨大变化。人工智能的应用使出版业态将逐步进入智能出版和智慧出版阶段。

作为数字出版的高级阶段，智慧出版具体是指什么呢？有学者提出，智慧出版是指出版者利用大数据、人工智能、传感器等高新技术，结合传统出版技术与形态，实现高度自动化、智能化的知识检索，为用户提供个性化和智慧化的阅读服务。有一个与智慧出版相近和相关的说法——"智能出版"，一般被界定为出版者借助自动文本分析技术、人工智能语义解析、自动排版等智能技术，应用到出版产业链中，改变了原有的出版产业流程，形成满足读者用户的多样性、富媒体的出版新业态，显示出智能出版更加突出技术的应用。作为数字出版的高级阶段，智慧出版能够运用人工智能技术帮助实现出版业务流程再造，高度自动化、智能化的知识检索能够完全以解决用户需求为导向，从选题策划、编辑加工、生产印刷到图书营销等环节提供重要的技术支撑。

1. 人工智能技术在选题策划中的应用

选题作为出版编辑中最为重要的一环，直接决定了出版的后续工作所遵循的内容方向。选题策划又与编辑个人的知识基础、生活经历及职业敏感密切相关。在传统的选题策划中，编辑作为重要的选题"把关人"，往往会根据自身的知识基础、情感态度和职业经验进行选题创设或筛选。这种基于自身经历的意见，常常仅凭直觉，从而使得所挑选的选题难免顾此失彼，大量契合读者阅读意愿和要求的选题可能被束之高阁。由于传统选题策划过程中存在较多的不确定性，因此，基于经验和直觉判断的选题策划难以满足现代图书出版的发展要求。得益于社会的进步和人工智能技术的飞速发展，出版业可以利用大数据挖掘技术进行高效且精准的选题策划。在出版的各个环节之中，出版业都能够通过人工智能技术收集关于消费者的行为数据和图书营销的产品数据。基于这些数据，通过智能化数据挖掘分析，能够将当前季度最受读者喜爱的图书类型、图书信息、作者信息、出版社信息、互动信息等精准呈现，读者意愿和市场走向也了然呈现，进而帮助编辑进行更为有效的选题策划。

依托人工智能技术，出版机构可以将互联网上的社会热点、读者关注的热门领域进行智能抓取和智慧化分析，这些热点可以作为分析读者阅读意愿的重要资料来源。通过对其智能化的充分抓取和多维度智能分析,能够将读者需求进行精准分类,据此可以描绘出读者消费的用户画像,将读者消费意愿进行清晰刻画。基于不同的阅读需求,寻找读者可能会呈现出的分众化趋势和特征,在选题策划之时,负责出版策划的编辑能够在满足大众化需求的同时,兼顾小众读者的阅读需求。由此可见,依靠人工智能技术形成的选题策划方案,既为市场调研省去了物力、财力,又为图书编辑的选题构思提供了灵感和方向。

2.人工智能技术在内容生产中的应用

出版业的内容生产可分为内容创作和内容编辑两个主要阶段。内容创作是出版活动的原点。就图书出版而言,基于出版业的传统和现实,图书内容创作是社会化的,图书内容编辑是职业化的。图书内容创作大都是由作家、专家学者或者记者等完成。在内容创作中,除了编创文稿外,常常需要搜集、记录和整理素材。以往,计算机仅为写作工具,辅助内容创作者进行记录工作。近年来,借助机器学习、自然语言处理、文本生成等算法技术和大数据理解技术,人工智能技术不仅可以将语音实时正确地转录成文字实现速记和录入,辅助作者写作,还可以掌握财经新闻、体育新闻、法律文书等规则文本的写作规则与技巧,进而自主写出高水平新闻报道。2008 年就有由电脑程序创作的小说——《真爱》(*True Love*)进入大众视野,该作品模仿村上春树的文风改写了俄国作家列夫·托尔斯泰创作的长篇小说《安娜·卡列尼娜》。

近年来,得益于人工智能技术的发展,新闻传播领域逐渐步入"智能时代",其中,写稿机器人愈发活跃。新华社的"快笔小新"于 2015 年正式运行,自诞生以来,"快笔小新"已经在两会报道、奥运报道等领域发挥了重要的作用。2016 年,利用写稿机器人,韩国的一家新闻机构可在 0.3 秒就创作一篇财经类的稿件。2017 年,"地震信息播报机器人"仅用 25 秒就发布了九寨沟地震的相关情况,用 540 字配以 4 张图片,迅速告知受众震中环境的相关情况。依托人工智能技术,机器人能够在极短的时间内分析处理庞杂的信息数据,无论是日常信息还是灾难预警,写稿机器人都发挥了重要的作用,这极大提升了新闻信息的生产能力。

在内容编辑环节,议程设置、选题策划、文字校对、知识校核、编辑推荐等方面都有人工智能技术的不同程度应用。

第三节　区块链技术与可信出版

2019 年,《区块链信息服务管理规定》正式出台。2020 年,习近平总书记指出,要善于利用区块链技术在知识发现、产业升级与技术变革等方面的特色功能。因此,对区块链技术的合理利用,将会是出版业未来发展创新的重要方向。

一、可靠的区块链技术

区块链是以 p2p 网络、加密技术、数据库和大量数据建立的防篡改、可信真实的信息系统。区块链的本质类似于一个共享数据库,具有公开透明、不可篡改、操作留痕等特点。区块链技术以密码学为基础,因此是十分安全可靠的。作为一种极难被篡改的分布式数据库,区块链系统依靠系统的构建者共同维护。从技术角度来看,区块链技术将加密算法、网络技术、共识建设技术、智能约束技术等方面的技术进行整合。单一的一项技术已经难以代表区块链技术的全部,区块链技术博采众长,是多种技术集成的结晶。基于此,区块链技术形成了一种全新的数据记录和数据存储的模式。

在实际的应用过程中,区块链能够从多个维度破解信息不对称问题,构建切实的信任机制,实现多主体间的协作互信和共同行动。与传统的分布式存储不同,区块链技术能实现节点"去中心化",这种块链式的存储结构使得每个节点的地位相同,分散的节点有效保障了数据的安全性,除非所有的节点都被破坏,否则数据就不会丢失。

二、区块链技术与出版

出版活动的编辑、复制和发行等环节,与区块链技术相结合,便形成了"区块链＋编辑""区块链＋复制"和"区块链＋发行",这三者的综合便是"区块链＋出版"。打造"区块链＋出版",能够为出版行业的智能化发展提供新的支撑。基于区块链技术的分布式数据库,建立一种全新的、可信的出版生态环境。在这样的环境下,出版活动中的违法违规行为都将暴露无遗。目前,与区块链技术相关的一些措施在出版行业已经开始运用。下面介绍区块链技术在出版行业相关的著作权保护、印刷和发行等方面的一些探索。

1. 区块链技术在著作权保护方面的运用

在版权保护实践中,通常存在以下几个方面的问题。一是在版权交易过程中,存在信息沟通较弱、缺乏行业的规范化服务的问题,比如,在原创作者和相关机构之间,版权收益如何公平合理地进行分配。二是如果仅仅依靠传统版权保护的方法,随着内容产出的日益增加,版权保护将耗费大量人力、物力,还难以达到预期目标,且存在传统方法难以完全覆盖和掌控的传播安全问题。三是在传统的版权保护中,原创作者版权所属自证过程烦琐。作品被侵权不易发现且维权困难,导致大量作品无法被有效保护。

作为一个分布式的数据库,区块链全程记录了所有交易的细节。类似于一个存储硬盘，区块链将每一个节点所产生的信息完整保存下来，通过算法密码的加持，确保信息不会被随意篡改。区块链中的智能合约技术是以信息化方式进行传播、验证、执行合同的计算机协议，其能够保证在没有第三方的情况下交易的可信性，从而自动规范所有权利的行使，降低确权成本，提高交易效率。在数字版权领域引入区块链技术，可以实现对数字版权的全程管理。首先，对作品进行鉴权，确保作品的存在性；其次，记录作品的实时交易细节，保证权属的真实性和唯一性；最后，交易数据的分布式存储可作为司法取证的重要支撑。

未来区块链技术将更多地运用到出版物的出版选题、审编校对等各个环节。区块链技术的运用使出版的各个环节及流程都可追溯，为著作权的归属提供实时记录，为著作权纠纷提供举证依据。

2. 区块链技术在印刷方面的运用

在印刷方面，区块链技术目前主要用于包装印刷上的防伪溯源。根据区块链技术的防伪溯源，一些印刷与包装企业将商品从原材料到生产，从仓储到流通、从营销到分发的各个环节的情况写入区块链，每一条信息都拥有独立的身份标识。从原产地到生产商，从营销商到消费者，商品流通的每一个步骤都有据可依，任何环节出现了问题，都可以在第一时间进行溯源。商品流通中的每一个参与者的行为信息都被印刻在区块链的交易数据之中，全程可溯且不可篡改。如今，在书籍的印刷过程中，作为书籍唯一标识符的身份 ID，二维码和条形码可以应用在书籍的包装之上。在未来，印刷用纸情况、印刷油墨重金属情况、印制企业情况、印刷开机时间都将有源可溯。与交易确权类似，区块链技术使书籍信息能够被分布式存储于多个公共数据库中，避免了单一数据库存储可能引发的篡改和数据丢失的风险，从而使盗版问题无处遁形。与人工查询和单一数据库存储相比，区块链技术在印刷方面的应用，大大提高了溯源的效率和能力。

3. 区块链技术在发行方面的运用

与物联网和物流领域的结合使得区块链技术的应用开拓了新的天地。通过全局式、透明化、分布式的数据存储，区块链技术可以追溯产品的生产和流通过程，降低物流成本，提升物流管理的效率。比如，京东运用成熟的区块链底层技术，结合大闸蟹生产、销售场景，打击假冒伪劣产品，为厂商与消费者提供真实、有效的解决方案，为大闸蟹的品质安全加上了一道防火墙。

"区块链＋发行"可以精准掌控出版物从印制到流通的各个环节，出版物的实际印刷册数、实际发行册数、书店预存册数皆可溯源。在未来，"区块链＋发行"将会更进一步，通过数据分析掌握出版物的具体营销情况，并据此进行出版物的选题策划。

三、"区块链＋出版"打击非法出版

改革开放以来，我国的经济发展迅速，文化产业欣欣向荣，各类图书、期刊、报纸、电子出版物等文化产品极大地丰富了文化消费市场。面对利益的诱惑，一些违法人员和违法单位，游走于文化产业的灰色地带，采取盗版、盗印正式出版物，假冒、伪称出版单位，批发、零售非法出版物等非法手段谋取利益，这不仅扰乱了正常的出版秩序，还损害了作者、读者和出版者的利益。为了防范侵权等违法行为，有些出版单位建立了处理侵权、盗版问题的联盟，有的出版单位专设部门常年在外处理侵权、盗版的工作。区块链技术在出版行业的推广和发展，将实现出版的可追溯管理，动态监管，大大提高出版物鉴定的效率和效力，有助于打击非法出版。

由于非法出版的违法违规形式和类型多样，打击非法出版和加强出版管理会遇到很大挑战和困难。利用"区块链＋出版"鉴定出版物，给鉴定工作带来更多样和可靠的鉴定渠道、更开阔的工作空间。在未来，出版业可以选择从最科学的角度进行鉴定，可以解决长期以来鉴定工作在某些环节很难解决的被动局面。如区块链技术可以保存出版单位什么时候报的选题，以及作者、责任编辑、三审三校等信息，还有，印刷主管部门的书刊印刷的三联单，哪个印制企业印制的，印刷时间和开机人，装订情况，印刷了多少册，运出去了多少册，发行出去多少册，书店进货和销售了多少册。区块链在各个环节都记录着证据，就是想修改也会留下痕迹，而且要修改链条上的所有环节，就会给伪造者增加难度，区块链上每一个信息都可以成为鉴定的依据，也给执法机构留下可追溯的证据。如出版物的总发行数量超出印刷批准的量，多出的部分应属于擅自印刷，还有，书商跟出版单位合作出版时，如果出版单位放弃了应该承担的责任，如放弃了审读环节，那鉴定机构就可以判断其做法是违规行为，并给出相应的鉴定意见。另外，对出版单位出具的出版情况证明，鉴定机构也可以根据链条上的信息来判定出版单位出具的证明是否情况属实，并把情况反馈给行政管理部门，这样不但可以提高鉴定效率，也解决了一些鉴定机构跨区域核实出版情况无法得到回复和推诿的问题。

"区块链＋"将为出版业生态净化带来全新技术支撑，为每一个出版物发一个"身份证"，有助于对扰乱正常出版秩序的不法现象给以有效打击，保护消费者的正当文化权益，也减少很多不必要的资源浪费。当然，区块链技术应用到出版领域的过程中，为保护合法的商业秘密，应当在技术上做好处理，比如，控制信息发布圈层，普通消费者扫描只能看到部分出版情况信息；为鉴定机构、文化执法单位、行政管理部门配备能识别二维码（或区块链节点）内特殊图形和信息的终端设备，通过外加权限码了解出版全链条上的高圈层信息等,防止发生泄密问题。

第四节　5G通信技术发展与科普出版

一、5G移动通信的内涵、特点

5G通信系统,即第五代移动通信技术系统,是基于计算与通信深度融合,以超高速率、超低延时、超强连接的宽带网络为载体,以促进信息生产、传播与消费等环节中知识无边界流动与泛在共享为目的的智能信息技术平台。5G技术广泛应用于各类生产生活中,为用户提供了更好、更快速的通信体验。通过5G技术,可以实现内容、服务、品牌与消费的快速链接,从而产生更多更精准、更直接的服务。

5G移动通信技术具有以下特点:

(1)超高速度

5G技术的最大特点在于以毫米波及微基站开发为基础的高速稳定传输,实现了大流量移动宽带传输。利用5G设备和传输网络,可以实现信息传输的高速化,还可以减少甚至避免信息传输的卡顿和延迟现象,实现高速计算、3D视频、超高清播放、云端可视娱乐、增强现实、用户实时交流,提高了用户的效能感、使用感和体验感。

(2)泛在化

5G移动通信增大了信息传播的覆盖面,不仅在地理空间层面扩大了基于融媒体平台信息传播的效率,也促使移动终端的机器学习更加智能化、深度化,逐步实现无延时联动,推动形成智能体之间的双向"类人际交互关系",多终端智能化、人性化的智联万物、万物皆媒的时代将真正到来。

(3)强交互性

利用高速度、低时延、高清晰的网络系统,融媒体平台开展直播、会议等各类活动时,可以摆脱时空的限制,不仅可以实现不同场景下的高效互动,在平等协同的基础上丰富互动形式,提高沟通效率,更为重要的是可以实现类似线下真实交互的效果。

二、5G技术对媒体的影响

5G技术的发展为音频、视频等媒介的传播带来了利好的局面。大流量的高清视频内容需要借助高带宽,而5G技术可以为其提供大流量的移动宽带,高速的信息传输,可以减少甚至是避免音频、视频传输过程中的卡顿和延迟现象,切实解决视频加载和流量资费的问题。目前,5G技术的媒体应用领域、应用方式和应用媒介逐步增多,"5G+VR/

AR"、"5G＋4K/8K＋AI"以及"5G＋融媒体"等模式层出不穷。

5G技术的运用,打破了因技术局限而存在的创新困境。比如,基于5G高速宽带技术的VR交互图形书,不仅告别了传统印刷出版物仅仅依靠文字构想的局面,还可以利用技术构建沉浸式的高清互动场景。依托AR技术打造的交互型读物使读者的感官得以充分延伸,从视觉的阅读到多感官的同时体验,交互式的多媒体出版物使得读者与作品的实时互动成为可能。此外,"5G＋融媒体"营造的拟人服务场景,使用户可与其他用户进行实时和"真实"的交互,开展线上业务培训、活动直播等,提升参与者的体验感知水平,提高活动的传播效果。

5G技术是大量技术集聚而成的综合体系。基于5G信息技术的全方位开发,新的智能感应产品应运而生,在公共管理领域以及普通民众的日常生活中将得到广泛应用。5G移动互联还可以实现安全、可靠、快捷、宽带的智能化视频互动专网。通过高清直播,可以获得身临其境的"真实"的网络体验,实现高度近似线下物品展示和用户交流的效果;通过5G通信技术、人脸识别等智能感知技术,确认准确地远程识别和确认参会人员和用户身份的合法性,实现专业活动的封闭性;通过智慧平台功能,制备高质量内容资源,丰富应用场景,为教学培训、商户指导和品牌宣传等应用提供了新模式。

然而,当高清晰度的音频、视频富媒体内容成为受众日常消费的常态时,一些文字性的出版产品或将更加边缘化,尤其是一些文字性的深度报道内容可能缺少关注,这对受众知识信息的获取不利,因此,在5G媒体应用中,应在视频、音频、图像、文字和互动等方面取得平衡。

三、5G 时代的出版

5G通信网络技术不仅对现有技术的应用产生形塑效应,对传统出版业态产生也会产生巨大影响。"5G＋人工智能"将推动出版领域向"智能时代"不断前进,为出版的各个环节和流程提供全方位的高速通信技术支持。

5G通信技术为科普读物的产品形态和编创方式带来创新,为科普出版带来新的发展契机,提升了科普出版物在市场中的价值,改良与优化了科普读物和产品的内容、传播形式及营销模式,加强了科普读物和产品出版的市场竞争力,将科普读物和产品的出版推向一个发展高峰。基于5G技术,科普出版业的边界被拓宽,科普出版的产业链转型与升级也因此加快,科普出版为广大儿童、学生等读者提供了更为优质的、个性化的、虚拟体验与真实体验相结合的阅读服务。

5G时代科普出版,有了更为丰富的内容及多元化的表达形式,内容多元化,出版形式多元化,例如,安徽少年儿童出版社在其《皮影中国》儿童绘本中,创造性地加入了AR

技术,通过 AR 技术的优势生动还原了书中的故事场景,为儿童读者带来了全新的阅读体验,同时也创新了传统文化的继承与传播形式,模拟虚拟场景,进入超感体验。学习出版社发行的《全民经典朗读范本》,结合了 5G 融媒体的优势,呈现出了纸质阅读与移动阅读共融的特性。

　　5G 技术还为科普期刊的融合 VR 出版带来了新的机会。5G 时代,科技期刊融合 VR 出版丰富了用户的阅读体验,打造了新的传播媒介,实现了出版增值。基于 5G 的支持,科技期刊融合出版,可以结合自身特色与优势,针对受众需求以及 VR 发展趋势,选择合适的技术路径和发展策略。

参 考 文 献

[1] 蔡承平. 物联网时代制造业成本管理新思路[J]. 合作经济与科技,2018(12):60-62.

[2] 于碧辉. 语义物联网应用关键技术研究[D]. 中国科学院大学(中国科学院沈阳计算技术研究所),2021.

[3] 孙红. 市民一卡通城市生活消费服务平台[D]. 南京邮电大学,2012.

[4] 韩晖. 基于物联网技术的隧道工程应急指挥系统研究[D]. 长安大学,2012.

[5] 顾香芳. 云计算、物联网、智慧地球及其相关法律问题[J]. 软件产业与工程,2010(5):32-35＋41.

[6] 郝文江,武捷. 物联网管理控制策略研究[J]. 信息网络安全,2011(11):24-27.

[7] 朱洪波,杨龙祥,朱琦. 物联网技术进展与应用[J]. 南京邮电大学学报(自然科学版),2011,31(1):1-9.

[8] 林友桂. 基于物联网技术的"超文本"出版[J]. 制造业自动化,2011,33(6):191-193.

[9] 李桂珍. 计算机网络发展中的人工智能技术运用[J]. 微型电脑应用,2018,34(5):73-75.

[10] 我国发布《治理原则》发展负责任的人工智能[R]. 中国政府网[2019-06-22].

[11] 程广涛. 基于压缩感知的人脸识别方法研究[D]. 天津大学,2015.

[12] 姚振宇. 基于复述的机器翻译系统融合方法研究[D]. 哈尔滨工业大学,2015.

[13] 郭明阳,张晓玲,唐会玲等. 人工智能在机器翻译中的应用研究[J]. 河南科技大学学报(自然科学版),2021,42(3):97-104＋8.

[14] 郑方,李蓝天,张慧,等. 声纹识别技术及其应用现状[J]. 信息安全研究,2016,2(1):44-57.

[15] 汪峥,连翰,王建军. 说话人识别中特征参数提取的一种新方法[J]. 复旦学报(自然科学版),2005(1):197-200.

[16] 郑永红. 声纹识别技术的发展及应用策略[J]. 科技风,2017(21):9-10.

[17] 白曦龙. 人工智能技术在智能声纹识别系统中的应用[J]. 电声技术,2021,45(4):12-14＋18.

[18] 罗宏. 人工智能技术在车辆无人驾驶中的应用[J]. 时代汽车,2021(17):190-191.

[19] 李欣琪,张学新. 人工智能时代的个性化推荐[J]. 上海对外经贸大学学报,2020,27(4):90-99.

［20］衣彩天.数字出版的成熟阶段:智慧出版［N］.中国新闻出版广电报,2020-06-10(003).

［21］中国网信网.关于区块链信息服务备案管理系统上线的通告［EB/OL］.(2019-01-28)http://
www.cac.gov.cn/2019-01-28/c_1124053347.htm.

［22］中国共产党新闻网.习近平在中国科学院第十九次院士大会、中国工程院第十四次院士大会上的
讲话［EB/OL］.(2018-05-29)http://cpc.people.com.cn/n1/2018/0529/c64094-30019426.html.

［23］陈海涛.区块链在网络空间安全管理中的应用［J］.科技创业月刊,2019,32(10):87-88.

［24］门川琨.基于人工智能的数字出版物版权保护研究［J］.传播与版权,2021(4):113-116.

［25］鄢韧强."区块链＋出版"改变出版物鉴定模式［J］.出版参考,2021(4):47-49.

［26］陈春燕."5G＋融媒体"驱动下高校图书馆真人阅读服务研究［J］.出版广角,2020(2):60-62.

［27］林晓珊.5G时代童书出版的全新发展路径探析［J］.新闻研究导刊,2021,12(8):44-46.

［28］刘星星,崔金贵.5G时代科技期刊融合VR出版:优势、挑战及对策［J］.中国科技期刊研究,2021,
32(8):1026-1031.

后　　记

　　新技术正在从诸多方面深刻影响人类社会的发展。它不仅深刻地影响着人们的思维方式、生活方式,而且深刻地影响着人们的生产方式。

　　近年来,科普出版实践中有大量新技术的应用,遗憾的是这些实践都是自发的而不是自觉的,鲜有理论上的探讨。浸淫科普出版几十年,而且目前还担任着中国科普作家协会常务理事、湖北省科普作家协会理事长的职务,我意识到以数字技术为代表的新技术正在重构着科学技术普及及其出版形式。于是,经过调研和湖北省科普作家协会常务理事会的论证,"新技术在科普出版中的应用"这一项目便正式立项。这对于我而言,既是一种新的探索,又是一种义务和责任。但为了提高全民科学素养,倡导开拓创新的科学精神;为了助推湖北科普和科普出版事业迈上新的台阶,我甘之如饴。

　　《新技术在科普出版中的应用》一书分为科普出版发展概况、科普出版的技术演变及出版创新 、科普出版中的二维码技术及应用、科普出版中的动画新技术及应用、科普出版中的音视频应用、科普出版中的数据库技术及应用、科普出版的前沿技术与应用展望七章,旨在给科普出版工作者提供专业上的一些参考,具有一定的业务实用性,同时具有一定的创新思考和前沿探索。

　　本书从筹划、撰写到出版历时近一年,经数次修改完善,最终定稿。期间得到了安徽科学技术出版社丁凌云社长、余登兵副总编辑、陈芳芳主任的大力支持。陈芳芳主任为此书的出版做了大量的审稿和编校工作,在此表示衷心的感谢!

　　本书由来自湖北省科普作家协会、华中科技大学等单位的众多新媒体传播研究者、科普工作者、科普出版工作者协作完成,并得到了湖北省科普作家协会计划项目支持。华中科技大学电子与网络出版研究所陈少华所长为本书的编写和统稿付出了大量的心血。何少华、邹永强、易力、罗萍、胡星、彭永东、傅簏、谢俊波、谢瑞锋、马玲玲、颜欣妍等同志参与了本书的编写,在此也一并表示诚挚的谢意!

　　由于笔者水平有限,欠缺不妥之处,恳切希望读者理解并提出宝贵意见。

何　龙